Susann Busse

Bildungsorientierungen Jugendlicher in Familie und Schule

Studien zur Schul- und Bildungsforschung
Band 36

Herausgegeben vom
Zentrum für Schul- und Bildungsforschung (ZSB)
der Martin-Luther-Universität Halle-Wittenberg

Susann Busse

Bildungsorientierungen Jugendlicher in Familie und Schule

Die Bedeutung der
Sekundarschule als Bildungsort

VS VERLAG

Bibliografische Information der Deutschen Nationalbibliothek
Die Deutsche Nationalbibliothek verzeichnet diese Publikation in der
Deutschen Nationalbibliografie; detaillierte bibliografische Daten sind im Internet über
<http://dnb.d-nb.de> abrufbar.

1. Auflage 2010

Alle Rechte vorbehalten
© VS Verlag für Sozialwissenschaften | Springer Fachmedien Wiesbaden GmbH 2010

Lektorat: Stefanie Laux

VS Verlag für Sozialwissenschaften ist eine Marke von Springer Fachmedien.
Springer Fachmedien ist Teil der Fachverlagsgruppe Springer Science+Business Media.
www.vs-verlag.de

Umschlaggestaltung: KünkelLopka Medienentwicklung, Heidelberg
Gedruckt auf säurefreiem und chlorfrei gebleichtem Papier
Printed in Germany

ISBN 978-3-531-17519-5

Für meine Mutter

Inhalt

Vorwort

Die hier vorliegende Dissertationsstudie zu Bildungsorientierungen Jugendlicher im Zusammenspiel von Familie und Schule ist vor dem Hintergrund eines langjährigen und über die Arbeitsbeziehungen hinausgehenden Forschungszusammenhang „Pädagogische Generationsbeziehungen" entstanden, den ich hiermit meine Freude darüber und meinen herzlichsten Dank ausspreche. In diesem Zusammenhang danke ich besonders Merle Hummrich, die zu jeder Zeit bereit war, über meine Arbeit zu diskutieren und mir gerade im „letzten Drittel" nicht nur ein liebevolles „Asyl" in ihrer Familie, sondern entscheidende Hinweise zur Fertigstellung dieser Arbeit gegeben hat. Des Weiteren danke ich Rolf-Torsten Kramer, Sandra Rademacher, Carolin Ziems, Sabine Sandring, Anja Eckold, Ulrike Klobe und Heiko Kastner für die erhaltenen Hinweise, wohlwollenden kritischen Anmerkungen, aber auch für die aufmunternden Worte in „getrübten" Phasen während des Entstehungsprozesses dieser Arbeit. In diesem Kontext sind auch die Teilnehmerinnen und Teilnehmer zu nennen, die an den Interpretationen der Texte innerhalb des Projekts beteiligt waren: Merle Hummrich, Werner Helsper, Rolf-Torsten Kramer, Carolin Ziems, Dana Jung, Sascha Richter, Ilja Döbber und Anja Gibson, vielen Dank!

Mein besonderer Dank gilt hier Werner Helsper, der meinen wissenschaftlichen Werdegang mit meiner Einstellung als wissenschaftliche Hilfskraft 1996 im Projekt „Institutionelle Transformationsprozesse" nachhaltig geprägt hat und darüber hinaus stets die Faszination und Neugier an der Sache vermittelt, die es braucht, um derartige „Projekte" zu beenden und um gleichsam neue Forschungsideen zu verfolgen. Dank gilt auch meinem Zweitgutachter Professor Heinz-Hermann Krüger, der maßgeblich zur Attraktivität der Hallenser Forschungslandschaft beiträgt, in dessen Forschungskolloquium ich regelmäßig meine Arbeit vorstellen konnte und mit dessen fast unübertrefflichen Engagement Rahmenbedingungen für weitere eigene Forschungsvorhaben entstanden sind. Vielen Dank!

Aber auch die außeruniversitären Unterstützungen waren wesentlich für das Gelingen dieser Arbeit, und ich möchte all Jenen danken, die dafür gesorgt haben, dass ich mich gerade in der Fertigstellung, die mit vielen „abwesenden" Momenten meiner Person verbunden waren, mit gutem Gewissen meinem Projekt widmen konnte und ohne diese Freundinnen, Freunde und Verwandtschaften ich es nicht geschafft hätte. Da ist vor allem dem ersten Held, außerhalb der Familie, von Bruno, Schnabel, zu danken, der im „Gleichschritt" mit seiner Frau Katja Wickler und ihrem Sohn Emil mit ihrer über Freundschaftsdiensten hinaus gehenden liebevollen Betreuung von Bruno dafür gesorgt hat, dass er meine Abwesenheit der letzen Wochen nicht ganz so schmerzhaft erfahren hat. Herzlichen Dank!

Dazu haben auch meine Mutter, trotz ihres engagierten Berufslebens, mit ihrem Mann Frieder Glass sowie Brunos Oma Regina Schulze beigetragen, ohne deren Unterstützung diese Arbeit nicht in der Form möglich gewesen wäre.

Ich danke meiner Schwester, Kathrin Petzold, die nicht nur an dem Thema Interesse zeigt, sondern darüber hinaus „frustrationstolerant" stets über die orthografische und korrekte Form des Manuskriptes wachte.

Ich danke meinem Mann Martin Zimmermann für seine Liebe und seine unendliche Geduld, die er für mich und den für ihn unverständlichen „Wissenschaftsbetrieb" aufbringt. Unserem „riesenkleinen" herrlichen Sohn danke ich dafür, dass er so ist wie er ist und dafür, dass er mich jeden Tag aufs Neue bereichert.

Halle, im Mai 2009   Susann Busse

1 Einleitung

1.1 Entwicklung der Fragestellung

Diese hermeneutisch-rekonstruktive Studie zu den Bildungsorientierungen Jugendlicher fokussiert auf das Zusammenspiel von Gemeinde, Schule und Familie an einer Sekundarschule und zeigt auf, wie die individuellen Transformationsmöglichkeiten der Schülerinnen und Schüler der Gemeindeerhaltung geopfert werden. Im Zentrum der Studie stehen die 16-jährigen Jugendlichen und ihre Bildungsorientierungen, die sich im Zusammenspiel von Familie, Schule und Milieu entfalten.

Die Sekundarschulthematik ist bisher selten Gegenstand empirischer Forschungen und wird in den wissenschaftlichen, theoretischen Diskursen und in der Forschungsliteratur nur wenig berücksichtigt. Vor allem dann, wenn es um schulische Übergänge und den Zusammenhang von elterlichen Bildungsaspirationen und Bildungsentscheidungen geht, wird die Sekundarschule beachtet – als Schulform, die von weniger bildungsnahen Milieus angewählt wird (vgl. Ditton 1992, Ditton/Krüsken 2006, Merkens/Wessel 2002). Darüber hinaus sind ländliche Sekundarschulen wie die hier in den Blick genommene von einer spezifischen Problematik gekennzeichnet: Die Einbettung in eine strukturschwache Region, der demografische Wandel, der sich über den Rückgang der Schülerzahlen (auf Grund der sinkenden Geburtenrate) zeigt und die als Folge der hohen Arbeitslosigkeit auftretende Abwanderung besonders von jungen Menschen in die alten Bundesländer (vgl. Weißhaupt 2002, Prenzel u.a. 2005, Zymek 2007, H. Budde 2007, Fucke 2008), verleihen ihr einen prekären Status. Wie viele andere ostdeutsche Sekundarschulen ist auch diese von Fusionen mit anderen Schulen und der damit einhergehenden Diskontinuitäten in der Lehrer-, Schüler- und Elternschaft sowie wechselnden kommunalen Partnern und Verantwortungsträgern gekennzeichnet (vgl. dazu Meister 2009). Gleichzeitig führte die Umwandlung der ehemaligen POS in eine Sekundarschule bei gleichzeitiger Bildungsexpansion dazu, dass die leistungsfähigere Schülerschaft ‚weggebrochen' ist. Dadurch kam es zu einer stärkeren Homogenität der Schülerschaft, die jedoch aus Bezugsmilieus kommen, die in traditionalen Strukturen verhaftet sind. Die milieubedingte Distanz zu Transformation drückt sich weniger in DDR-nostalgischen Haltungen (Vester 1995, 2004) aus, als in der Tendenz, auf Bildungsabschlüsse hinzusteuern, die einen Erhalt des Status kaum ermöglichen. Dies liegt darin begründet, dass mit der Inflation der Bildungsabschlüsse durch die Bildungsexpansion nach der Wende die unteren Abschlüsse tendenziell entwertet wurden. Bildungsdistanzierte Milieus müssten somit eigentlich auf höhere Bildungsabschlüsse orientieren, als es bei der älteren Generation der Fall ist, um Statuserhalt zu gewährleisten (vgl. dazu Brehmer 2007, 197ff). Dass dies nicht geschieht oder nur in Ansätzen der Fall ist, ist ein Ergebnis der vorliegenden Untersuchung. Jedoch wird dies noch dadurch unterstrichen, dass auch die Schule – trotz enormen Transformationsdrucks – an Reproduktion orientiert ist, welche die Schüler an die Gemeinde bindet.

Die Auswahl einer solchen Schule für eine Studie zu Bildungsorientierungen war insofern von Interesse, als dass sich hier besonders deutlich die Reproduktionsdynamik sozialer Ungleichheit zeigt. Nämlich gerade in der Stagnation, dem Verharren in Strukturen, die nur geringe Transformationsmöglichkeiten offen lassen und die Eingebettetheit in eine Region, die von Strukturschwäche gekennzeichnet ist, legt eine Verdoppelung der Benachteiligungsstrukturen an. Die hier ausgewählte Sekundarschule Gernau liegt in einer ländlichen ostdeutschen Gemeinde mit zirka 7000 Einwohnerinnen und Einwohnern. Die Schülerinnen und Schüler, die zum Gymnasium gehen wollen, müssen in die etwa 15 km entfernte Großstadt fahren, die verbleibenden Schülerinnen und Schüler besuchen die Sekundarschule, die auch Schülerinnen und Schüler aus den umliegenden Gemeinden aufnimmt. Der Radius der Schülerinnen und Schüler, die aufgenommen werden, vergrößert sich dabei von Jahr zu Jahr, da immer mehr Sekundarschulen geschlossen werden und die verbleibenden Schulen fusionieren müssen.

Insofern stand diese Schule repräsentativ für einen Schultypus, der in weiten ländlichen, strukturschwachen Teilen Ostdeutschlands für die Reproduktion sozialer Ungleichheit steht. Formal werden hier zwar mittlere Bildungsabschlüsse vergeben, aber diesen stehen äußerst wenige Anschlussoptionen gegenüber. Zukunftsentwürfe, die sich auf die Ermöglichungsstruktur des formalen Bildungsabschlusses 'Mittlere Reife' oder auch Hauptschulabschluss verlassen, sind damit an dieser Schule, in dieser Region besonders von Prekarisierung bedroht. Diese Bedrohung einerseits, die Möglichkeiten für Jugendliche ihr zu entkommen, andererseits, steht im Mittelpunkt der Betrachtung. Aus ihnen resultieren die Bildungsorientierungen der Jugendlichen, die untersucht werden, indem die Interdependenzen familialer und schulischer Ermöglichungsstrukturen zu den jugendlichen Haltungen vermittelt werden.

Die Bildungsorientierungen lassen sich ganz allgemein als eingelagert in die familialen und schulischen Generationsbeziehungen betrachten, die in Vermittlungsprozessen zwischen Jugendlichen, Eltern und Lehrern sichtbar werden. Die damit angesprochenen Interaktionsbeziehungen sind ihrerseits wiederum eingelagert in institutionelle und milieuspezifische Chancen- und Risikostrukturen. Diese stehen selbst für „typische" Haltungen zu Bildung und Vermittlung, werden aber interaktiv und individuell gebrochen. Man kann also nicht davon ausgehen, dass sich die Ungleichheitsstrukturen unmittelbar aus den sozialen Lagerungen ableiten lassen.

Vielmehr beinhaltet die Fokussierung auf Bildungsorientierungen die Möglichkeit, das Spektrum transformatorischer und reproduktiver Verläufe der jugendlichen Individuations- und Bildungsprozesse differenziert in den Blick zu bekommen. Entstehungszusammenhang dieser Studie ist das DFG-Projekt „Pädagogische Generationsbeziehungen in Familie und Schule"[1], in dieser wurden pädagogische Beziehungen zwischen der älteren und der jüngeren Generation vergleichend untersucht (vgl. Helsper/Kramer/Hummrich/Busse 2009). Im Zentrum der Studie standen zwei Schulen mit ausgewiesenem pädagogischem Profil und – dazu korrespondierend – jeweiligen exklusiven Bezugsmilieus und die dazu kontrastierende ländliche Sekundarschule, die sich gerade durch die Abwesenheit einer besonderen Profilierung auszeichnet. Auffällig war dabei, dass an den erstgenannten Schulen die Bildungsorientierungen der Eltern verstärkt thematisiert wurden, während die letztgenannte Schule hier eine Leerstelle aufwies. Jedoch kann nicht davon ausgegangen werden, dass deshalb auch keine Bildungsprozesse stattfinden, geht man von einem Bildungsbegriff aus, der nicht auf Kompetenz- und Leistungsmessungen ausgerichtet ist, sondern dem es um eine Transformation der Welt-, Sach- und Selbstbezüge in der Adoleszenz geht (Krüger 1995, 2000, 2008). Wie gestalten sich vor dem Hintergrund der Ressourcenarmut der Schulen, Familien und Schüler, der strukturschwachen Gemeinde und der bindenden Reproduktionsorientierung die Bildungsorientierungen der Jugendlichen aus? Welche Verknüpfungen gibt es im Verhältnis zu den familialen und den schulischen Bildungsorientierungen? Welche Transformationspotentiale sind hierin angelegt und inwiefern verhindert strukturell verankerte Ge-

---

1   Dieses Projekt (Ende 2001 - Mitte 2007) war am Zentrum für Schul- und Bildungsforschung (ZSB) der Martin-Luther-Universität- Halle-Wittenberg, unter der Projektleitung von Prof. W. Helsper und Dr. R.-T. Kramer angesiedelt. Die Erhebungen und Auswertungen wurde von Dr. M. Hummrich und für die hier analysierte Sekundarschule von der Autorin durchgeführt. Als wissenschaftliche Hilfskräfte waren mit erheblichen Engagement in diesem Projekt: Dana Jung, Carolin Ziems, Anja Gibson, Illja Döbber und Sascha Richter beteiligt.

meindebindung die Entfaltung von Bildungsorientierungen, die nicht vom verkennenden Charakter der Reproduktionsorientierung gekennzeichnet sind?

Um diese Fragen zu beantworten, ist es notwendig, das komplexe Zusammenspiel aus Milieu, Institution, Familie, Schule und Biografie zu untersuchen. Dies geschieht in Orientierung an eine qualitative Mehrebenenanalyse (Helsper/Hummrich/Kramer 2009), die nicht nur die verschiedenen Ebenen analytisch getrennt rekonstruiert, sondern sie auch zueinander vermittelt. Damit liegt eine Studie vor, die auf die makrosozialen Kategorien sozialer Ungleichheit (Klasse, Ethnizität[2], Geschlecht) fokussiert, diese jedoch nicht subsumtionslogisch den Ebenen der Interaktion und des Individuums ‚überstülpt', sondern in der Eigenlogik jeweiliger Sinnebenen bleibt. Über die Kontrastierung der Passungsverhältnisse zwischen der Strukturiertheit der kollektiv-schulischen, kollektiv-familialen Bildungsorientierungen und der individuell-biografischen Fallstrukturen werden die verschiedenen Ebenen zueinander vermittelt und die verschiedenen Strukturvarianten der Generierung der Bildungsorientierungen der Jugendlichen im Zusammenspiel von Familie und Schule – in Form von Typen – bestimmt.

1.2 Aufbau der Arbeit

Die Arbeit gliedert sich wie folgt: In dem an das Einleitungskapitel anschließende Kapitel 2 erfolgt eine knappe Auseinandersetzung mit dem Stand der Forschung. Hier geht es vor allem darum, die zentralen thematischen Bezüge zum Zusammenhang von Familie, Schule und Bildungserfolg herauszuarbeiten und die empirischen Bezugsstudien für diese Studie, darzustellen. Die Studien zu „Pä-

---

2   Die Kategorie kam auf Grund der Tatsache, dass es keine jugendlichen Migrantinnen und Migranten in der Sekundarschule zum Zeitpunkt der Erhebungen gab, in dieser Studie nicht zum Tragen.

dagogischen Generationsbeziehungen in Familie und Schule" ist für diese Untersuchung insofern relevant, als sie der Entstehungskontext dieser Dissertationsschrift ist und zentrale theoretische und methodische Bezüge hieraus abgeleitet werden konnten. Die (Vorgänger-) Studie zu „Institutionelle Transformationsprozessen der Schulkultur in ostdeutschen Gymnasien"[3] nach der Wende stellt ebenfalls eine zentrale Bezugsstudie dar, da sie in der methodischen Umsetzung die Möglichkeit aufzeigt, verschiedene Ebenen der Schulkultur zu rekonstruieren und zueinander zu vermitteln. Diese Erfahrungen der Verbindung von der Handlungs- und Strukturperspektive fließen konsequent in diese Studie ein. Die Bestimmung der Schulkultur als symbolische Ordnung, mit ihren spezifischen konstituierenden Sinnstrukturen und institutionellen Entwürfen, ist Ausgangspunkt der Analyse von den konkreten Bildungsorientierungen der Sekundarschule.

In Kapitel 3 wird die methodische Anlage dieser Studie dargestellt, d.h. auf eine zusammenfassende Bestimmung des Gegenstandes erfolgt die Auseinandersetzung mit dem methodischen Vorgehen im Sinne einer qualitativen Mehrebenenanalyse (Helsper/Hummrich/Kramer 2009). Im Durchgang durch die unterschiedlichen Sinnebenen werden danach die Erhebungsschritte benannt, die zueinander relationiert werden sollen. Schließlich geht es um eine knappe Darstellung der zentralen Auswertungsmethode, der objektiven Hermeneutik, dieser Studie.

Eine ausführliche Darstellung des institutionellen Entwurfes gelungener Bildung, der schulkulturell dominanten Bildungsorientierung und die Relationierung der Fälle dazu, erfolgt im vierten Kapitel. Insgesamt werden hier fünf kontrastive Fälle dargestellt, in denen schulische und familiale Interaktionen zu den individuellen, biografisch zugrunde gelegten Bildungsorientierungen vermittelt

---

3   In diesem, am ZSB der Martin-Luther-Universität angesiedelten, DFG - Projekt (10/1995 - 12/1998) unter der Leitung von Prof. Dr. Werner Helsper, waren als wissenschaftliche Mitarbeiter: J. Böhme, R.-T. Kramer und A. Lingkost tätig. Unterstützt wurde diese Studie von den wissenschaftlichen Hilfskräften: S. Hommel, H. Schaarenberg, J. Hagedorn und der Autorin.

werden. Jeder Text aus den Interaktionen wird dabei zunächst als Einzelfall betrachtet und in seiner singulären Struktur erschlossen. Diese voneinander unabhängig rekonstruierten schulischen, familialen und individuellen Sinnstrukturen werden erst im Anschluss daran zueinander vermittelt und in zusammenfassenden Betrachtungen der Fälle werden die herausgearbeiteten Bildungsorientierungen der Jugendlichen – in ihrem Passungsverhältnis zu den des schulkulturellen Entwurfes der Generationsordnung – herausgearbeitet.

Um von den in den Fallrekonstruktionen herausgearbeiteten Strukturvarianten individueller Bildungsorientierungen zu Strukturvarianten jugendlicher Bildungsorientierungen im Zusammenspiel mit den schulischen und familialen Bildungsorientierungen zu gelangen, schließt sich eine Kontrastierung der Fälle an, die Gegenstand von Kapitel 5 sind. Über die Kontrastierungsdimensionen der „Passung der dominanten schulkulturellen Bildungsorientierung zum familialen Bezugsmilieu" und der „Individuellen Bildungsorientierung der Jugendlichen im Verhältnis zu den schulischen und familialen Bildungsorientierungen zwischen Transformation und Reproduktion" werden Typen individueller Bildungsorientierungen in der Sekundarschule herausgearbeitet, die gedankenexperimentell auch die Typen mit einschließt, die in diesem Sample nicht vertreten waren, aber strukturell rekonstruierbar gewesen wären.

Den Abschluss der Arbeit bildet schließlich ein Kapitel, in dem die anfänglichen Fragen nach der Bedeutung von Familie und Schüler für jugendliche Bildungsorientierungen und das Wirksamwerden von Strukturen sozialer Ungleichheit aufgegriffen und vor dem Hintergrund der hier ausgearbeiteten Fallstudien diskutiert werden. Dabei wird einerseits die Perspektive, über die Bildungsorientierungen hinaus, auf die zentralen gesellschaftlichen Dimensionen sozialer Ungleichheit (hier: Geschlecht und soziales Milieu) gerichtet und sich damit auseinandergesetzt, welche Bedeutsamkeit

diese für die spezifische Ausformung der individuellen Bildungsorientierungen Jugendlicher im Zusammenspiel mit Schule, Familie und Milieu haben. Andererseits geht es darum, ein Erklärungsmodell für die Blockierung transformatorischer Bildungsorientierungen zu skizzieren, das anschlussfähig für weitere Diskussion um
soziale Ungleichheit im Rahmen einer qualitativen Bildungsforschung ist.

2 Stand der Forschung und zentrale Bezugsstudien

Im folgenden Kapitel findet nun eine Auseinandersetzung mit dem Stand der Forschung statt, den ich zunächst ausschließlich auf den – für die Studie relevanten – Zusammenhang von Familie, Schule und Bildungserfolg bzw. -misserfolg fokussiere.

Familie und Schule[4] stellen – zumindest über weite Strecken der Kindheit, in deren Verlauf die Bedeutung der Peers allerdings immer größer wird (vgl. Krüger/Köhler/Zschach/Pfaff 2008) – die zentralen Lebensbereiche für die Kinder und Jugendlichen dar, vor dessen Hintergrund sich ihre individuellen Bildungsorientierungen ausgestalten. In der Familie werden im Rahmen der emotionalisierten und intimisierten Eltern-Kind-Beziehungen die Grundlagen für die Individuations- und Bildungsprozesse des Kindes gelegt. Hier werden die sprachlichen, die kognitiven, die sozialkognitiven bzw. interaktiven Kompetenzen aufgebaut, aber auch die emotionalen und habituellen Haltungen in den Eltern-Kind-Interaktionen generiert, die für die Ausgestaltung der Beziehung zur sozialen und subjektiven Welt zentral werden.

Gleichzeitig können die zunehmenden Autonomiebestrebungen der Jugendlichen zugunsten ihrer individuellen Entwicklung in der Familie zu spannungsreichen Ablöseprozessen von den Eltern führen, die mit tief greifenden Neuorganisationen der Beziehungen innerhalb der Familie verbundenen sind. Denn Jugendliche beginnen in diesem Prozess, die Beziehungen innerhalb der Familie mit einer größeren Distanz zu betrachten und zu reflektieren, ohne auf Routinen für ein neu gestaltetes Nähe-Distanz-Verhältnis zu verfügen. Für die Eltern ist diese Phase ebenfalls mit gravierenden Veränderungen verbunden, die sich in der Spannung zwischen Frei-

---

4   Eine ausführliche Auseinandersetzung zur Verhältnisbestimmung und zum Stand der Forschung - in Bezug auf Familie und Schule – findet in den bereits publizierten Handbuchartikeln zur Thematik statt (vgl. Busse/Helsper 2004, 2007).

räume für die Autonomieentwicklung zu schaffen und familiale Verbundenheit zu vermitteln, bewegen. Dies führt, neben der vermehrten Orientierung der Jugendlichen an den Peers und die damit erzeugten Spannungen im Selbstbild des Jugendlichen, oftmals zu familialen Stress, der interaktiv ausbalanciert und bearbeitet werden muss.

Mit diesen Voraussetzungen, die in der primären familialen Sozialisation und Erziehung erzeugt werden, trifft das Kind auf die Anforderungen der Schule. Auch wenn die habituellen und familienmilieuspezifischen Herkunftsbedingungen der Jugendlichen nicht aufzuheben sind, bilden diese den Bezugsrahmen für pädagogische und institutionelle Ausgestaltung der Schule als Bildungsraum für die Jugendlichen. (vgl. Helsper/Busse/Hummrich/Kramer 2008). Denn in der Schule müssen die Kinder nun in einem von der Familie mehr oder weniger stark abweichenden Handlungsfeld interagieren, das um die individuell zu erbringende Leistung und deren universalistische Bewertung zentriert ist, in dem die Kinder zusehends weniger als einzigartige, besondere Individuen in den Blick genommen werden. Sie stoßen vielmehr auf Anforderungen, sich in einer spezifischen, eher distanzierten und weniger emotionalen Haltung in ihre „Rolle" als Schüler einzufügen und müssen diese auszugestalten. Daraus können für Kinder nicht nur Übergangsprobleme, sondern auch mehr oder weniger deutliche Spannungen zwischen dem schulischen und dem familialen Handlungsfeld resultieren. Damit teilen sich auch Schule und Familie nun die Zuständigkeit für das Kind und die weiteren Bildungsprozesse, wobei das „Arbeitsbündnis" zwischen Eltern und Lehrern (vgl. Oevermann 2001) zu eher harmonischen, konflikthaften oder auch antagonistischen „Passungen" führen kann (vgl. Kramer/Helsper/Busse 2001, Busse/Helsper 2004).

2.1 Forschungsergebnisse zu Familie, Schule und Bildungserfolg

Die vorliegenden Studien, die in diesem Kontext den Stand der Forschung darstellen, lassen unter folgenden Gesichtpunkten betrachten:

- Familie, Schule und Bildungserfolg
- Familienstruktur und Bildungserfolg
- Familie, soziale Lage, Milieu und Bildungserfolg
- Jugendliche Ablöseprozesse und veränderte Eltern-Kind-Beziehungen

Betrachtet man den Stand der Forschung in Bezug auf Familie, Schule und Bildungserfolg, dann erscheint dieser Zusammenhang auf den ersten Blick hinreichend erforscht. Es gibt hierzu zahlreiche, meist quantitative Studien, welche sich mit dem Zusammenhang von veränderten Familienstrukturen und ihrem Einfluss auf Bildung sowie mit den Leistungsmotivationen von Schülern und mit der Frage nach bildungsrelevanten Sozialisationserfahrungen beschäftigen (vgl. etwa Stecher 2000; Baumert/Schümer 2001, 2002; Emke/Baumert 2008, Wild 2001; Zimmermann/Sprangler 2001, Schlemmer 2004). Ihren Ursprung haben diese Forschungslinien, die sich im Kern mit der Frage beschäftigen, ob soziale Herkunft bestimmend für den Bildungserfolg ist oder nicht (vgl. Jencks 1973), hauptsächlich in der schichtspezifischen Sozialisationsforschung in den 1960er- und 1970er-Jahren. In dieser Linie lassen sich die Studien zu familialen Bedingungen schulischer Leistungen, zur häuslichen Lernumgebung und dem Verhältnis von schulischen und familialen Sozialisationsbedingungen einordnen. Zentrales Ergebnis dieser Studien ist die hohe Bedeutung der sozialen Lage der Familie für den Schulerfolg und Kompetenzerwerb bei Schülern (Rolff 1997; Büchner 2003, Büchner/Brake 2006, Schauenberg 2007). Das bestätigen auch nationale und internationale Studien wie TIMSS, PISA und IGLU: Insbesondere in den PISA-Studien konnte nachgewiesen werden, dass das kulturelle Kapital und die

kulturellen Praktiken innerhalb der Familie sowie deren Bildungsorientierungen einen zentralen Stellenwert für die Leistungsent-
wicklung der Schüler besitzen (Schnabel/Schwippert 2000, Bau-
mert/Schümer 2001, Ehmke/Hohensee/Heidemeier/Prenzel 2004,
Schwippert/Bos/Lankes 2004, Ehmke/Baumert 2007, 2008). Diese
hohe Bedeutsamkeit der Familie für die Fähigkeitsentwicklung von
Heranwachsenden zeigt sich auch in einer amerikanischen Längsschnittstudie bei Grundschulkindern: Während Kinder aus den oberen Schichten ihre Fähigkeiten auch während der Schulferien steigern konnten, ist das Fähigkeitsniveau bei Kindern aus eher bildungsfernen und unteren sozialen Lagen gesunken. Dies verweist
darauf, dass der Schule durchaus eine soziale Unterschiede min-
dernde Bedeutung zukommen kann (Enwisle/Alexander/Olsen
1997). Insgesamt weisen die Studien zum Zusammenhang von Bildungserfolg, sozialer Lage und Familie darauf hin, dass die Entstehung von Bildungserfolg bzw. -misserfolg in den komplexen Zusammenhängen von sozialer Lage, Milieu, Ethnie, Geschlecht, den
kulturellen Praktiken der Familie und den damit einhergehenden
primären und aus dem schulischen Entscheidungsverhalten resultierenden sekundären Effekten begründet ist. Gerade deswegen wären
Einzelfallstudien zu diesen Konstellationen zwischen Familie,
Schule und Bildungslaufbahn besonders bedeutsam (Brendel 1998;
Hummrich 2002).

Auch Bohrhardt (2000) untersucht in seiner Studie, ob die These, dass der Bildungserfolg von Kindern und Jugendlichen von der
Struktur der Herkunftsfamilie (z.B. Scheidungskinder) abhängig
ist, heute noch Bestand hat (dazu auch Ditton 2007a, Schmeiser
2003, 2004). Er stellt auf der Grundlage deutscher und amerikani-
scher Umfragedaten fest, dass dieser weniger von den Strukturver-
änderungen der Familie abhängt, sondern maßgeblich von den sozialen und politischen Rahmenbedingungen beeinflusst wird, unter
denen sich die Veränderungen der Familie vollziehen (vgl. Bohrhardt 2000). Zwar wird innerhalb der theoretischen Konstrukte und

der empirischen Forschung mit der Variable, ‚diskontinuierliche Elternschaft' operiert, aber ihre Definition und Wirkung auf der interaktiven und einzelfallspezifischen Ebene wird vernachlässigt. Die vorliegenden Untersuchungen können damit zwar einen Zusammenhang zwischen Bildungserfolg und veränderten Familienstrukturen, etwa durch Scheidung, konstatieren, aber nicht die ursächlichen Bedingungen dafür empirisch begründen. Um diese Leerstelle zu füllen, so Bohrhardt, müsse die Aufmerksamkeit auf die Familienstruktur im sozio-historischen Kontext sozialer, ökonomischer und kultureller Ressourcen gerichtet werden. Anschlussfähig daran sind die Ergebnisse der PISA-Studie die konstatieren, dass die These von der hohen Bedeutung der Familienstruktur für erfolgreiche Bildung zu relativieren ist: Zwar zeigt sich in der Mehrheit der untersuchten Länder ein Zusammenhang dahingehend, dass Kinder von allein Erziehenden schlechtere Leseleistungen erzielen. Für einen Teil der Länder, auch für Deutschland, kann dies nicht nachgewiesen werden. „Wenn Schulform und Sozialschicht kontrolliert werden, weisen Kinder von allein Erziehenden genauso gute Schulleistungen auf wie Kinder aus ‚vollständigen' Familien" (Tillmann/Meier 2001, S. 481, auch Schauenberg 2007). Um zu detaillierteren Aussagen zu Familienstruktur und Bildungserfolg zu gelangen, wären Studien von Bedeutung, die – neben dem Wechselspiel von Familie und Schule – den Einzelfall in den Blick nehmen (vgl. Nittel 1992; Kramer/Busse 1999; Böhme 2000; Kramer/Helsper 2000).

Eine weitere Forschungsperspektive stellen die fast ausschließlich quantitativen Untersuchungen dar, die neben der sozialen Lage und Bildungsbeteiligung, auch den Zusammenhang der elterlichen Bildungshaltungen- und Aspirationen und die Bildungsbeteiligung der Kinder und Jugendlichen untersuchen.

Zimmermann/Spranger stellen 2001 in ihrer empirischen Studie fest, dass im Zuge der Bildungsexpansion auch die Bildungsaspirationen der Eltern – in Bezug auf die Schulabschlüsse ihrer Kin-

der – deutlich angestiegen sind und der Hauptschulabschluss nahezu keine Relevanz mehr für die Eltern derzeitiger Grundschüler-
innen und Grundschüler hat (vgl. auch Ditton 2007b). Diese Bildungsexpansion hat nicht nur für die bildungsambitionierten Eltern,
Schülerinnen und Schüler eine Kehrseite, in Bezug auf die ‚Infla-
tionierung' der Bildungstitel[5] (Bourdieu 1982), sondern auch besonders deutlich für die bildungsdistanzierten Eltern und deren
Kinder, die trotz geringer Chancen innerhalb des Bildungssystems
ebenfalls stärker in die Bildung investieren müssen und somit zu
‚intern Ausgegrenzten' im bourdieuschen Sinne werden (vgl.
Bourdieu 1993, S. 283-287). Hinzu kommt (vgl. Schümer 2004),
dass insbesondere Jugendliche aus sozioökonomisch schwachen,
bildungsfernen und ethnischen Milieus mit großer Distanz zur
deutschen Sprache und Bildung besonders benachteiligt und am
stärksten auf der Hauptschule vertreten sind. Diese Selektionsmechanismen im deutschen Schulsystem verstärken damit die ohnehin
schwachen Ressourcen der Jugendlichen auf Grund ihres Herkunftsmilieus in Bezug auf für Bildungsprozesse. Für die Eltern
und die Jugendlichen mit geringeren Bildungsorientierungen führt
dies zu deutlichen Begrenzungen des Anregungsmilieus und somit
zur erneuten Reproduktion der Disparitäten in der Bildungsbeteiligung.

Dies bestätigt auch die quantitative Studie von Solga und
Wagner (2004), in der sie verdeutlichen, dass das soziale, ökonomische und kulturelle Kapital der Hauptschüler zurückgegangen ist
und diese nun verstärkt in der Hauptschule aufeinander treffen, was
zu einer tendenziellen sozialen Verarmung dieser Schulform führt.
Dass heißt, die nach Schulformen selektierten Bildungsmilieus stellen für die Schülerinnen und Schüler unterschiedliche Bedingungen
hinsichtlich der Bildungserwartungen, der Lehr-Lehrn-Arrange-

---

5   Die Inflation der Bildungstitel bezieht sich darauf, dass die Kinder und Jugendlichen, bei
gleichzeitiger Entwertung der höheren Schulabschlüsse, immer mehr in die schulischen Bildungszei-
ten investieren müssen, ohne dabei die Sicherheit zu haben, dass diese Investitionen sich in Form von
erhöhten Chancen – z. B. auf den Arbeitsmarkt – rentieren werden.

ments, motivationalen und kognitiven Vorraussetzungen (Schümer 2004, Baumert, Stanat/Watermann 2006, Helsper/Busse/ Hummrich/Kramer 2008), bereit.

Bei ressourcenärmeren Schülern führt dies zu einer ‚doppelten Benachteiligung' (vgl. Schümer 2004), denn diese bereits sozial, kulturell und ökonomisch benachteiligten Schülerinnen und Schüler werden durch ihre Milieubindung auch in ihren Bildungsprozessen durch die Kumulation problembelasteter Jugendlicher und die ungünstigen Lernbedingungen in der Schulklasse noch einmal benachteiligt.

Wenn Meulemann (1985, S. 257 f.) in seiner Gymnasialstichprobe einen deutlichen Zusammenhang zwischen den elterlichen Bildungsaspirationen und den Bildungsaspirationen der Schülerinnen und Schüler herausarbeitet, die von Ditton (1995), Wild/Wild (1997) ebenfalls bestätigt werden, dann lassen – vor dem Hintergrund der Perspektive, dass die Bildungsorientierungen der Eltern eine Ausdrucksgestalt der Milieuzugehörigkeit ist – sich diese Ergebnisse auch auf die schuldistanzierten und marginalisierten Milieus beziehen. Dies verweist auf die unterschiedlichen Bedingungen bezüglich des familialen Anregungsmilieus für diese Schüler. Qualitative Studien die sich jedoch auf Schulformen beziehen, die von weniger bildungsambitionierten Milieus angewählt werden, stellen jedoch ein Forschungsdesiderat dar.

So belegen Studien (vgl. etwa Helmke/Schrader/Lehneis-Klepper (1991), Trusty (2000), Fan (2001), Stöber (2003), dass die elterlichen Bildungsaspirationen und ein unterstützender Erziehungsstil auch unabhängig von der sozialen Schicht eine zentrale Bedeutung für die Schulabschlusswünsche der Kinder besitzen und sich aber dennoch in den Bedeutungen der Bildungsaspirationen der Eltern milieugebunden ausgestalten. Die interaktiven Entstehungsprozesse bleiben aber auch in diesen quantitativen Studien unbeleuchtet.

Damit lässt sich festhalten, dass die elterlichen Bildungsaspirationen – auch wenn sie milieuunabhängig Effekte für die Schulabschlusswünsche der Schülerinnen und Schüler aufweisen – dennoch mit den Bedeutungshaltungen der Bildungsaspirationen für
die unterschiedlichen sozialen Milieus, dem sozialen Status der
Familie und ihrem Bildungsbezug verbunden sind. Dies zeigt sich
auch in der Studien von Becker (2000) zu „Klassenlage und Bildungsentscheidungen" (vgl. dazu auch Ditton 1992, 2007, Mer-
kens/Wessels 2002, Ditton/Krüsken 2006) die belegen, dass die
Eltern – auch entgegen den Laufbahnempfehlungen für die Kinder
durch die Grundschullehrer – umso mehr an den hohen Bildungs-
zielen ihrer Kinder festhalten, je höher ihre eigenen Bildungsaspirationen und Abschlüsse sind (vgl. Becker 2000), die sie auf Grund
des „Sozialbonus"[6] besser durchsetzen können. In diesem Zusammenhang stehen ebenso die Ergebnisse der Untersuchung von Ditton (2007c), die für diese Studie dahingehend aufschlussreich ist,
da im Zusammenhang von Bildungsbeteiligung, sozialen Kontext
und Region belegt wurde, dass auch wenn das „Stadt-Land-
Gefälle" in der Bildungsbeteiligung nicht mehr die Signifikanz der
60er Jahre aufweist (vgl. auch Henz/Maas 1995), sich über die
Gemeindegröße Bezüge zur Bildungsbeteiligung herstellen lassen.
Erhebliche Disparitäten, so Ditton (2007c), treten vor allem in kleineren Gemeinden unter 4000 Einwohnern auf, in der die Gymnasi-

---

6   Der Begriff des „Sozialbonus" für Kinder aus der oberen Sozialgruppe beruht darauf,
dass „während bei einem Notendurchschnitt bis 2,2 fast 74% der Kinder aus der Unterschicht und
demgegenüber 89,4% aus der Oberschicht eine gymnasiale Lehrerempfehlung erhalten, wird diese
Diskrepanz vor allem im mittleren Notenbereich (2,2 bis 2,9) besonders relevant. Hier erhalten
38,3% der Kinder aus der Unterschicht gegenüber 6,7% der Kinder aus der oberen Sozialschicht eine
Hauptschulempfehlung, während dies bei den Gymnasialempfehlungen mit 10,5 zu 40% genau
umgekehrt ist. Nach *Ditton* beruhen diese Diskrepanzen im Lehrerurteil darauf, dass Lehrer zum
einen die größeren Ressourcen zur Sicherung des Schulerfolgs und zum anderen die größeren Wider-
stände gegen niedrigere Schulzuweisungen bei Eltern aus der oberen Sozialschicht antizipieren (ebd.,
S. 132f.). Bei den Eltern ist diese Diskrepanz allerdings noch gravierender: Während im mittleren
Notenbereich ca. 11% der Unterschichteltern ihr Kind auf das Gymnasium schicken wollen – in etwa
eine prozentuale Übereinstimmung mit dem Lehrervotum – sind es demgegenüber 73,1% der Eltern
aus der oberen Sozialschicht und gegenüber der Lehrermeinung damit fast doppelt so viele (ebd., S.
130f., zitiert nach Busse/Helsper 2004, S. 447).

alaspirationen der Schülerinnen und Schüler und der Eltern mit 24% deutlich unter den der größeren Gemeinden mit 46% liegen (vgl. ebd., S. 207ff).

An diese Studien zur Bedeutung der elterlichen Bildungsaspiration in Bezug auf die Bildungsbeteiligung lassen sich die vorhandenen Studien zum Zusammenhang von elterlichen Haltungen und kindlich-jugendlicher Lernmotivation anschließen. Diese weisen ebenfalls auf eine starke Interdependenz der elterlichen Orientierung in Bezug auf die Lernmotivation der Kinder und Jugendlichen (vgl. Ginsburg/Bronstein 1993, Wild 2001, Wild/Hofer 2002) und der Bedeutung der elterlichen emotionalen Unterstützung für die Stabilisierung schulischer Motivation für die Jugendlichen in ihren Studien hin (vgl. Gray/Steinberg 1999, Wild 2001, Zimmermann/Sprangler 2001).

Damit kann an dieser Stelle festgestellt werden, dass die vorliegenden Studien zum Verhältnis von Familie, Schule und Bildung zwar die Relevanz der familialen Sozialisationserfahrungen für den Bildungserfolg oder -misserfolg von Kindern und Jugendlichen verdeutlichen, aber zugleich immer in einem familienübergreifenden kulturellen und sozialen Kontext von Milieus und darin wiederum spezifisch ausgeformten Familienbeziehungen gesehen werden müssen (vgl. Grundmann/Bittlingmeyer/Dravenau/Groh-Samberg 2004, Vester 2004, Helsper/Kramer/Hummrich/Busse 2009). Damit haben die Thesen von Jencks (1973) oder auch Bourdieu (1993) zur Verortung von Bildung im sozialen Raum Bestand. Sie müssen aber dahingehend differenziert werden, dass die Einflüsse anderer Sozialisationsinstanzen – der Peers, der schulischen Mikroprozesse (Mehan 1996, Pollard/Filler 1999, Filler/Pollard 2000, Kalthoff 2004, Krüger/Köhler/Zschach/Pfaff 2008), der Eltern-Kind-Interaktionen und elterlichen Bildungsorientierungen – noch stärker in die empirische Forschung einbezogen werden (vgl. Ditton 1995, 2004).

Mit dieser Erweiterung der Perspektive lassen sich ebenso die Ergebnisse von Untersuchungen fruchtbar machen, die jugendliche Ablöseprozesse in der Adoleszenz und die damit verbundenen Aushandlungen, Neustrukturierung der Eltern-Kind-Beziehung zum Gegenstand haben (vgl. Storch 1994, Papastefanou 1997, Walper 1998, Fend/Berger 2001, Hofer 2002, 2006). Denn in dieser vornehmlich von der Entwicklungs- und Pädagogischen Psychologie besetzten Forschungslinie, lassen sich entscheidende Hinweise finden, die aufschlussreich in Bezug auf die Vermittlungsprozesse pädagogischer Generationsbeziehungen in Familie sind. Diese Studien zeigen gleichsam auf, wie vielschichtig und spannungsreich sich jugendliche Ablöseprozesse gestalten können. Ein zentrales Ergebnis dieser Untersuchungen ist, dass dabei die Familienstruktur, d.h. ob es sich dabei um Einelternfamilien oder „komplette" Familien handelt, nur wenig Einfluss auf die jugendlichen Ablöseprozesse hat (dazu auch Walper 1998, Hofer/Klein-Allermann/Noack 1992). Entscheidender bei der Lösung der Konflikte zwischen den Generationen ist hierbei, so kann man im Durchgang dieser quantitativen Studien festhalten, die Beziehungsqualität der Jugendlichen zu ihren Eltern (vgl. Kreppner/Ullrich 1999). In welchem Spektrum sich diese jedoch bewegen können und wie die auf der mikroanalytischen Ebene angesiedelten fallspezifischen Bewältigungsstrategien der jeweiligen Familien, die interaktive Prozesse auf der Mesoebene, sich ausgestalten, kann mit diesen Studien nicht beantwortet werden.

In dieser Linie lässt sich auch Fends Längsschnittstudie zur Entwicklung des Jugendalters einordnen, in der in Bezug auf die Umstrukturierung der Eltern-Kind-Beziehung in der Adoleszenz eine Zurücknahme der asymmetrischen Beziehung zugunsten der jugendlichen Autonomie herausgearbeitet wurde (vgl. Fend 1989, S. 102ff). Ein weiteres Ergebnis, dass Schule das Gesprächsthema Nummer eins zwischen Eltern und Kindern ist und oftmals zu Konflikten zwischen den Generationen führt, verweist u.a. darauf, dass

trotz zunehmenden Einfluss der Peers, die Eltern für die Individua-
tions- und Bildungsprozesse der Jugendlichen, nicht an Bedeutung
verloren haben. Wenn man im Anschluss an Vera Kings theoretischen Annahmen zur Entstehung des Neuen in der Adoleszenz die
Familie als sozialen Raum der Adoleszenz begreift (vgl. King
2002), in der aus der Wechselbeziehungen elterlicher Generativität
und adoleszenter Individuation, Neues entsteht, dann eröffnen sich
je nach Familiendynamik und Milieubindung der Eltern, als kulturelle Vermittler, höchst differente Möglichkeitsräume vor dessen
Hintergrund die Jugendlichen ihre adoleszente Transformation zum
Erwachsenen, ausgestalten und sich soziale Ungleichheit reproduzieren kann.

Studien die diese unterschiedlichen milieuspezifischen Trans-
ferleistungen – zwischen Eltern und den Adoleszenten – auf einer
interaktiven Ebene in den Blick nehmen, sind selten.

Ohne Anspruch auf Vollständigkeit zeigt sich in dem hier vorgestellten und auf den Zusammenhang von Herkunftsmilieu und
Bildungserfolg- oder misserfolg fokussierten Stand der Forschung,
dass es zahlreiche aufschlussreiche Studien gibt, welche die reziproke Bedeutung und Interdependenzen von Schule und Familie
betonen. Jedoch sind Untersuchungen, die das Zusammenspiel von
sozialer Herkunft, Familienstruktur, Milieubindung, Peers und der
Bildungsbeteiligung der Schülerinnen und Schüler vor dem Hintergrund ihres biografischen Kontextes beleuchten, eher eine Ausnahme und stellen ein Forschungsdesiderat dar (vgl. Hummrich
2002, Kramer 2002, Schmeiser 2003, 2004, Büchner/Brake 2006,
Krüger/Köhler/Zschach/Pfaff   2008,   Helsper/Kramer/Hummrich/
Busse 2009).

Besonders in den Studien, die einen kumulativen Zusammenhang zwischen der Bedeutung elterlicher Bildungsaspirationen für
die Bildungsbeteiligung der Kinder und Jugendlichen hervorheben
wird deutlich, dass der Begriff Bildungsaspirationen, der sich in der
quantitativen Sozialforschung etabliert hat, wenig aufschlussreich

ist, um das reziproke Zusammenspiel von Herkunftsmilieu und
Bildungserfolg oder –Misserfolg zu verdeutlichen. Es werden hierbei zwar milieuunabhängige Effekte für diesen Zusammenhang
gemessen, aber wie diese sich entlang der verschiedenen Milieus
entfalten und welche Konsequenzen dies für die Kinder und Jugendlichen bezüglich ihrer Bildungsprozesse hat, verbleibt damit
im Dunklen. Um dies zu beleuchten, ist eine begriffliche Modifikation der etablierten Verwendung von Bildungsaspirationen[7] erforderlich – wie es der Begriff der familialen Bildungsorientierung
leisten könnte –, da er neben dem Abfragen der Abschlusswünsche
der Eltern für ihre Kinder auch die grundlegenden habituellen und
milieuspezifischen Haltungen und Orientierungen der Eltern in
Bezug auf Bildung mit einbezieht. Denn die familialen Bildungsprozesse vollziehen sich im Kern auf der Grundlage von und in der
Auseinandersetzung mit den emotionalen Bindungen und Abhän-
gigkeiten und sind somit nicht in Form von rationalen Entscheidungen abbildbar.

2.2 Zentrale Bezugsstudien

In der Darstellung des Forschungstandes „Herkunftsmilieu und
Bildungserfolg" deutete sich bereits an, dass die Thematik in den
empirischen Befunden oftmals entweder aus der Perspektive der
Schule oder aus der Familie untersucht wurde und die Einbezie-

---

7   Das Aufgreifen ursprünglicher Bezüge aus der Sozialpsychologie (Haller 1968, Se-
well/Haller/Portes 1969), die zunächst unter Aspirationen den Anspruch an sich selbst fassen, der
sich durch die Erfahrungen und erbrachten individuellen Leistungen im Zusammenspiel mit den
normativen Erwartungshaltungen der „signifikant Anderen" herausbildet (vgl. Sewell/Haller/Portes
1969, Klein/Biedinger 2009), würde die Notwendigkeit der Modifikation der etablierten Verwendung
von Bildungsaspiration aufheben. Denn in dieser Perspektive werden – im Gegensatz zu Boudons
Konzept zur Erklärung sozialer Ungleichheiten (1974), in dem die Bildungsaspiration durch rationale
Entscheidungen entstehen – zum einen die lebensgeschichtlichen Bedingungen des Individuums und
zum anderen die Bedeutung der signifikant Anderen die Prozesshaftigkeit dieses Begriffes deutlich.

hung der an diesen Prozess beteiligten Akteure dabei wenig berücksichtigt werden.

Für die Untersuchung zu den jugendlichen Bildungsorientierungen in Familie und Schule sind daher Studien von zentraler Bedeutung, die zum einen das komplexe Zusammenspiel der Jugendlichen in Familie und Schule in Bezug auf jugendliche Bildungsprozesse in den Blick nehmen und zum anderen methodische Möglichkeiten aufzeigen, die auf den verschiedenen Ebenen gewonnenen und rekonstruierten Daten zueinander zu vermitteln. Einen solchen Stellenwert nehmen folgende Studien ein, die ich im Folgenden kurz und bezüglich ihrer Relevanz für meine Studie, skizzieren werde:

Als erstes ist die Studie „Institutionelle Transformationsprozesse der Schulkultur in ostdeutschen Gymnasien[8]" von Helsper u.a. (2001a) zu nennen, die drei kontrastive Schulkulturen aus einer diachronen und synchronen Perspektive analysiert. Die zentrale Frage war hierbei, welche gymnasialen Schulkulturen sich vor dem Hintergrund der (Um-) Brüche in den neuen Bundesländern durch das Handeln von Lehrern, Eltern und Schülern in Auseinandersetzung mit den schulischen Transformationsverläufen herausgebildet werden. Dafür wurden drei kontrastive Gymnasien ausgewählt, die hinsichtlich ihrer ‚dominanten' pädagogischen Orientierungen, den spezifischen Leistungsansprüchen und den inhaltlichen Ausrichtungen der Schulen untersucht worden sind. Der Fokus wurde besonders auf die konkret ausgeformten Partizipationsstrukturen der Schulen gerichtet, da sie Aufschluss über die schulischen Anerkennungsräume für die jeweiligen schulischen Akteure geben, vor dessen Hintergrund sie agieren können. Ein weiterer Augenmerk galt in dieser Studie den Transformationsprozessen der Schulen, d.h. es wurde untersucht, wie sich das institutionelle Selbstverständnis der

---

8 Das Projekt mit der Laufzeit von 1995-1998 war am heutigen Zentrum für Schul- und Bildungsforschung in Halle, unter der Leitung von Werner Helsper und unter der Mitarbeit von Jeanette Böhme, Rolf-Torsten Kramer und Angelika Lingkost, angesiedelt und wurde von den wissenschaftlichen Hilfskräften: Heike Schaarenberg, Jörg Hagedorn und der Autorin unterstützt.

Schulen in "gymnasialen Schulmythen" ausgestaltet, in denen die Vorstellungen von gelungener Bildung, pädagogischem Sinn und schulischer Gemeinschaft zum Ausdruck kommen.

Mit dem heuristischen Konzept der Vermittlung von Handeln und Struktur stellt die Schulkultur aus dieser Perspektive das Ergebnis der handelnden Auseinandersetzung von schulischen Akteuren mit äußeren Strukturvorgaben des Bildungssystems und den in diesem angelegten Widerspruchsverhältnissen dar. Dabei wird die Schulkultur als symbolische Ordnung konzipiert, die durch das spannungsvolle Verhältnis der Ebenen des Realen (grundlegenden Strukturproblemen), des Symbolischen (interaktiven Ausformungen) und des Imaginären (idealen sowie mythischen Konstruktionen) bestimmt werden. Diese „wird mit durch die handelnde Auseinandersetzung der schulischen Akteure mit systemischen Vorgaben, bildungspolitischen Strukturentscheidungen vor dem Hintergrund historisch spezifischer Rahmenbedingungen und sozialen Aushandlungen um die Durchsetzung und hierarchisierende Distinktion pluraler kultureller Ordnung generiert. In ihr sind die einzelfallspezifisch erzeugten Varianten der Bearbeitung der Strukturprinzipien des Bildungssystems und der daraus resultierenden Antinomien grundgelegt, die sich wiederum in einzelfallspezifischen Ausformungen konkreter Strukturprobleme und -konflikte niederschlagen" (vgl. Helsper/Böhme/Kramer/Lingkost 2001, S. 25f).

Des weiteren trug die Auseinandersetzung mit dem mikropolitischen Ansatz, wie ihn Altrichter und Posch (1996) in die Diskussion um die Schulentwicklung konzipiert haben, innerhalb dieser Studie dazu bei, die Vermittlung von Struktur- und Handlungsperspektive weiter zu präzisieren und die Strukturen des internen interaktiven Felds der Schule mit ihren unterschiedlichen Ebenen zueinander zu vermitteln. Gleichzeitig vermag dieser Ansatz die individuellen und kollektiven schulischen Akteure als „strategische Handlungseinheiten" zu begreifen, die sich verbürgend oder oppositionell auf die symbolische Ordnung der Schulkultur beziehen können (vgl. Helsper/Böhme/Kramer/Lingkost 2001, S. 28).

Vor diesem Hintergrund wurde am Beispiel der Lehrerinnen und Lehrer exemplarisch für die anderen schulischen Akteure[9] in dieser Studie aufgezeigt, durch welche Dimensionen die innerschulischen Beziehungsverhältnisse strukturiert werden können. Neben den Auseinandersetzungen mit Vertretern unterschiedlicher Fächerkulturen, von denen die einen über ein höheres Prestige verfügen als andere, kann die Generationszugehörigkeit ein weiteres Merkmal darstellen, das die Akteure auf Grund unterschiedlicher beruflicher Sozialisationshintergründe oder einer unterschiedlichen Bereitschaft, eingespielte Routinen zu überwinden und die eigene Lehrpraxis zu innovieren, trennt. Mit diesen unterschiedlichen Sozialisationserfahrungen sind gleichsam die unterschiedlichen biografischen Erfahrungen, Herkunftsmilieus und Generationslagen der Lehrerinnen und Lehrer zentral, vor dessen Hintergrund sie gemäß ihrer Fallstrukturiertheit in dem mikropolitischen Feld der Schulkultur agieren und somit die gruppeninternen Aushandlungsprozesse strukturieren (vgl. ebd. S. 30). Die (Nicht-) oder Beteiligung an der Ausgestaltung der vier Dimensionen der Schulkultur (unterrichtlich-inhaltliche, Leistungsdimension, pädagogische Orientierung, Kommunikations- und Partizipationsverhältnisse) durch die schulischen Akteure gibt dabei Aufschluss über die institutionellen Dominanzverhältnisse, die institutionelle symbolische Ordnung und markiert damit die Artikulations- und Handlungsspielräume der Schülerinnen, Schüler, Lehrerinnen und Lehrern und den der Eltern.

In der konkreten Umsetzung wurde in diesem Projekt zunächst die Rekonstruktion der jeweiligen Schulkultur der drei Schulen –

---

9 Diese Rekonstruktionen konnte für die Schülerinnen und Schüler, Eltern und Schulleiter auf Grund der Ausrichtung dieses Projektes nicht geleistet werden und sind dahingehend aufschlussreich, da sie ebenfalls vor dem Hintergrund ihrer spezifischen, durch Generations- und Milieuzugehörigkeit geprägten Fallstruktur im internen schulischen Feld agieren. (vgl. Helsper/Böhme/Kramer/Lingkost 2001, S. 30).

mittels der Rekonstruktion der Schuleiterreden zur Abiturfeier – in einem ersten ‚Dreischritt der Institutionsanalyse'[10] vollzogen. Die akteursspezifische Perspektive der Schüler in Bezug auf die dominante Krisenbestimmung und des dominanten Lösungsentwurfs wurde über die Rekonstruktion der Schülerrede der abgehenden Abiturienten der jeweiligen Schüler, quasi als Spiegeltext zur Schulleiterrede, erschlossen.

Mit der Kontrastierung der beiden Strukturrekonstruktionen der Abiturreden konnten die akteursspezifischen Positionen in der Spannung zwischen verbürgend oder oppositionell zum dominanten Schulmythos bestimmt werden. Um den schüler- und lehrerseitigen Ausformungen der schulischen Anerkennungs- und Partizipationsstrukturen auf die Spur zu kommen, wurden die interaktiven Ausgestaltungen in den Lehrer- und Schülerkonferenzen transkribiert und ebenso objektiv-hermeneutisch rekonstruiert. Mit der sich daran anschließenden Kontrastierung der Rekonstruktionsergebnisse aus den beiden Konferenzen konnten die dominanten institutionellen Dominanzverhältnisse, Partizipationsmöglichkeiten und die darin eingelagerten Konfliktpotentiale bestimmt werden.

Mit der Erhebung und Analyse der Lehrerinnen- und Lehrerinterviews bezüglich ihrer lebenspraktischen Erfahrungen im Transformationsprozess ihrer Schulkultur wurden die unterschiedlichen Positionen im innerschulische Feld, in Bezug auf die Dimensionen der dominanten Schulkultur, herausgearbeitet. Diese Positionierungen (verbürgend oder brechend) der Lehrerinnen und Lehrer wurden dann abschließend auf die jeweils dominante Schulproblematik bezogen und zu Typen verdichtet. Auch wenn die (10-12) für jede Schule jeweils erhobenen Schülerinterviews[11] nur noch

---

10   „Mit diesem Dreischritt der Institutionsanalyse (wurde S.B.) auf einer grundlegenden Ebene die ‚Tiefenstruktur' (latente Sinnstruktur, Strukturproblem und imaginärer Lösungsentwurf) der Institution erschlossen" (vgl. Kramer 2001, S. 81).

11   Eine ausführliche Vermittlung von Institution und Biografie wurde im Anschluss an das Projekt von Jeanette Böhme (2000) in Bezug auf den „oppositionellen Schülerpol" und von Rolf-Torsten Kramer (2002) über das „schulbiografische Passungsverhältnis" der Schüler zur jeweiligen Schulkultur geleistet.

in Bezug auf die Erweiterungen der schülerseitigen Positionierung zum dominanten Schulmythos in dieser Studie einbezogen wurden, konnten somit nicht nur die subjektiven Repräsentanzen der Lehrerinnen und Lehrer auch für diese Akteursgruppe entworfen werden, sondern darüber hinaus zeigen, welche Milieus in der jeweiligen Schule vertreten sind und wie sich die Schulkultur als Institution-Milieu-Komplex zusammensetzt.

Diese Darstellung des Forschungsprojektes „Institutionelle Transformationsprozesse der Schulkultur in ostdeutschen Gymnasien" – unter der Hinzunahme der genannten Anschlussprojekte von Kramer und Böhme – ist in sofern etwas ausführlicher dargestellt worden, da es auch für die zweite Bezugstudie einen zentralen Stellenwert einnimmt, vor deren Hintergrund die Untersuchung zu den Bildungsorientierungen von Jugendlichen im Zusammenspiel von Schule und Familie entstanden ist. Zentral dafür waren folgende empirische und theoretische Ergebnisse:

- Die Rekonstruktion der Schulkulturen verdeutlicht, dass die Ebene des Imaginären und die imaginären, mythischen Konstruktionen zum Realen der Schule in einem deutlichen Spannungs- und Widerspruchsverhältnis stehen und sich in Auseinandersetzung der Schülerinnen und Schüler, Lehrerinnen und Lehrer auf der symbolischen Ebene in den Interaktionen niederschlagen.
- Mit der Rekonstruktion von Schulkultur werden die Möglichkeitsräume des innerschulischen Feldes vor dem Hintergrund makropolitischer Bedingungen für alle schulischen Akteure ausgestaltet.
- Die Positionierungen der schulischen Akteure zur symbolischen Ordnung der jeweiligen Schulkultur gibt nicht nur Aufschluss über die dominanten Pole innerhalb der Schule, sondern auch über ihre Milieubindung.
- Der schulische imaginäre Entwurf des „idealen Schülerselbst" bildet nur ein Segment des jugendlichen Lebenszusammenhangs ab und muss von daher im familialen Rahmen und in den Kontext der Peers und der eigenen Verortung verortet werden.
- Die Schule gestaltet mit ihren schulkulturellen Orientierungen den Möglichkeitsraum für jugendliche Individuations- und Bildungsprozesse wesentlich mit.

- Transformationspotentiale können auf Grund der schulkulturellen Dominanz verschiedener Dimensionen der Schulkultur zu Blockierungen oder Freisetzungen für die schulischen Akteure führen.
- Solange, wie das pädagogische Handeln und die schulische Interaktion nicht grundlegend in Frage gestellt werden, können die spezifischen Strukturvarianten der jeweiligen Schulkultur reproduziert werden.
- Die institutionelle Strukturproblematik der pädagogischen Praxis ist permanent anfällig für das Manifestwerden von Krisen und das Zerbrechen institutionalisierter Routinen.
- Innerhalb der Vermittlungsprozesse in Bezug auf Werte, Normen und Wissen werden verschiedene pädagogische Generationsentwürfe und Bezüge zu einer Generationsordnung rekonstruiert, die aber auf Grund der Fokussierung des Projektes nicht weiter verfolgt worden sind.
- Die Rekonstruktion der Schülerbiografien gab Aufschluss über die verschiedenen Passungsverhältnisse der Lehrerinnen, Lehrer, Schülerinnen und Schüler zur jeweiligen Schulkultur.

Vor dem Hintergrund der ausführlichen Darstellung der Bezüge aus der Schulkulturstudie und im Hinblick auf mein heuristisches Konzept (vgl. Kapitel 3), lässt sich das methodische Vorgehen der nächsten Bezugsstudie „Pädagogische Generationsbeziehungen in Familie und Schule"[12] in diesem Abschnitt skizzenhaft und auf die zentralen Ergebnisse der Studie fokussiert, vorstellen. Die wesentlichen Anknüpfungspunkte aus dem Schulkulturprojekt für diese Studie lassen sich wie folgt zusammenfassen (vgl. dazu Helsper 2000, S. 14):

- Methodisch konnte mit der Schulkulturstudie mit ihrem ethnografischen Zugang und den mit der Kontrastierung geleisteten objektiv-hermeneutischen Strukturvergleichen auf ein erprobtes Verfahren der Ebenenvermittlung zurückgegriffen werden, das konsequent in die Studie eingeflossen ist.
- Mit der Theorie der Schulkultur als symbolische Ordnung der Einzelschule in der Spannung zwischen Realen, Symbolischen und Imaginären lässt sich mit Anschluss an Honigs Überlegungen einer generationalen Ordnung für das Konzept einer „Generationsordnung" fruchtbar machen.

---

12   Eine ausführliche Diskussion der Theorien und Empirie zu „Pädagogischen Generationsbeziehungen" ist in der Projektpublikation „Jugend zwischen Familie und Schule" von Helsper/Kramer/Hummrich/Busse 2009, S. 15-44 geleistet worden und erfolgt deshalb innerhalb dieser Arbeit nicht noch einmal.

- Die Rekonstruktionen zu den Schulkulturen legten imaginäre Generationsentwürfe der schulischen Akteure als Bestandteil der schulischen Generationsordnung frei.
- In den Rekonstruktionen zu den Schülerbiografien (vgl. Kramer/Busse
  1999, Busse 1999, Kramer/Helsper 2000, Böhme 2000, Kramer 2001) wurde über die Herausarbeitung der unterschiedlichen schulbiografischen Passungsverhältnisse die Notwendigkeit der Verschränkung der schulischen
  mit der familialen und biografischen Ebene deutlich.

Vor diesem Hintergrund wurden in dieser Studie, die pädagogischen Generationsbeziehungen aus den unterschiedlichen Perspektiven der schulischen Akteure, d.h. der Schülerinnen und Schüler,
Lehrerinnen und Lehrer und der Familien, rekonstruiert und zu den
familialen und schulischen Interaktionen in Beziehung gesetzt. Mit
der innerschulische und die schulübergreifende Kontrastierung
konnten im Anschluss an die Darstellung der empirischen Ergebnisse das Zusammenspiel von Schule und Milieu hinsichtlich der
spezifischen Generationsentwürfe der Schulen dargestellt und somit die Theorie der Schulkultur als Milieu-Institution-Komplex
weiter spezifizieren werden. Des Weiteren diente die Kontrastierung dazu, über das Spektrum der herausgearbeiteten pädagogischen Arbeitsbündnisse, die Konsequenzen der jeweiligen Strukturvarianten – im Zusammenspiel der schulischen und familialen
Generationsbeziehungen – für die Individuationsprozesse der Jugendlichen zu formulieren. Innerhalb der Fallstudien konnte die
prinzipielle Relevanz der elterlichen Orientierungen – die in den
Auseinandersetzungen innerhalb der familialen Generationsbeziehungen deutlich wurde – für die Jugendlichen herausgearbeitet werden. Selbst in kulturkapitalschwachen und bildungsdistanzierten
Familienmilieus, die wenig Ressourcen in Bezug auf die jugendlichen Individuations- und Bildungsprozesse bereitstellen, sind die
elterlichen Orientierungen für die Jugendlichen nicht wirkungs-
und bedeutungslos, sondern es findet kompensatorisch eine parti-
elle Relativierung der Bedeutsamkeit der elterlichen Orientierungen

und Vorbildfunktionen statt, die aber nicht zu einer umfassenden Infragestellung dieses Bedeutungszusammenhangs führen.

Mit den kontrastiven Schulkulturen und den inhärenten symbolischen Generationsordnungen konnte in dieser Studie verdeutlicht werden, das vor diesem Hintergrund unterschiedliche Möglichkeitsräume und Ausgestaltungsmöglichkeiten der Machtbalancen für die schulischen Akteure vorliegen. Diese unterschiedlichen Möglichkeitsräume bestehen auf Grund der unterschiedlichen Generationsordnungen auch in Bezug auf die Familien, die sich in den milieuspezifischen Erziehungs- und Bildungsvorstellungen der Eltern in Bezug auf ihre Kinder zeigen. Dass heißt, auch wenn es innerhalb der Familien zu Angleichungen in der Machtbalance zwischen den Eltern und Kindern kommen kann, sind die generationsdifferenten Entwicklungsanforderungen generell asymmetrisch gerahmt (vgl. ebd. S. 400).

Dennoch war die Betrachtung der Dimension der Generationsdifferenz innerhalb der Studie dahingehend aufschlussreich, da in den Rekonstruktionen unterschiedliche Ausdrucksgestalten (Typen) der Umgangsformen mit dieser deutlich wurden. So wurde zum Beispiel in den schulischen Interaktionen deutlich, dass, wenn es zu einer Verweigerung der Generationsdifferenz innerhalb von Vermittlungssituationen von Seiten der Lehrerinnen und Lehrer kommt, die Vermittlungsbeziehungen aufgekündigt sind, weil die Basis einer Wissens- oder Kompetenzdifferenz nicht sichtbar ist, der Unterricht damit Gefahr läuft, für die Schülerinnen und Schüler „sinnentleert" zu werden. Einen weiteren Typus stellt der dar, in dem es zu einem Verwischen der Generationsdifferenz kommt. Dieser ließ sich in den Fällen dann rekonstruieren, wenn es zu lehrerseitigen Verwendungen der Schüler innerhalb des Unterrichts kam und somit Widersprüche mit den Handlungsanforderungen des Lehrerberufs sichtbar wurden. Besonders folgenreich war dies in den Fällen, in denen das Verwischen der Generationsdifferenz mit Stabilisierungs- und Stützungsversuchen als Lehrerin oder Lehrer einherging und die Jugendlichen als Krisenlöser der Lehrer und Lehrerinnen fungieren sollten.

Innerhalb der Familien ließen sich im Umgang mit der Generationsdifferenz zwischen den Eltern und den Jugendlichen ähnliche Konstellationen wie in der Schule rekonstruierten, die sich jedoch in den Konsequenzen und in der Tragweite für die jugendlichen Individuations- und Bildungsprozesse deutlich unterscheiden. Dass heißt, in den meisten Fällen wurden familiale Generationsbeziehungen rekonstruiert, in denen eine konturierte Generationsdifferenz vorlag, die sich in den Positionierungen, formulierten Erwartungen und Anforderungen der Eltern gegenüber ihren Kindern zeigte. Darüber hinaus ließen sich auch Konstellationen analog der Schule finden, die von Verkehrung und Verwischungen der Generationsdifferenz geprägt waren. Dies galt insbesondere für die Fälle, in denen die Jugendlichen Stützungs-Fürsorgefunktionen für ihre Eltern einnehmen sollten und zu gleichwertigen Beratern, in Bezug auf die Krisen- und Lebensbewältigung, ihrer Eltern gemacht wurden.

Zusammenfassend ist festzuhalten, dass die These des Verschwindens der Generationsdifferenz an hand der Studie nicht bestätigt werden kann. Jedoch ließen sich in Schule und auch in den Familien Konstellationen rekonstruieren, in denen die Jugendlichen zu Krisenlösern, Unterstützern und Beratern für die individuellen Probleme ihrer Lehrerinnen und Lehrern und ihrer Eltern wurden. Mit diesen Verwendungen der Jugendlichen innerhalb der Familie und Schule geht eine teilweise Negation und Zurückweisung der Generationsdifferenz einher, die für die Jugendlichen folgenreich ist. Während in der Schule das Verweigern oder Verschleifen von Generationsdifferenz, das mit den entdifferenzierten Verwendungsweisen der Schülerinnen und Schüler durch Lehrerinnen und Lehrer einhergeht, als eine deprofessionellen Haltung gelesen werden kann, die die Möglichkeitsräume der Jugendlichen in Bezug auf ihre Bildungsprozesse begrenzt, ist dies in der Familie noch einmal in einem gesteigerten Maße problematisch. Denn hier wird, mit diesen Negationen und Zurücknahmen der Generationsdifferenz, der emotionale Schonraum für die adoleszenten Individuationsprozesse in der Familie damit tendenziell aufgehoben und kann zu ausgreifenden Individuationsproblematiken der Jugendlichen führen.

▪ In der Auseinandersetzung mit den zentralen Thesen zur Generationsthematik kann mit dieser Studie verdeutlicht werden, das es notwendig ist, die Wechselwirkung unterschiedlicher Ebenen (Institution/Milieu, Interaktion/Individuum) sozialer Wirklichkeit zu betrachten, vor deren Hintergrund sich die spezifischen Annerkennungsbeziehungen ausformen in der die Vermittlungsbeziehungen eingelagert sind.

▪ mit den kontrastiven Schulkulturen und den inhärenten symbolischen Generationsordnungen konnte verdeutlicht werden, dass vor diesem Hintergrund unterschiedliche Möglichkeitsräume und Ausgestaltungsmöglichkeiten der Machtbalancen für die schulischen Akteure vorliegen. Diese unterschiedlichen Möglichkeitsräume bestehen auf Grund der unterschiedlichen Generationsordnungen auch in Bezug auf die Familien, die sich in den milieuspezifischen Erziehungs- und Bildungsvorstellungen der Eltern in Bezug auf ihre Kinder zeigen. Dass heißt, auch wenn es innerhalb der Familien zu Angleichungen in der Machtbalance zwischen den Eltern und Kindern kommen kann, sind die generationsdifferenten Entwicklungsanforderungen generell asymmetrisch gerahmt (vgl. ebd. S. 400).

Für meine Studie ist nun von Interesse, wie sich die in die pädagogischen Generationsbeziehungen eingelagerten Bildungsorientierungen der Schule und Familie ausgestalten und sich die individuellen Bildungsorientierungen der Jugendlichen – die im Projekt „Pädagogische Generationsbeziehungen" auf Grund der Ausrichtung nicht bearbeitet werden konnten – vor dem Hintergrund der schulischen und familialen bereitgestellten Möglichkeitsräume, ausformen.

3 Methodische Anlage der Studie

3.1 Gegenstandsbestimmung

Die Studie gründet auf der Rekonstruktion der pädagogischen Generationsbeziehungen[13] in Schule und Familie, die sich mit ihren mehr oder weniger ausgeprägten Asymmetrien in der fallspezifischen Ausgestaltung der strukturell gegebenen Generationsdifferenz zeigen. Wie bereits in Kapitel 2.2 verdeutlicht, liegt die pädagogische Spezifik der Generationsbeziehungen in der familialen und schulischen Weitergabe bzw. Vermittlung von Wissen, Fähigkeiten, Haltungen, Stilen, Regeln und Werten in der Spannung von Reproduktion und Transformation (vgl. auch Helsper 2001, S. 18). In diesem pädagogischen Aspekt sind die *Bildungsorientierungen*, im Sinne einer grundlegenden habituellen Haltung, im Umgang mit Individuation und Schulabschlüssen eingelagert. Damit impliziert dieser Begriff – im Gegensatz zu dem der Bildungsaspiration (vgl. Kap. 2.1) – neben dem schulisch und familial erwünschten Schulabschluss auch die habituellen Haltungen der jeweiligen Akteure, die auf der Ebene der Rekonstruktion der Interaktionen sichtbar werden. Ausgehend von diesem heuristischen Konzept der pädagogischen Generationsbeziehungen und der schulbiografischen Passung der Jugendlichen (vgl. Kramer 2002), lassen sich demnach die dominanten Bildungsorientierungen der Schule, der Familie und die der Jugendlichen – als Ausdruck der Auseinandersetzung mit der symbolischen Generationsordnung[14] – auf der Ebene des Imagi-

---

13 In den Rekonstruktionen zur Schulkultur wurde deutlich, dass bei der Reproduktion und Transformation der symbolischen Ordnung der Schule es immer auch um die Ausgestaltung und Ausbalancierung der familialen und schulischen Generationsbeziehungen geht (vgl. Helsper/Böhme/Kramer/Lingkost 2001).

14 Den Begriff der symbolischen Generationsordnung haben wir in Anlehnung an Honigs Überlegungen zur „generationalen Ordnung" (vgl. Honig 1996, 1999) im Kontext des Forschungsprojektes „Pädagogische Generationsbeziehungen in Familie und Schule" als „jeweils spezifische kulturelle Ausformung des Zusammenspiels und Ineinandergreifens von generationalen Regeln,

nären, Symbolischen, Realen[15] herauskristallisieren und rekonstruieren.

Gegenstand dieser Studie ist demnach nicht die schulische und familiale Generationsordnung in ihrer Gesamtheit, sondern der Fokus richtet sich auf die fallspezifischen individuellen Bildungsorientierungen der Jugendlichen im Zusammenspiel und der Passung mit pädagogischen Generationsbeziehungen und Bildungsorientierungen von Familie und Schule

Damit bilden die konkreten interaktiven Beziehungen der Jugendlichen zu den Lehrerinnen und Lehrern in ihrer Vermittlungsposition die in Bezug auf Vermittlung und Aneignung ausgewählten familialen Interaktionen und die Aussagen der Schüler bezüglich ihrer subjektiven Haltungen und Deutungen und ihrer fallspezifischen individuellen Bildungsorientierung in den biografischen Interviews den zentralen Ausschnitt der Gegenstandskonzeption.

Schematisch kann dies in folgende Abbildung gefasst werden:

Strukturen, Deutungsmustern, Orientierungen und Akteurspositionen" (vgl. Helsper/Kramer/Hummrich/Busse 2009, S. 47) bestimmt.

15   Die Ebenenvermittlung vom Imaginärem, Symbolischem und Realem innerhalb der pädagogischen Generationsbeziehungen in Familie und Schule kann in dieser Studie für die Schulkultur der Sekundarschule differenziert geleistet werden. Dieser idealtypische Entwurf der Ebenenvermittlung kann auf Grund des erhobenen Datenmaterials, d.h. der Schülerinterviews, Elterngespräche und familialen Interaktionen, für die Familien und die Jugendliche jedoch nicht konsequent erfolgen.

Abb. 1: Gegenstand der Untersuchung

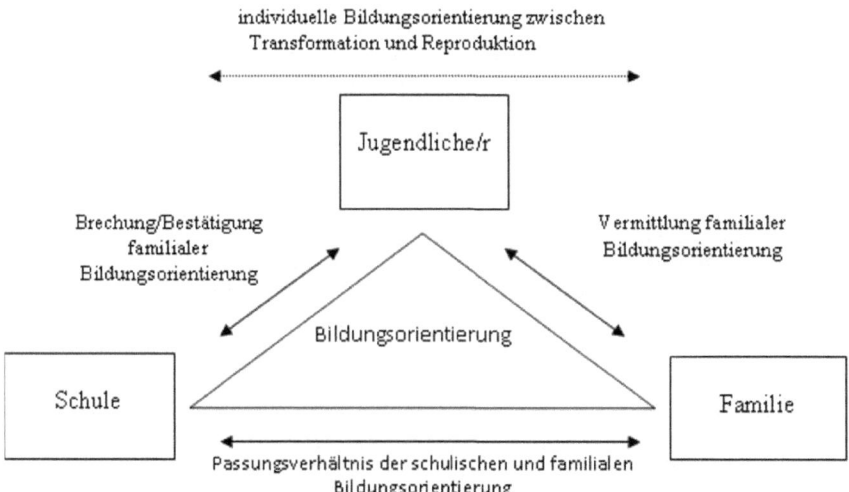

Wie die Abbildung verdeutlicht, gehe ich in der Gegenstandskonzeption von den drei eigenständigen Instanzen aus: den Schülerinnen und Schülern, der Schule und der Familie. Dieser Perspektive bei der Betrachtung der unterschiedlichen Bildungsbereiche der Schule und der Familie liegen die strukturtheoretischen Bestimmungen (vgl. Kapitel 2.1) von Schule und Familie nach Parsons und Oevermann zugrunde und sollen an dieser Stelle noch einmal zur Verdeutlichung angeführt werden: So lässt sich Schule folgendermaßen bestimmen: Für Schule ist zunächst bedeutsam, dass diese erst nach entscheidenden primären Prägungen in der Familie auf den Plan tritt und gegenüber den diffusen Sozialbeziehungen eher rollenspezifische Beziehungen enthält oder – mit Bezug auf die Professionstheorie – als widersprüchliche Einheit von spezifischen und diffusen Sozialbeziehungen zu entwerfen ist (vgl. Oevermann 2008). Dabei ist Schule in Anlehnung an Parsons einerseits als universalistischer Interaktionszusammenhang zu betrachten, der ge-

rade durch die Brechung partikularer Bezüge Bildungs- und Transformationspotentiale für die Jugendlichen schafft. Andererseits ist
die Schule mit ihren historischen und sozialstrukturellen Bezügen
selbst als partikular überformter Zusammenhang zu verstehen (vgl.
Parsons 1971, Oevermann 1996a, 2001).

Die Familie hingegen ist als Ort der basalen Erfahrung von Zugehörigkeit, Versorgung und Fürsorglichkeit für die nachwach-
sende Generation zu verstehen, an dem grundlegende Sinn- und
Orientierungsmuster erworben werden. Mit Bourdieu wäre hier von
einer primären Habitusbildung (vgl. Bourdieu/Passeron 1973) zu
sprechen, die in die Struktur der sozialisatorischen Interaktion der
Familie eingelagert ist und die im Mechanismus der Generationsdifferenz und der stellvertretenden Deutung zur „tendenziell bedin-
gungslosen, fraglosen Identifikation" mit der Praxis der Eltern führt
(vgl. Oevermann 2001, S. 99). Dass sich dieses so vollzieht, hat
ganz wesentlich mit der basalen Qualität der Familienbeziehungen
zu tun, die mit Oevermann als diffuse Sozialbeziehungen zu bestimmen sind. Damit fällt vor allem zusammen, dass sich das Kind
und ein Elternteil in affektiven Beziehungen als ganze Person begegnen, dabei bis auf das Inzesttabu, alles thematisch sein kann und
gewissermaßen die Nichtsubstituierbarkeit des „Personals" vorliegt
(vgl. ebd., auch Helsper/Kramer/Hummrich/Busse 2009, S. 38).

Die Jugendlichen bzw. die Schülerinnen und Schüler als handelnde Instanz zwischen Familie und Schule stehen dabei im Mittelpunkt der Studie, da sie in der Auseinandersetzung mit den
schulkulturell dominanten und den familialen Bildungsorientierungen ihre individuellen Bildungsorientierungen in der Spanne von
Transformation und Reproduktion generieren. Diese sind in der
Abbildung mit den ‚kurzen Wechselpfeilen' zwischen Jugendli-
che/r und Schule und Familie und Jugendliche/r gekennzeichnet.
Das Feld der Schule mit seinen schulkulturell ausgeformten Orientierungen und Akteuren stellt dabei, neben dem familialen Herkunftsmilieu und dessen habituellen Bildungsorientierungen, den

Möglichkeitsraum für die Umsetzung, Blockierung oder Modifikation der individuellen Bildungsorientierungen der Jugendlichen dar, mit dem sie sich interaktiv auseinandersetzen und in dessen Rahmen sie diesen selbst mitgestalten. Im Zentrum dieser Studie stehen daher die fallspezifischen Ausformungen individueller Bildungsorientierungen von Jugendlichen als Ergebnis des Zusammenspiels von schulischen und familialen Bildungsorientierungen.

3.2 Methodisches Vorgehen der Studie

Vor dem Hintergrund der empirischen Bezugsstudien und des zuvor skizzierten Gegenstandsbereiches nimmt die qualitative Studie drei verschiedene Ebenen, in Bezug auf die Handlungskontexte und der Akteursperspektive in den Blick, die eine eigenständige Erhebung und Auswertung erfordern und im Anschluss in ihrer Fallspezifik zueinander vermittelt werden.

Diese Überlegungen zur methodischen Umsetzung der Ebenenvermittlung haben ihren Ausgangspunkt in dem Konzept einer qualitativen Mehrebenenanalyse (vgl. Helsper/Hummrich/ Kramer 2009). Dieses geht im Kern davon aus, dass unterschiedliche Ebenen sozialer Wirklichkeit (z. B. Gesellschaft, Region, Institution und Milieu, Interaktion und Individuum) in Wechselwirkung zueinander bestehen und dass durch ihre Rekonstruktion eine Analyse der Vermitteltheit von Handlung und Struktur erfolgen kann. Für diese Herangehensweise ist zentral, dass die auf den unterschiedlichen Ebenen gewonnenen Daten zunächst in der Eigenlogik des Falls getrennt voneinander rekonstruiert werden und, nachdem die fallspezifische Typik herausgearbeitet wurde – im Sinne einer gegenstandsbezogenen Ausarbeitung von Passungsverhältnissen –, eine Bezugnahme auf die anderen, anschlussfähigen Sinnebenen erfolgen kann (vgl. ebd.).

In der vorliegenden Studie habe ich – im methodischen Anschluss an das Projekt der „Pädagogischen Generationsbeziehungen" – folgende verschiedene Ebenen rekonstruiert, die im Anschluss über die Kontrastierungsdimension der Passungsverhältnisse zwischen den Akteuren (Jugendlichen) und den institutionellen (Schule) und familialen Sinnmustern zueinander vermittelt und zu Typen verdichtet werden:

1. Die Ebene der Schule

Zunächst steht die Ebene der Schule im Mittelpunkt der Fallrekonstruktion:

Dafür werden mit der Perspektive auf das Konzept der symbolischen Ordnung der Schulkultur (vgl. Helsper, u.a. 1998, 2001) zunächst die dominanten imaginären Generationsentwürfe und die inhärente Generationsordnung rekonstruiert. Die Erfahrungen aus dem „Schulkulturprojekt" haben gezeigt, dass sich hierfür die institutionellen Repräsentationstexte – wie es die Schulleiterrede zur Begrüßung der neuen Schülerinnen und Schüler darstellt – besonders anbieten. Denn dort wird nicht nur der Sinn und Auftrag für die schulischen Akteure (Lehrerinnen und Lehrer, Schülerinnen und Schüler, Eltern) dieser Schule deutlich, sondern gleichsam auch die Verhältnisbestimmungen von Familie und Schule, in Form von Entwürfen der idealen Schülerinnen und Schüler und des von der Schule präferierten, familialen Bezugsmilieus. Welchen Stellenwert dabei die Sinnentwürfe in Bezug auf die Wissens-, Wert- und Normvermittlung für die neuen Schülerinnen und Schüler und deren Eltern einnehmen, oder ob diese überhaupt konturiert entworfen werden, ist Ausdruck der konkreten schulkulturellen, dominanten Bildungsorientierungen. Diese strukturieren ebenso die zentralen schulischen Situationen der Vermittlung, Weitergabe und Aneignung, dass heißt die schulischen Interaktionen im Unterricht, in dem sich die Schülerinnen und Schüler, die Lehrerinnen und Lehrer, vor dem Hintergrund ihrer jeweiligen Fallstruktur, in Form von pädagogischen Arbeitsbündnissen auseinandersetzen (vgl. Kapitel 2.2 und detailliert in Helsper/Kramer/Hummrich/Busse 2009, S. 288f).

Forschungspraktisch heißt das, dass nach einer zweiwöchigen ethnografischen Beobachtungsphase des Unterrichts in der ausgewählten zehnten Klasse[16], eine Videografierung des Unterrichtes – mit dem Fokus auf die oppositionellen, kritischen oder verbürgenden Haltungen der Schülerinnen und Schüler gegenüber den schulischen Anforderungen und Regeln – erfolgte. Dieses Videomaterial diente dann in einem weiteren Schritt, zum einen der Auswahl der interaktiven Szenen und zum anderen der Auswahl für die Erhebung der Interviews mit den Schülerinnen und Schülern, die jeweils nach den Kriterien der maximalen Kontrastierung[17] ausgewählt wurden.

2. Die Ebene der Jugendlichen

Nach der Sichtung der Videoaufzeichnungen des dokumentierten Unterrichts wurden auch bei der Erhebung auf der Ebene der Schülerinnen- und Schülerinterviews diese nach den Kriterien möglichst kontrastreicher Fälle ausgewählt. Bei dieser Auswahl kamen die Dimensionen, wie die Positionierung zur schulischen Generationsordnung, die Stimmstärke und Anerkennung innerhalb der Schul-

---

16 Die Auswahl der 10. Klassenstufe basiert auf drei forschungspraktischen und inhaltlichen Erwägungen innerhalb des Forschungsprojektes „Pädagogische Generationsbeziehungen in Familie und Schule", da somit (1.) innerhalb der Schulvergleiche (besonders zwischen dem Gymnasium und der Sekundarschule) „Alterseffekte" ausgeschlossen werden konnten, (2.) die zehnte Klassenstufe eine Zäsur hinsichtlich der Übergänge darstellt, und (3.) gründet sich die Alterssetzung auf die Annahme, dass mit dem Ende der frühen Adoleszenz eine Zeit der intensiven und reflexiven Auseinandersetzung der Jugendlichen mit der Familie, Schule und der eigenen Zukunft stattfindet. (vgl. Helsper 2001, S. 26, dazu auch Fend/Berger 2001, King/Koller 2006)

17 Die Kriterien der maximalen Kontrastierung sind im Kontext des Projektes in Anlehnung an die „grounded theory" von Glaser und Strauss (vgl. 1968, Strauss 1994) und an Oevermanns methodologischen Überlegungen zur Fallauswahl codiert worden, denn „danach bedarf es der Rekonstruktion maximal kontrastierender Fälle, um begründet zwischen generalisierbaren Strukturen und material ausgeformten Differenzen unterscheiden und somit kurzschlüssige Generalisierungen vermeiden zu können" (zitiert nach Helsper 2001, S. 22).

klasse, die individuellen Leistungen, sowie das Geschlecht zum Tragen. Nach diesen Kriterien wurden die Schülerinnen und Schüler ausgewählt, um dann in einem nächsten Schritt, mit insgesamt 12 Jugendlichen, ein autobiografisches-narratives Interview mit einem exmanenten, auf Familie und Schule fokussierten Nachfrageteil, durchzuführen, die mit Audioaufzeichnungen festgehalten wurden. Auf der Grundlage dieser Textsorte können die fallspezifischen Auseinandersetzungen der Jugendlichen mit den pädagogischen Generationsbeziehungen, deren Verhältnisbestimmung in Bezug auf Schule und Familie sowie Aussagen über ihre individuellen Bildungsorientierungen erhoben werden.

Des Weiteren diente der Kontakt mit den Schülerinnen und Schülern während des Interviews dazu, sie um das Einverständnis zu bitten, auch in ihren Familien[18] die Erhebung durchführen zu dürfen. Die Entscheidung, welche Fälle in das Sample der Studie aufgenommnen wurden, basiert auf der Grundlage der Sichtung der aufgenommenen Unterrichtsinteraktionen und der erhobenen biografischen Interviews in Bezug auf die aufgestellten, oben benannten, Kontrastierungsdimensionen.

3. Die Ebene der Familie

Analog zu den Erhebungen der schulischen Interaktionen in der Schule wurden in der Familie Erhebungen von Interaktionen angestrebt, in denen die pädagogischen Generationsbeziehungen zwischen den Eltern und ihren Kindern, die Bildungsorientierungen der Familie und ihre Familiendynamiken zum Ausdruck kommen. Gleichsam dienen die Erhebungen in der Familie als Grundlage zur Herausarbeitung der spezifischen Familiendynamiken und der fa-

---

18   Mit diesem Zugang über die Jugendlichen wird forschungsethisch ihre autonome Entscheidungen, sich z. B. gegen eine Aufnahme in ihrer Familie auszusprechen, berücksichtigt und beinhaltet aber damit gleichsam die Gefahr, dass von den Jugendlichen als besonders konflikthaft wahrgenommene Eltern-Kind-Beziehungen nicht erhoben werden können und das Spektrum in Bezug auf besonders problembelasteten Familienmilieus in ihrer Varianz eingeschränkt ist.

milialen Milieubindung. Damit werden Letztere nicht, wie in der Schule[19], mit Blick auf die dominanten schulkulturellen Entwürfe und Bewährungsmythen herausgearbeitet, sondern vielmehr über die Rekonstruktion der Elterninterviews und der familialen Interaktion des Abendessens. Die Rekonstruktion der Aufnahme einer Abendbrotszene erscheint vor dem Hintergrund, dass dort insbesondere für die Familie zentrale Themen verhandelt werden und, wie im Forschungskontext zu familialen Ritualen von Wulf herausgearbeitet wurde, die Schule thematisch als „beherrschenden (…) wenn nicht das beherrschende Thema familiärer Tischgespräche" anzusehen ist, somit als eine geeignete Textsorte (vgl. Wulf/Zirfaß 2001, zitiert nach Helsper 2001b), in der die Praktiken der habituellen Haltungen und Orientierungen zum Ausdruck kommen.

In der reflexiven Auseinandersetzung mit der Problemstellung, dass bestimmte familiale Milieus nicht die Offenheit gegenüber einer Erhebung von einer familialen Interaktion, wie der Aufnahme einer Abendbrotszene, haben, wurde im Projektzusammenhang „Pädagogische Generationsbeziehungen in Familie und Schule" ein abgestuftes Konzept der familialen Erhebung entworfen. Dies sieht in der idealen Variante die Aufnahme eines Abendessens der Familie mit einem anschließenden themenfokussierten Elterninterview, dann die Aufnahme der Abendbrotszene ohne die Anwesenheit der Forscherinnen und Forscher und in der schwächsten Variante nur die Aufzeichnung eines Interviews mit einem Elternteil, ohne Beteiligung der Jugendlichen, vor.

Insgesamt wurden somit die folgenden Daten auf verschiedenen Ebenen[20] rekonstruiert. Die ‚umlaufenden' Pfeile sollen dabei die Durchdringung der Ebenen verdeutlichen, z.B. das die Ebene

---

19   Innerhalb der schulischen Entwürfe, in den formulierten Erwartungs- und Anspruchshaltungen an die Schülerinnen und Schüler und deren Eltern, sind die von der Schule präferierten Bezugsmilieus rekonstruierbar und daher lassen sich ebenso die Anziehungs- und Abstoßungsmilieus davon ableiten. Aber ob sie und wenn, in welcher Stärke, sich diese in den konkreten Familiemilieus präsentieren, kann nur über die familialen Rekonstruktionen abgesichert analysiert werden.

20   Die Durchdringung der verschiedenen Ebenen (z.B. die Ebene Institution/Milieu und die der Interaktion) werden in der Abbildung 2 mit den Pfeilen gekennzeichnet.

der Jugendlichen, sowohl in den familialen und Schulischen Interaktionen, sowie in den narrativ-biografischen Interviews aufscheinen. Schematisch kann dies wie folgt dargestellt werden:

(1.) Auf der Ebene der Schule ist die Schulleiterinrede und die
schulischen Interaktionen zentral, weil diese Aufschluss über die
symbolische Generationsordnung der Schulkultur und die darin
eingelagerten „pädagogischen Generationsbeziehungen" und
schulkulturellen Bildungsorientierung geben.

(2.) Auf der Ebene der Familie lassen sich über die familialen
Interaktionen und Elterngespräche Aussagen zur familialen Generationsordnung, zu der Ausgestaltung der „pädagogischen Generationsbeziehung" und zu den familialen Bildungsorientierungen treffen, die gleichzeitig Ausdruck ihrer milieuspezifischen, habituellen
Haltung in Bezug auf Bildung sind.

(3.) Auf der Ebene der Jugendlichen zielen die autobiografisch-
narrativen Interviews zum einen auf die thematische Rahmung der
gesamten Lebensgeschichte und zum anderen auf den Umgang und
die Bearbeitungsstrategien in Bezug auf die in Schule und Familie
aufgestellten Möglichkeitsräume für die eigenen Individuations-
und Bildungsprozesse der Jugendlichen.

Abb. 2: Übersicht der Erhebungen[21]

	Institution/Milieu	Interaktion	Individuum
(1) Schule	Schulleiterinrede Lehrer-Schüler- Interaktion Lehrerinterviews	Lehrer-Schüler- Interaktionen im Unterricht	
(2) Familie	Abendbrotszenen Elterninterviews mit oder ohne die Jugendlichen	Abendbrotszenen Eltern-Kind- Interaktionen	
(3) Jugendliche/r			Biografische Interviews mit den Jugendlichen

Bezogen auf den Forschungsgegenstand – der Rekonstruktion individueller Bildungsorientierungen im Zusammenspiel von Familie und Schule – lag somit eine breite Datenbasis auf drei verschiedenen Analyseebenen vor, die zunächst über die Rekonstruktion der pädagogischen Generationsbeziehungen Aufschluss gaben. Dass darüber auch Erkenntnisse über die schulischen und familialen Bildungsorientierungen gewonnen werden konnten, zeigte sich in den habituellen Haltungen in Bezug auf die Vermittlungs- und Bildungsprozesse innerhalb der Interaktionen der Jugendlichen in der Schule und der Familie. Vor dem Hintergrund von Bourdieu/ Passeron (1973) ist die Generierung der Bildungsorientierungen von Jugendlichen abhängig von der Passung zwischen dem milieuspezifisch ausgeformten und dem schulisch geforderten sekun-

---

21 Insgesamt wurden 10 Interviews mit Lehrerinnen und Lehrern der Sekundarschule durchgeführt, von denen zwei Rekonstruktionen vorliegen, diese Ergebnisse wurden jedoch nur bezüglich einer Erweiterung des Kontextwissens und zur Illustration der Fälle in die Studie miteinbezogen.

dären Habitus. Diese Passung ist nicht als eine Konstante zu begreifen, da sie sich über die Schülerbiografie hinweg ausgestaltet
und sich im Rahmen der Schulkultur transformieren kann (vgl. Nittel 1992, Combe/Helsper 1994, Helsper 1995, Kramer 2002, Helsper 2004). Um den Niederschlag dieses Passungsverhältnisses von
Familie und Schule in Bezug auf die Bildungsbiografie und die
Individuationsverläufe des jeweiligen Jugendlichen im lebensgeschichtlichen Kontext zu rekonstruieren, ist die Analyse der biografischen Interviews, die Rekonstruktion der individuellen Fallstruktur unerlässlich.

Das sich anschließende Kapitel soll nun Aufschluss darüber
geben, wie diese auf den unterschiedlichen Ebenen von Schule,
Familie und Jugendlichen erhobenen Daten bearbeitet und zueinander vermittelt werden.

3.3 Auswertung der erhobenen Daten und ihre Vermittlung

Die Studie, die ihren Ausgangspunkt im bereits mehrfach erwähn-
ten Projektkontext „Pädagogische Generationsbeziehungen zwischen Familie und Schule" (vgl. Helsper/Kramer/Hummich/Busse
2009) hat und in Bezug auf diesen eine Fokussierung auf die Rekonstruktion individueller Bildungsorientierungen der Jugendlichen
im Zusammenspiel von Schule, Familie und Milieu darstellt, bezieht sich auch in der Auswahl der qualitativen Forschungsme-
thode, auf den Projektzusammenhang und somit auf die Anwendung der objektiven Hermeneutik.

Die Methodenauswahl ist nicht lediglich von forschungspraktischen Überlegungen geleitete, also von der Einsicht, dass die Fülle
der Protokolle sozialer Wirklichkeit, wie sie in der Schule, der Familie und mit den Schülerinnen- und Schülerinterviews erhoben
wurde, in ihrer Gesamtheit nur schwer innerhalb einer Dissertationsstudie mit diesem aufwändigen und anspruchsvollen Auswer

tungsverfahren im „Alleingang" geleistet werden kann. Vielmehr gründet sie auch auf den zahlreichen empirischen Erfahrungen, dass die Methode der objektiven Hermeneutik[22] die geeignete qualitative Methode ist, um grundlegende Strukturprobleme einer Lebenspraxis in Bezug auf objektive Handlungsmöglichkeiten und subjektive Handlungsentscheidungen der autonomen Lebenspraxis zu rekonstruieren (vgl. Oevermann 1981, 1995, Helsper/Böhme/ Kramer/Lingkost 2001, Böhme 2000, Kramer 2001, Hummrich 2001, Helsper/Kramer/Hummrich/Busse 2009).

Ein dritter – und vielleicht der wichtigste – Grund das Verfahren der objektiven Hermeneutik zu wählen, liegt im Erkenntnisinteresse in Bezug auf den Gegenstand selbst. Denn in diesem stehen nicht etwa nur die kollektiven und individuellen Orientierungsrahmen im Vordergrund, die sich als implizites Wissen in den Aushandlungsprozessen niederschlagen (vgl. Bohnsack 1995), sondern die in den latenten Sinnstrukturen zum Ausdruck kommenden Transformations- und Reproduktionslogiken und ihre fallspezifischen Bearbeitungsstrategien. Diese sind in Bezug auf die individuellen Bildungsorientierungen zentral, da sie sich in dem komplexen Zusammenspiel der spezifischen Schulkultur und des lebensgeschichtlichen und familialen Kontextes ausformen. „Entscheidend ist, dass die Rekonstruktion einer Schülerbiografie das Verhältnis von Lebensgeschichte[, Familienmilieu S.B.] und Schulkultur implizit mit einschließt und insofern eine separate Analyse institutio-

---

22 Die Darstellung der methodologischen Grundannahmen und der Umsetzung des Verfahrens der objektiven Hermeneutik werde ich im Folgenden nur insofern ausführen, als es dem Nachvollzug des methodischen Vorgehens in der Studie dient, da diesbezüglich bereits zahlreiche detaillierte Publikationen vorliegen (vgl. z.B. Overmann 1976, 1993, 1995, 2000, Reichertz 1991, 1995, Wernet 2000). Des Weiteren teile ich – ohne mich selbst ganz davon lösen zu können– die Perspektive zur Legitimation von qualitativer Methodologie von Fuchs-Heinritz: „Als ungünstiges Indiz für die weiteren Chancen biografischer Forschung muß angeführt werden: das Erscheinen von Büchern und Aufsätzen, die die Methode und den Ansatz ausführlich legitimieren, statt direkt durch ihre Anwendung zu überzeugen. Immer wieder aufs neue werden mit sehr ähnlichen Argumenten die Grenzen der quantitativen Forschung benannt, wird dagegen die Hoffnung gesetzt mittels biografischer Forschung zu angemesseneren Lösungen kommen zu können" (vgl. Fuchs-Heinritz 1984/2000, S. 329, dazu auch Hummrich 2002, S. 27).

nelle [familialer S.B.] und biografischer Strukturen voraussetzt"
(vgl. Kramer 2002, S. 42).

Die konkrete Umsetzung erfolgt – unter Beachtung der Prinzipien der Interpretation (Kontextfreiheit, Wörtlichkeit, Sequenzi-
alität, Extensivität und Sparsamkeit) – mit der Sequenzanalyse der
jeweiligen Textprotokolle um bei dieser „an jeder Sequenzstelle
gedankenexperimentell die Spielräume bzw. die Möglichkeiten zu
explizieren, die faktisch eröffnet sind (vgl. Oevermann 1996b, S.
12).

Dabei ist „der analysierte Fall immer schon allgemein und besonders zugleich. Denn in jedem Protokoll sozialer Wirklichkeit ist
das Allgemeine ebenso mitprotokolliert wie das Besondere im Sinne der Besonderheit des Falls" (vgl. Wernet 2000, S. 19). Die Besonderheit besteht vor dem Hintergrund der selektiven Entschei-
dungsprozesse der konkreten Lebenspraxis[23], dass heißt darin, für
welche Option sich der konkrete Fall innerhalb der objektiv gegebenen Möglichkeitsräume entscheidet[24]. Dies ist Ausdruck seiner
individuellen Fallstruktur, die es zunächst zu erschließen gilt. Damit wird aus dieser Perspektive heraus deutlich, dass zunächst die
objektive Strukturiertheit der Lebenspraxis in der Spanne von Individualität und Kollektivität rekonstruiert wird, da in dieser einerseits die konkret ausgeformten Handlungsspielräume der Lebenspraxis expliziert werden können und andererseits die konkrete Fall-
strukturgesetzlichkeit des Akteurs (vgl. auch Böhme 2000, S. 43).
Mit der Rekonstruktion der latenten Sinnstrukturen des Textes wird
dann die Strukturhypothese, im Sinne der Strukturiertheit der Inter-

---

23   Diese Regeln operieren „wie ein ‚Naturgesetz im Kopf' des regelbefolgenden Hand-
lungsobjekts, ohne in dessen abfragbarem, bewusst verfügbarem Wissensvorrat repräsentiert zu sein
und dort als Begründung von praktisch höchst wirksamen Urteilen der Angemessenheit explizit zur
Verfügung zu stehen" (vgl. Overmann 1995, S. 115).

24   Diese Entscheidungen sind „in den allermeisten Fällen [...] durch soziale Typisierungen
oder bloße Routinen schon vorentschieden. Nur in einer ganz kleinen Zahl von Fällen kommt dem
Subjekt seine Entscheidungsmöglichkeit zu Bewusstsein oder liegt sie aufgrund eines dramatischen
Scheiterns von Überzeugungen manifest krisenhaft vor" (vgl. Overmann 1996, S. 10, zitiert nach
Helsper/Kramer/Hummrich/Busse 2009, S. 79).

aktion mit ihren inhärenten Krisenpotentialen, in der Spanne zwischen der kollektiven Lebenspraxis und der individuellen Fallstruktur herausgearbeitet.

Für die empirische Bearbeitung der auf den unterschiedlichen Ebenen erhobenen Daten heißt das, dass jede Rekonstruktion, z.B. die Rekonstruktion der Schulleiterinrede, für sich bereits ein Ergebnis darstellt und Aufschluss über den Interaktionszusammengang Schule – in ihrer kollektiv-schulischen Fallstruktur – mit ihrer Strukturproblematik gibt. Aus dieser konkreten Ausformung der schulischen Fallstruktur lassen sich bereits Ableitungen in Bezug auf das präferierte Familienmilieu und die idealen Schülerinnen und Schüler treffen. Welchen Stellenwert dabei der schulkulturell dominante Entwurf der Bildungsorientierung für die schulischen Akteure hat, lässt sich in Bezug auf das Eröffnen und Verschließen von Möglichkeitsräumen für die Individuations- und Bildungsprozesse für die Jugendlichen rekonstruieren. Die individuellen Bewältigungs- und Lösungsversuche der Schülerinnen und Schüler die sie vor dem Hintergrund ihrer Milieuzugehörigkeit, Familiendynamiken und biografischen Fallstruktur zur Bearbeitung der institutionellen Fallstruktur wählen, können jedoch auf dieser Textgrundlage empirisch nicht abgesichert erschlossen werden. Von daher ist die Rekonstruktion und der Einbezug weiterer Protokolle, wie es die familialen Interaktionen und die biografischen Interviews darstellen, notwendig. Denn über die Kontrastierung der Passungsverhältnisse zwischen der Strukturiertheit der kollektiv-schulischen, kollektiv-familialen Bildungsorientierungen und der individuell-bio-grafischen Fallstrukturen lassen sich die verschiedenen Ebenen zueinander vermitteln und die verschiedenen Strukturvarianten der Generierung der Bildungsorientierungen der Jugendlichen im Zusammenspiel von Familie und Schule – in Form von Typen – bestimmen.

4 Fallrekonstruktionen und Fallportraits

Im Folgenden Kapitel werden an Hand der Fallrekonstruktionen die pädagogische Generationsordnung und die pädagogischen Generationsbeziehungen der Sekundarschule dargestellt und in Bezug auf ihre schulkulturell dominanten Bildungsorientierungen untersucht. Aufschluss darüber gibt die Rekonstruktion zur Begrüßungsrede der Neuen Schüler mit ihren inhärenten Entwürfen zu den idealen Schülerinnen und Schüler und den idealen familialen Bezugsmilieu, das sich über den dominanten Generationsentwurf von Familie und Schule ausgestaltet. Die Darstellung der Fälle, die sich gemäß meines Forschungsgegenstandes, in ihrer Passung von Familie und Schule in ihren Bildungsorientierungen, sowie bezüglich ihrer schulbiografischen Passung unterscheiden, erfolgt in verdichteten Fallporträts[25].

4.1 Die Sekundarschule Gernau: Eine Schule, die Wandel verhindert?

Die Sekundarschule Gernau befindet sich in einer ostdeutschen Kleinstadt mit circa 7000 Einwohnern, die maßgeblich von Bergbau und Landwirtschaft geprägt ist. Nach einem wirtschaftlichen Aufschwung durch die ansässigen Industrie- und Landwirtschaftsbetriebe seit dem 19. Jahrhundert kam es in den letzten Jahrzehnten zu Schließungen der traditionellen Großbetriebe. Diese begannen in den frühen 1980er Jahren durch die Stilllegung des Bergbaubetriebs aufgrund sinkender Rentabilität und setzte sich weiter fort durch die Schließung zahlreicher agrarwirtschaftlicher Betriebe

---

25 Die ausführlichen und umfangreichen Rekonstruktionen zu den schulischen und familialen Interaktionen, sowie zu den Biografien der Schülerinnen und Schüler sind im Anhang präsentiert und können dort eingesehen werden.

nach der Wende. Trotz der Entstehung neuer mittelständischer Unternehmen im neuen Gewerbegebiet ist Gernau von hoher Arbeitslosigkeit betroffen, was zur Folge hat, dass die Hälfte der Arbeitnehmer in nah gelegene Großstädte pendeln. Die Sekundarschule wurde 1985 als eine Polytechnische Oberschule (POS) im Plattenbaustil in diesem Ort gegründet. Zu dieser Zeit gab es noch eine weitere Grundschule im Nachbarort und eine andere Außenstelle der POS in Gernau. Im Jahre 1990 kam es zu einer Fusion der beiden Schulstandorte, und die Schüler- und Lehrerschaft beider Schulteile wurden in die jetzige Sekundarschule integriert.

Auf dem von einem flachen Betonzaun umgrenzten Schulgelände befinden sich das Schulgebäude vom Typ „Erfurt" und die in unmittelbarer Nähe befindliche Turnhalle. Der Schulhof liegt direkt zwischen Hauptgebäude und Turnhalle und besteht zum größten Teil aus großen Betonplatten, die sich – umgrenzt von kleineren Grünflächen – direkt an die Turnhalle anschließen. Schulgelände und Schulgebäude entsprechen von der äußeren Form und der Inneneinrichtung her noch dem Stand zur Gründungszeit in den 1980er Jahren. In den Zwischenfluren befinden sich auf mehreren Etagen Couchecken, Tische und Stühle, die von den Schülerinnen und Schülern als Rückzugsmöglichkeit während der Pausen und Freistunden genutzt werden können. Das Mobiliar der Klassenräume und der Sitzgruppen, das bereits im Gründungsjahr angeschafft wurde, ist zwar nicht mehr ganz zeitgemäß, aber dennoch gut erhalten, sauber und gepflegt. Sportliche Auszeichnungen, Pokale und Urkunden, die Schüler und Schülerinnen der Schule in den Jahren seit ihrer Gründung erhalten haben, befinden sich in zwei Vitrinen auf einem der Zwischenflure.

Auch wenn die Sekundarschule längst nicht mehr den Namen ihres früheren Namensgebers trägt, hängt doch das Schwarz-Weiß-Portrait dieses Widerstandskämpfers im Nationalsozialismus über einer Sitzecke im Schulhaus. Neben diversen Zimmerpflanzen dienen gerahmte Bilder und Plakate, die von den Schülerinnen und

Schülern in Unterrichtsprojekten erstellt worden sind, als Dekoration an den Wänden.

Zum Zeitpunkt der Erhebung besuchten 526 Grund- und Sekundarschülerinnen und Schüler diese Schule, die von 31 Lehrerinnen und 8 Lehrern unterrichtet wurden. Das Kollegium hat einen Altersdurchschnitt von 44 Jahren. Das Einzugsgebiet der Schule erstreckt sich auf Kinder und Jugendliche aus „alteingesessenen" und hinzugezogenen Familien Gernaus und aus Familien der angrenzenden Gemeinden.

Eine Besonderheit der Schule ist, dass sie am Rand des Ortes angesiedelt ist und heute mit dem Neubau der anliegenden Einfamilienhäuser – der „Stadtflüchtlinge" aus der gehobenen Mittelschicht – genau zwischen dem alten und dem neuen Ortsteil liegt, so dass sie als Teil des Gemeindelebens fast zur Mitte des Ortes geworden ist.

Im folgenden Abschnitt steht die Rekonstruktion der Rede der Schulleiterin zur Begrüßung der neuen Schüler[26], die als ein Protokoll der konkret ausgeformten Schulkultur der Sekundarschule gelesen werden kann, im Zentrum der Betrachtung. Die in den Ferien vor dem Schuljahresbeginn gehaltene Rede der Schulleiterin, zur Begrüßung der neuen Fünftklässler, beginnt wie folgt:

(stimmengewirr, 7 sek.)
Sprecherin: mal ruhig sein' (leise)
Schulleiterin: liebe schüler der jetzt noch vierten künftig fünften klassen liebe eltern , liebe kolleginnen

Die Begrüßung beginnt als eine diffuse Situation, die keineswegs untypisch für größere Veranstaltungen ist und zunächst durch eine Zäsur strukturiert werden muss. Das Stimmengewirr spricht dafür, dass die anwesenden Personen sich unterhalten, so dass von einer dem eigentlichen Auftakt der Veranstaltung vorausgehenden informellen, diffusen Kommunikation auszugehen ist.

---

26 Die Rekonstruktion der Schulleiterinrede erfolgte im Kontext des Projektes „Pädagogische Generationsbeziehungen in Familie und Schule" und wird nun, in Bezug auf die schulkulturell dominanten Bildungsorientierungen fokussiert, dargestellt.

„Mal ruhig sein" ist nun eine sehr verkürzte Aufforderung zur Beendigung dieser diffusen, informellen Kommunikation, in der keine konkreten Personen angesprochen werden. Die leise Äußerung impliziert eine doppelte Zurücknahme der Aufforderung: Zum einen ist die Lautstärke zurückgenommen und zum anderen ist der Satz nicht vollständig. Damit sind weder die Personen, die angesprochen werden, noch der Zeitpunkt genauer bestimmt. Daher lässt sich ausschließen, dass die Situation durch Rituale oder Konventionen derart verbürgt ist, dass eine Person durch ihr Erscheinen und damit durch die Setzung eines optischen Markierers (wie zum Beispiel bei einem Dirigent, der an das Pult tritt) für Ruhe sorgt. Die Zäsur ist kaum konturiert, weil sie den Charakter des Beiläufigen hat. Je exponierter eine soziale Situation wäre, desto eher müsste es jedoch deutliche Zäsuren geben (etwa durch Symbole, Rituale, klare Markierer) und die Ruhe müsste nicht verbal eingefordert werden. Die Art der Eröffnung spricht also dafür, dass es sich um keine besonders herausgehobene, außeralltägliche Situation handelt. Sollte dies doch der Fall sein, muss davon ausgegangen werden, dass dem Zusammenhang kein angemessener und wohlgeformter Auftakt gelingt und der Beginn eher an eine informelle Rahmung erinnert.

Einerseits kann es die Schulleiterin sein[27], die zur Ruhe ermahnt, um ihre Rede zur Begrüßung der neuen Schülerinnen und Schüler platzieren zu können. Andererseits kann es sich auch um eine Person handeln, die hier (legitimiert oder nicht legitimiert) stellvertretend für die Schulleiterin zur Ordnung ruft. In beiden Fällen bedarf es jedoch einer Aufforderung, um die Zuhörer darauf hinzuweisen, dass nun der formellere und offizielle Teil der Veranstaltung beginnt. Die doppelt zurückgenommene Aufforderung „mal ruhig sein" steht somit in einem Spannungsverhältnis: Zwar wird direktiv und tendenziell disziplinierend auf das Auditorium

---

27   Das es sich hierbei um die Schulleiterin handelt, ist während der Rekonstruktion der Rede deutlich geworden und wird zugunsten der Lesbarkeit an dieser Stelle bereits eingeführt.

Bezug genommen, jedoch gibt es auch diffundierende Elemente in der Anrede, weil niemand spezifisch angesprochen und mit „mal" auf eine informalisierte Bezugnahme verwiesen wird[28].

Für die damit möglich werdende Beziehungskonstellation lassen sich sowohl gleichberechtigte Beziehungen, in denen auf Grund der Störung, die jemand empfindet, eine sehr verknappte Aufforderung erfolgt, als auch hierarchische Beziehungen annehmen, in denen jemand seine Position nutzt, um zur Ordnung zu rufen. Im ersten Fall müsste dann von einer „situativen Hierarchisierung" die Rede sein, weil jemand aufgrund eines äußeren Anlasses sich legitimiert sieht, direktiv Ruhe einzufordern; im zweiten Fall würde die Hierarchisierung positionell verbürgt.

Mit dem Anschluss „liebe schüler der jetzt noch vierten künftig fünften klassen liebe eltern , liebe kolleginnen" wird deutlich, dass die Aufforderung zur Ruhe nicht von der Schulleiterin selbst ausgegangen ist, sondern von einer stellvertretenden Person. Dies spricht für die Lesart einer Diffusität in der Eröffnung und einer fehlenden Konturiertheit der Situation, denn die Schulleiterin sorgt nicht mit ihrer Person oder durch ein rituelles Arrangement für Ruhe, sondern ein Stellvertreter übernimmt diese Ordnungsfunktion. Wenn es sich hier um einen herausgehobenen Anlass handelt, wie dies bei einer Begrüßung neuer Schülerinnen und Schüler üblich wäre, dann liegt die Vermutung nahe, dass es an dieser Schule grundlegende Probleme mit der Konturierung, der Grenzziehung und Differenzierung zwischen Formellem und Informellem gibt. Die Schule wäre in diesem Fall durch Tendenzen der Diffundierung, der Vermischung und der unklaren Grenzziehung gekennzeichnet.

---

28 Die Verwendung von „mal" ist als Indikator dafür zu sehen, dass eine scharfe oder deutliche Disziplinierung nicht erfolgt. Für einen institutionellen Zusammenhang wäre diese Form der Disziplinierung mit suggerierten Aushandlungsprozessen eher irritierend und würde darauf verweisen, dass die Situation als solche selbst von einer prinzipiellen Legitimationskrise in Bezug auf den Kontext gekennzeichnet ist, während derartige Verständigungs- und Aushandlungsprozesse für einen informellen Zusammenhang übliche Bestandteile von Alltagskonstellationen sind.

Insgesamt kann man angesichts einer Begrüßung neuer Schülerinnen und Schüler nicht von einer gelungenen Eröffnungsfigur
sprechen. Denn nicht die Integration, die Begrüßung und Anerkennung der neuen Schülerinnen und Schüler ist zentral, sondern der
Auftakt wird durch die problematische Figur einer Disziplinierung
und Diffundierung geprägt. Dabei ist der Modus der Diffusität dominant, während die Disziplinierung eine eher zurückgenommene
Form annimmt. Insgesamt wird deutlich, dass es der Institution
nicht gelingt, einen würdevollen und für die Anwesenden spürbar
anerkennenden Auftakt zu gestalten.

Im Spektrum möglicher schulischer Anlässe, bei denen Schülerinnen und Schüler begrüßt werden, sind herausgehobene Anlässe,
wie z.b. Abschluss- oder Aufnahmefeiern bis hin zu alltäglichen
Anlässen wie z.b. eine Begrüßung zum Unterricht, denkbar. Für
alltägliche Kontexte wäre die Variante der diffusen Begrüßung relativ unproblematisch, aber je herausgehobener und außeralltägli-
cher die Situation wäre, desto problematischer wäre diese Auftaktfigur der Begrüßung, denn dem institutionellen Repräsentanten
würde es nicht konsistent gelingen, einen würdevollen Rahmen zu
schaffen, in dem die Schüler und Schülerinnen in der Situation angemessene Anerkennung erfahren können. Damit findet sich bereits
in der Auftaktfigur eine tendenziell misslingende Form der Anerkennung der Schülerinnen und Schüler.

Indem die Schülerinnen und Schüler der „jetzigen vierten,
künftigen fünften klasse" angesprochen werden, wird entthematisiert, dass mit dem Klassenwechsel auch ein Schulwechsel verbunden ist. Damit bleibt auch die Erwähnung eines institutionellen
Übergangs aus. Der im fünften Schuljahr stattfindende Wechsel
von der Grundschule in diese neue Schule scheint der Normalfall
zu sein, der nicht weiter konturiert werden muss. Diese Begrüßung
erscheint fast so, als würden die Schülerinnen und Schüler nun
nicht Mitglieder einer neuen Institution, die sich ihnen gegenüber
darstellen, präsentieren, die ihnen das Anliegen und das „Besonde-

re" dieser Schule zugänglich machen und sie natürlich in dieser neuen Institution auch als Novizen besonders willkommen heißen muss. Vielmehr gewinnt man den Eindruck, als würden die Schülerinnen und Schüler einfach von der vierten in die fünfte Klasse wechseln. Im Verzicht auf die Besonderung dieses Übergangs und die deutliche Konturierung der Aufnahme in die neue Schule wird auch ein Verzicht auf eine institutionell besonderte Form von Generationsbeziehungen deutlich, denn den Schülerinnen und Schülern müsste ja auch verdeutlicht werden, was sie hier erwartet, was man von ihnen erwartet, wer sie hier erwartet und wie sich die Schule und die Lehrer ihnen gegenüber positionieren. Die Reduktion der Begrüßung auf das Organisatorische und den selbstverständlichen Aufstieg in eine höhere Klassenstufe impliziert einen Verzicht auf die rituelle und interaktive Ausgestaltung des Übergangs, an dessen Stelle die Organisation tritt – ein organisatorisch verfasstes Generationenverhältnis: Die Schülerinnen und Schüler müssen einfach, wenn sie in die fünfte Klasse wechseln, auch die Schule wechseln, und das ist das Banale der schulischen Organisation, das sich für alle Schülerinnen und Schüler gleichermaßen vollzieht. Die Formulierung ‚großer pädagogischer Entwürfe' oder von ‚Erziehungsleitbildern', die auch die Beziehungen zwischen den Generationen bestimmen und die Schule in ihrem Verhältnis zu diesen Neuankömmlingen konturieren würde, ist daher in diesem Zusammenhang nicht zu erwarten.

Dass die Eltern ‚nahtlos' an die Kinder angefügt und ebenfalls wie die Kolleginnen als „liebe" bezeichnet werden, legt zwei mögliche Lesarten nahe: Erstens könnte die Bezugnahme mit „liebe" als Vergemeinschaftung verstanden werden, in der alle in ein Näheverhältnis eingebunden sind. Für diese Lesart ergeben sich allerdings Brüche in Bezug auf die Schüler, denn sie sind bislang gerade nicht konturiert und besondert in den Blick genommen und begrüßt worden, sondern nur über formale Organisationsmarkierer, was keineswegs auf eine große, personalisierte Nähe gegenüber diesen Neuankömmlingen schließen lässt.

Zweitens deutet die Anrede aller Anwesenden mit „liebe" auch auf eine mangelnde Differenzierung hin, denn alle noch so unterschiedlichen Akteursgruppen – Schüler, Lehrer, Eltern – werden nivellierend über den sprichwörtlichen Kamm geschoren. Mit „liebe" wird also eine Vergemeinschaftung konstruiert, die – insbesondere auf Seiten der Schülerinnen und Schüler – in der Ausgestaltung des Begrüßungsauftaktes gerade nicht eingelöst wird. Das würde in Bezug auf die Generationsbeziehung bedeuten, dass der dominante Modus nicht darin bestünde, Differenzen und daraus resultierende unterschiedliche Zuständigkeiten und Verantwortlichkeiten zu konturieren, die für das pädagogische Handeln konstitutiv wären, sondern der Modus wäre Entdifferenzierung, was letztlich auf eine mangelnde Verantwortlichkeit und Anerkennung gegenüber den Schülerinnen und Schülern hindeuten würde. Im Übrigen eine Figur, die sich ja bereits im Ausfallen eines konturierten, klaren Begrüßungsanfangs andeutet.

Diese zweite Lesart ist die stimmigere, weil es im Auftakt der Begrüßung der Neuen gerade nicht gelingt, die Neuankömmlinge angemessen zu begrüßen und sie zu dieser konkreten Schule in ein spezifisches Verhältnis zu setzen. Vielmehr werden sie in eine organisatorische Rahmung eingebunden, die sie einfach nur als Schüler benennt und die keine schulspezifische Konturierung und Sinnstiftung erhält. So finden sich deutliche Hinweise, dass eine Gemeinschaft material nicht vorhanden ist. Obwohl sie konstruiert wird, tritt an die Stelle ihrer sinnstiftenden Ausformulierung ein allgemeines organisatorisches Prinzip, und Schule wird damit lediglich als formale Organisation begriffen.

Als Strukturhypothese kann somit formuliert werden, dass an der Stelle, wo eine Besonderung der Schülerinnen und Schüler stattfinden müsste, diese auf der allgemeinsten Ebene angesprochen werden, nämlich auf der Ebene der homogenisierten und organisa-

torisch vorstrukturierten Schulkarriere von der 4. zur 5. Klasse.
Damit könnte man fast alle Schülerinnen und Schüler bundesweit
gleichermaßen ansprechen. Die Beziehung zwischen Schülerinnen
und Schülern, den Eltern und den schulischen Akteuren auf allgemeinste organisatorische Prinzipien zu reduzieren, bedeutet jedoch
eine Vernachlässigung der Spezifizierung und Konturierung der
Schülerinnen und Schüler, der Eltern und der Schule selbst und
birgt neben der Chance, dass alle als gleich betrachtet werden, die
Problematik, dass eine Besonderung der konkreten Schülerinnen
und Schüler und der konkreten Schule und Lehrer gleichermaßen
unterbleibt. Die Schule ihrerseits kann sich somit nicht als spezifische Institution konstruieren, deren Akteure handelnd einen pädagogischen Sinn erzeugen und sich damit zu den Neuankömmlingen
in eine konturierte pädagogische Generationsbeziehung setzen.

> „ich möchte sie alle recht herzlich begrüßen , mal wieder zu einer elternversamm-
> lung"

Mit dem Anschluss „ich möchte sie alle recht herzlich begrüßen ,
mal wieder zu einer elternversammlung" findet eine Fortsetzung
der Diffundierung statt, denn hier wird neben der Begrüßung neuer
Schüler und Schülerinnen auch eine Elternversammlung eingeführt.
Mit der Nennung der Elternversammlung werden Organisationsprinzipien der Schule ganz allgemein im Verhältnis von Schule und
Familie angesprochen, obwohl im Auftakt eine Gemeinschaft aus
Schülern, Eltern und Kollegen aufgespannt wird. Letztere Bezugnahme passt stimmig zur Begrüßung neuer Schülerinnen und Schüler, während in der Elternversammlung die Anwesenheit von Schülern legitimierungsbedürftig und umgekehrt bei einer Begrüßungsfeier die Einmündung in eine Elternversammlung problematisch wäre. Damit kommt zum Ausdruck, dass die Begrüßung der
neuen Schülerinnen und Schüler anscheinend keine eigene Veranstaltung darstellt, sondern zugleich mit anderen Veranstaltungen,
die eigentlich anderen Zielen dienen und damit auch andere Rah-

mungen benötigen würden, zusammengelegt wird. Dies ist erneut ein Hinweis darauf, dass eine massive Diffundierung von Rahmungen, Anlässen und Adressatengruppen vorliegt. Zudem wird mit der Formulierung „mal wieder" eine nahezu beiläufige Abfolgelogik suggeriert, die jeglicher Besonderung und Würdigung der Situation entbehrt. Auch in diesem Segment entfällt also die sinnhafte Konturierung der Schule gegenüber den Neuankömmlingen, die jetzt sogar bezweifeln müssten, ob sie eigentlich am richtigen Ort sind. Auch hier sind es schließlich organisatorische Angelegenheiten (mal wieder eine Elternversammlung), die an die Stelle der Konturierung und Explizierung der konstruierten Gemeinschaft treten.

Damit gelingt es erneut nicht, alle Adressaten stimmig auf einen gemeinsamen Anlass zu beziehen. Entweder trifft die Bezeichnung Elternversammlung nicht auf den Anlass zu oder die Schüler und Schülerinnen sind hier fehl am Platze. Damit setzt sich das Unstrukturierte des Beginns fort und die Entthematisierung der Besonderung wird für die neuen Schülerinnen und Schüler unterstrichen. So gelingt selbst das Organisatorische nicht, das an die Stelle eines materialen Sinnentwurfs der Schule als einer pädagogischen Institution tritt, denn erst durch einen solchen Entwurf würde die Vergemeinschaftung aller Akteure – etwa als Mitglieder einer „Schulgemeinde" – möglich werden. Das Organisatorische misslingt, weil die Grenzziehung zwischen Anlässen, Adressaten und Zielsetzungen diffundiert. So kann weder die Elternversammlung noch die Aufnahmefeier stimmig realisiert werden.

Im Rahmen dieses spannungsvollen Zusammenhangs einer bloß hülsenhaft bleibenden Vergemeinschaftung und einer Diffundierung des Organisatorischen, das an deren Stelle tritt, kann nun die Strukturhypothese weiter ausdifferenziert werden:

Es handelt sich offensichtlich um eine Schule, in der nicht nur die pädagogische Sinnstiftung im Modus der konstruierten Vergemeinschaftung misslingt, sondern auch das Organisatorische, das diese Leerstelle füllt, zerfällt und diffundiert. Dies wird vor allem am Beispiel der Schülerinnen und Schüler deutlich, die ja eigentlich die zentrale Akteursgruppe in diesem Zusammenhang ist und die es als Neuankömmlinge stimmig zu begrüßen gilt. Ihnen gegenüber misslingt es, eine pädagogisch konturierte Beziehung auszuformulieren. Vielmehr werden sie nur als Schüler in der allgemeinsten Form einer organisatorisch strukturierten Rollenförmigkeit angesprochen, in der gerade jeder konkrete Bezug getilgt ist. Aber gerade auch dieses Organisatorische kann nicht stimmig gestaltet werden: In der grundlegenden Diffundierung der Anlässe, Rahmungen und Akteursgruppen, der Gleichzeitigkeit einer Begrüßungsfeier für die neuen Schülerinnen und Schüler und einer Elternversammlung kann man keinem Anlass und keiner Gruppe gerecht werden. Vielmehr würde gerade die organisatorische Differenzierung und Grenzziehung die Grundlage dafür bieten, den Anlässen und den Adressaten angemessen zu begegnen. Dort, wo also organisatorische Differenzierung erforderlich wäre, findet sich Entdifferenzierung und diffundierende Verschmelzung von Rahmungen – also gerade Modi diffuser Vergemeinschaftung. Und dort, wo die sinnhafte Ausformulierung und Einlösung der konstruierten Vergemeinschaftung erforderlich wäre, findet sich im Kern die Reduktion von Gemeinschaft bzw. die Auffüllung der vakanten Sinnstiftung durch Schule als formale Organisation. Das Organisatorische aber diffundiert in der entgrenzenden Rahmennivellierung der Anlässe wiederum ins diffus Gemeinschaftliche, während im Kern der konstruierten Gemeinschaftlichkeit, insbesondere in der Bezugnahme auf die Neuankömmlinge, die allgemeinsten organisatorischen Markierer aufscheinen und gerade daran Gemeinschaft bricht. Im weiteren Verlauf begrüßt die Schulleiterin nun zu einer dritten Veranstaltung und potenziert damit die Rahmendiffundierung:

Schulleiterin: [...] hier oben in unserer aula und natürlich ganz besonders herzlich möchte ich sie begrüßen zu unseren tag der offenen tür (.)

Mit der Begrüßung zum Tag der offenen Tür wird deutlich, dass hier eine weitere Transformation des Ereignisses erfolgt. Die Diffusion potenziert sich, denn neben der Begrüßung der Neuen und der Elternversammlung findet gleichzeitig auch ein Tag der offenen Tür statt, an dem – darauf lässt die Begriffswahl hier schließen – prinzipiell jeder Interessierte in die Schule kommen kann, um sich zu informieren. Dieser Tag der offenen Tür bedeutet damit gegenüber der einschränkenden Elternversammlung eine maximale Ausweitung des anwesenden Personenkreises. Auch wenn darüber die Schülerinnen und Schüler wieder formal integriert sind, so wären sie zu diesem Anlass allerdings eher randständig, was mit ihrer Zentralstellung im Rahmen der Begrüßung als Schulnovizen wiederum maximal konfligieren würde. Auf diese Weise wären die Besonderung und das Außeralltägliche negiert, das dieser Tag als bildungsbiografischer Übergang für sie hat. Damit bestätigt sich die Strukturhypothese in einer zugespitzten Form, denn mit der Begrüßung zu einem Tag der offenen Tür diffundieren nun auch die Grenzen zwischen innerschulischen Anlässen sowie dem Außerschulischen. Indem innerschulische Anlässe mit einer weitreichenden Öffnung in das Außerschulische, das Umfeld der Schule und die Gemeinde in ihrer Spezifik gebrochen werden, gerät das Anliegen der innerschulischen Adressatenkreise und insbesondere der Schulnovizen endgültig ins Hintertreffen. Die Spezifik der schulischen Anlässe diffundiert zu einer Art offener Gemeindeveranstaltung für alle Gemeindemitglieder. Auch hierin zeigt sich erneut, dass die Schule weder einen stimmigen noch sinnhaften Entwurf einer konturierten pädagogischen Institution und einer pädagogischen Beziehung zu den neuen Schülerinnen und Schülern herzustellen vermag, sondern entweder auf diffundierende Organisation oder aber – wie nun – auf ein entgrenztes Gemeindeleben orientiert. Im Folgenden bestätigt sich die bislang herausgearbeitete Strukturproblematik der Schule und spitzt sich weiter zu:

Schulleiterin: [...] wir haben gedacht wir 'verbinden' (betont) diese beiden veranstaltungen , so dass sie die möglichkeit haben heute ein paar organisatorische hinweise zu bekommen und ganz besonders sich ein bild zu machen von unserer 'schule' (betont) (.) von dem was in der sekundarschule so passiert=was die schüler hier
treiben und was es wert ist ausgestellt und ((gezeigt)) zu werden =immer rein in die
gute stube , ich halte nochma inne (stimmengewirr, stühlerücken) (10) ich müsste
heute hier begrüßen , die schüler der=und mit ihren eltern natürlich der vierten klassen der grundschule in gernau

Hier gehen im ersten Teil der Sequenz nicht nur die Veranstaltung-
en durcheinander, da organisatorische Hinweise vor allem die Eltern neuer Schülerinnen und Schüler interessieren dürften, während
es eher die Besucher des Tages der offenen Tür sind, die sich wahrscheinlich ein Bild von der Schule machen wollen, während die
Begrüßung der neuen Schülerinnen und Schüler gänzlich entthematisiert wird. Es gelingt auch wieder keine Konturierung der Spezifik
der Schule als einer pädagogischen Institution in ihrer Beziehung
auf und in ihrer Bedeutung für die Neuankömmlinge. Die Schulleiterin verbleibt auch mit der Formulierung „was die schüler hier
treiben" auf einer ganz allgemeinen Ebene, die Schule nicht als Ort
des Lernens und der Bildung, sondern des ‚bunten Treibens' cha-
rakterisiert. Es handelt sich hierbei also wiederum um eine Formulierung, die sich für mannigfache Handlungsbereiche verwenden
lässt und völlig unbestimmt bleibt. Dies zeigt sich auch darin, dass
die Besonderung der Schule in Form des allgemeinsten Organisati-
onsprinzips erfolgt – über die Schulform („was in der sekundarschule so passiert") – und erneut nicht durch einen besonderen pädagogischen Sinnentwurf. Damit kann es sich nicht um eine Schule
handeln, die auch nur ansatzweise einen besonderen Status beans-
prucht, sondern um eine Schule, die einfach selbstverständlich
„die" Schule der Gemeinde und einfach „Sekundarschule" ist, was
für die Gemeinde und das Wohnumfeld selbstverständlich ist, weil
die Schulpflicht selbstverständlich die Kinder der Gemeinde zu
Schülern der Gemeindeschule macht. Die Aufnahme in die Schule
entbehrt damit aus Sicht der Schulleiterin jeglicher Besonderung.
Auch im Einwurf „immer rein in die gute stube" zeichnet sich er-

neut eine Diffusion ab, denn die Schule wird damit quasi in eine Wohnstube transformiert, in die die Schulleiterin alle möglichen Personen einladen kann. Und schließlich ist auch der Satz „ich müsste auch begrüßen..." im Konjunktiv formuliert und im Bereich des Hypothetischen gehalten. Damit werden die neuen Schüler und Schülerinnen gerade nicht willkommen geheißen, sondern diese Aussage ist wie ein Verweis darauf zu verstehen, was erfolgen müsste, wenn es sich um eine angemessene Feier zur Begrüßung und Anerkennung der Schulnovizen durch die Repräsentanten der pädagogischen Institution handeln würde.

Zusammenfassend ist festzustellen, dass die nicht vollzogene Begrüßung und Feier der Schulnovizen Ausdruck dessen ist, dass die Konturierung des Innenraumes Schule in Form einer pädagogischen Generationsbeziehung nicht gelingt. Ein pädagogischer Generationsentwurf würde darin bestehen, die Bedeutung der Lehrerinnen und Lehrer für die neuen Schülerinnen und Schüler stellvertretend zu entwerfen, ihnen die Relevanz der Schule vorzustellen, die Haltung der neuen Schule ihnen gegenüber zu verdeutlichen und auch in Form von ästhetischen Präsentationen zu inszenieren und zu symbolisieren. Die pädagogische Spezifik dieser Schule wird hier nun durch das formal Organisatorische ersetzt und darüber begründet, dass diese Schule eben die selbstverständliche Sekundarschule der Gemeinde ist. Damit wird aber keine pädagogische Generationsbeziehung ausformuliert, sondern an deren Stelle tritt ein Generationsverhältnis, das über die Schulpflicht und die formale, homogenisierte Organisationsgestalt der Schule gegeben ist. Der dominante Generationsentwurf, mit dem sich diese Schule in der „Begrüßung" der neuen Schüler auf diese bezieht, wird durch das organisatorische, schulisch formale Generationsverhältnis markiert, das in dieser allgemeinsten Form zumindest für jede Sekundarschule zu formulieren wäre. Das heißt aber, dass das Besondere der Schule das Allgemeine ist.

Dieses Ausfallen eines pädagogischen Sinnentwurfs der Schule gegenüber den neu ankommenden Schülerinnen und Schülern hat hinsichtlich der individuellen Akteure – und dabei insbesondere für die Lehrerinnen und Lehrer an dieser Schule – zwei entscheidende Konsequenzen: Einerseits lässt die Vakanz eines derartig allgemeinen pädagogischen Entwurfs viele Freiräume für eigene pädagogische Entwürfe der Lehrer. Diese Gestaltungsfreiheit könnte ein positiver Nebeneffekt dieser Vakanz sein, denn immer dann, wenn ein starker, dominanter pädagogischer Entwurf für die Schule übergreifend ausformuliert wird, gibt es die Problematik der Passung von verschiedenen Sinnentwürfen auf der Ebene von Gruppen und einzelnen Lehrerinnen und Lehrern in Bezug auf diesen dominanten Entwurf. An dieser Schule werden die Lehrerinnen und Lehrer allerdings nicht mit einem solchen dominanten und übergreifenden Sinnentwurf konfrontiert. Andererseits liegt die Problematik dieser Vakanz für die Lehrer und Lehrerinnen darin, dass sie aus sich selbst heraus einen pädagogischen Entwurf generieren müssen, während ein schulübergreifender Bezug fehlt, auf den sie sich gemeinschaftsstiftend, verbürgend, aber auch kritisierend beziehen könnten. Damit wären die Lehrerinnen und Lehrer dieser Schule tendenziell individualisiert, auf sich selbst verwiesen und in Grenzfällen auch auf sich allein gestellt. Sie würden nicht durch einen kollektiven, institutionellen pädagogischen Sinnentwurf gestützt. Jede Lehrerin und jeder Lehrer würde nun versuchen, an dieser Stelle einen anspruchsvollen pädagogischen Sinnentwurf zu formulieren und würde damit geradezu diese Vakanz besonders stark hervortreten lassen.

In Bezug auf die Schülerinnen, Schüler und die ihnen zugehörigen Familien ergibt sich eine ähnliche Ambivalenz: Zum einen beinhaltet die Ausformulierung eines pädagogischen Sinnentwurfs gegenüber heterogenen Familien sowie Schülerinnen und Schülern aus unterschiedlichen Milieus auch die Gefahr, nicht zu diesem dominanten institutionellen Entwurf zu „passen". Je homogener und stärker ein derartiger Entwurf ausformuliert ist, umso eher besteht also die Gefahr von Abstoßung und Ausgrenzung. Zum anderen ist damit die Problematik nicht aufgelöst, denn indem nun an die Leerstelle die Schule in ihrer formalisierten Gestalt mit Schullaufbahnen, Selektions- und Leistungsregelungen etc. rückt, tritt sie gewissermaßen direkt den Kindern entgegen. Damit ist aber die Passungsproblematik zwischen Schule, Familie sowie den Schülerinnen und Schülern nicht behoben, sondern vielmehr auf das Organisatorische reduziert. Damit aber würde diese Schule, die sich ja als Sekundarschule mit grundlegenden Strukturproblemen der Selektion auseinander zu setzen hat, gerade auf eine pädagogische Bearbeitung und Auseinandersetzung mit diesen Strukturproblemen verzichten, nämlich einmal mit der Herausforderung, dass an diese Schule auch Kinder aus marginalisierten, bildungsfernen, ländlichen Milieus kommen, die gerade ohne den konturierten Entwurf pädagogischer Generationsbeziehungen sehr unvermittelt auf die Organisationsprinzipien der Schule stoßen und davon auch besonders gravierend „abgestoßen" werden könnten. Zum anderen jene Kinder und Jugendlichen, die über die Sekundarschule hinausreichende Bildungsambitionen besitzen und die einer besonderen pädagogischen Förderung und Unterstützung bedürfen, um diese realisieren zu können. Derartige pädagogische Generationsbeziehungen wären wiederum gerade für jenen Teil dieser Schülerinnen und Schüler ganz besonders bedeutsam, die diese Bildungsambitionen besitzen, aber kaum über familiäre Ressourcen verfügen, um diese auch realisieren zu können. Hier käme den Sekundarschullehrerinnen und -lehrern dann die Bedeutung signifikanter Anderer für die Eröffnung sonst geschlossener Bildungswege zu. Die Vakanz eines pädagogischen Sinnentwurfs, die Reduktion der Schule auf das formal Organisatorische, die Diffundierung und entgrenzende Verschmelzung der Schule mit dem außerschulischen Bereich sowie der Gemeinde, in der die Spezifik des Pädagogischen ebenfalls diffundiert, all dies führt dazu, dass eine pädagogische Bearbeitung dieser grundlegenden Strukturprobleme bereits auf der Ebene sinnhafter Entwürfe unterbleibt. Dass das Organisatorische in dieser Schulkultur einen zentralen Platz einnimmt, bestätigt die Schulleiterin in ihrer Rede zur Begrüßung der Neuen wiederholt:

wir haben nur einen wichtigen grundsatz , und den behalte ich auch na zu neununneunzigkommaneun prozent bei sag ich mal , 'alle' (betont) fahrschüler aus einer richtung , ich sache mal richtung bahnhof richtung ((dorf)) , werden in einer klasse zusammen=ge genommen , ja das hat schulorganisatorisch zu tun weil die klassen haben immer eine erste stunde weil später kein bus fährt , und die hamm nie eher schluss als zur fünften stunde weil kein bus fährt=höchstens is mal nen lehrer krank=aber da werden se beoffsichtigt ja , das ist unser grundsatz (.)

„Unser Grundsatz" – also eine grundlegende Bestimmung des gemeinsamen Sinns dieser Schule – ist damit als organisatorische Maßnahme mit der funktionierenden Abstimmung von Stunden- und Busfahrplan gefasst. Zum Ende der Rede werden die Schülerinnen und Schüler sowie die Eltern noch einmal konkret angesprochen:

ich hoffe , dass ihr am ersten schultag einen guten start haben werdet am ersten august zweitausendzwei , hier bei uns in der sekundarschule , ich hoffe , dass ihr die freude am lernen in der sekundarschule nicht verliert , dass ihr weiterhin gern zur schule geht , fleißig lernt , auf all das hört auf ratschläge und hinweise eurer neuen=eurer neuen lehrer , und von ihnen liebe eltern , würd ich mir einfach wünschen , das wir gut miteinander zusammenarbeiten , das sie wenn sie sorgen oder probleme haben , dass sie zunächst zu klassenleiter gehen , und wenn die probleme dann nicht zu lösen sind hab ich immer ein offenes ohr für sie , und dass sie solche sorgen nicht lange mit sich herumschleppen , dass sie kommen und wir die gemeinsam aus der welt schaffen und ich glaube , dann wird ihre schulzeit=die schulzeit ihrer kinder auch in der sekundarschule erfolgreich sein

Die Schülerinnen und Schüler werden hier wiederum in den allgemeinsten Kategorien angesprochen. Das hier artikulierte Idealbild von Kindern, die gern in die Schule gehen und Rezipienten der Erziehungsratschläge ihrer Lehrer sind, positioniert sie zwar in Beziehung zu ihren Lehrern, allerdings bleibt auch hier die Ausformulierung der Generationsbeziehungen auf das Allgemeinste beschränkt und nimmt Züge der Folgsamkeit, der Unterordnung und des Reproduktiven an. Den Eltern wird verdeutlicht, dass es auch für Problemlösungen einen konkreten Fahrplan gibt, nach dem die schulische Hierarchie der Angestellten einzuhalten ist. Wenn dieser eingehalten wird, dann ist es (für Eltern und Kinder) möglich, die Probleme „aus der Welt" zu schaffen, um – auch an der Sekundarschule – eine erfolgreiche Schulzeit zu haben. Neben dieser organisationsförmigen Abfolge bei der Lösung von Alltagsproblemen, zeigt sich hier auch wieder die Vergemeinschaftungskonstruktion, indem eine diffuse Rolle in Bezug auf die Familie übernommen wird, denn die Probleme und Sorgen werden nicht etwa als die Schulprobleme der Kinder spezifiziert, sondern es könnten auch allgemeine oder persönliche Probleme der Eltern sein, mit denen sie zum Klassenleiter oder zur Schulleiterin gehen können. Und auch hier setzt sich die Diffundierung in Form eines Versprechers fort, denn durch die Formulierung „ihre schulzeit=die schulzeit ihrer kinder" werden die Eltern ebenso zu Adressaten der Gemeindeschule, wie ihre Kinder. Darin zeigt sich erneut, dass für diese Schule nicht die pädagogische Bearbeitung der kindlichen Bildungsprozesse im Zentrum steht, sondern sie stattdessen als Teil des Gemeindelebens in den Mittelpunkt rückt.

Letztlich ist diese Schule damit einfach „die Sekundarschule" der Gemeinde. So selbstverständlich es ist, dass die Kinder der Gemeinde zur Schule gehen, weil sie eben dort hingehen müssen, so selbstverständlich ist die Schule Teil der Gemeinde und Bestandteil des Gemeindelebens, mit dem sie sich diffundierend durchdringt. Der Bezug der Generationen, der Lehrerinnen und Lehrer sowie der Schülerinnen und Schüler aufeinander, erfolgt über das organisatorisch ausgeformte Generationsverhältnis: Als Kinder der Gemeinde müssen sie Schülerinnen und Schüler sein und damit zur Schule der Gemeinde gehen – und in diesem Fall eben in die Sekundarschule. Und weil Kinder Schüler sein müssen, hat die Gemeinde eben eine Sekundarschule, in der die Schülerin-

nen und Schüler ab der 5. Klasse auf Lehrerinnen und Lehrer treffen, auf die sie sich schulkonform in ihrer Rolle als Schülerinnen
und Schüler zu beziehen haben. Das Besondere der Schule ist damit das organisatorisch Allgemeinste, und die Besonderheit der
Schülerinnen und Schüler in Bezug auf diese Schule ist, dass sie
eben Sekundarschülerinnen und -schüler sind.

**Was heißt das in Bezug auf die schulkulturellen Möglichkeitsräume zur
Generierung von Bildungsorientierungen?**

Betrachtet man die institutionelle Selbstrepräsentanz der Schule
durch die Schulleiterin, so wurde in der Rekonstruktion der Rede
zur Begrüßung der neuen Schülerinnen und Schüler erkennbar,
dass die in der Sekundarschule dominanten Bildungsorientierungen
um Reproduktion und den Erhalt der Gemeinde zentriert sind. Dieser Entwurf konstituiert nun die Rahmung, die Möglichkeitsräume
für die individuellen Bildungsorientierungen der einzelnen schulischen Akteure, d.h. für die Lehrerinnen und Lehrer, für die Schülerinnen und Schüler und deren Eltern, mit denen sie sich handelnd
auseinandersetzen müssen. Mit dem wenig konturierten Entwurf
der Schulleiterin des idealen Schülerbilds der konformen und an-
passungsbereiten Schülerin und des Schülers, die bereit sind, die
generationsdifferenten Autoritäten der Schule anzuerkennen und
auch in dem Entwurf der idealen Elternschaft, die sich mühelos in
die Organisation der Sekundarschule aufnehmen lassen sollen, wird
deutlich, welche Schülerinnen und Schüler und deren Familien zum
schulischen Entwurf passen und Anerkennung finden. Als nicht
passförmig müssten sich demnach die Schülerinnen und Schüler
und Eltern erweisen, für die der Sekundarschulbesuch im Sinne
eines „sozialen Abstieges" problematisch ist und weiter reichende
Bildungsorientierungen besitzen.
Die unterschiedlichen Strukturvarianten des Umgangs mit den
schulkulturellen Bildungsorientierungen, die je nach Fallstruktur
der jeweiligen Schülerinnen und Schüler und deren spezifischen

familialen Bildungsorientierungen die Möglichkeitsräume ihre eigenen Bildungsorientierungen zu generieren eröffnen oder verschließen, werden Gegenstand der nun folgenden Fallporträts sein.

4.2 Yvonne Mertens: Gemeindebezug und Reproduktionsverpflichtung

Zunächst möchte ich mein Vorgehen innerhalb der nun folgenden fünf Fallporträts kurz skizzieren. Zu Beginn jeder Fallstudie habe ich – nach einer kurzen Beschreibung der so genannten ‚Hardfakts' und der des Feldzugangs – als erstes eine ausgewählte schulische Interaktion[29] mit der jeweiligen Schülerin oder des Schülers und einer Lehrerin rekonstruiert. Auf dieser Ebene kann man zum einen zu Ergebnissen in Bezug auf die Auseinandersetzung der schulischen Akteure mit dem institutionellen Entwurf gelangen, und zum anderen zu den unterschiedlichen Ausdrucksgestalten der individuellen Bildungsorientierungen der einzelnen Schülerinnen und Schüler.

In einem zweiten Schritt wurde je nach Textgrundlage, also entweder idealtypisch eine Abendbrotszene der Familie oder auf der Basis eines Elterninterviews, eine Szene rekonstruiert, die Aufschluss über die familialen Bildungsorientierungen gibt. Anschließend wurde anhand der biografischen Interviews mit immanentem Nachfrageteil zunächst der Stimulus interpretiert. Dieser gibt nicht nur Aufschluss über die interaktive Rahmung der biografischen Präsentation, sondern über die jeweils spezifisch realisierten Anschlüsse der Interviewten als Ausdruck der jeweiligen Fallstruktur, die dann in einem nächsten Schritt zu den Rekonstruktionen der Thematisierung der individuellen Bildungsorientierung in Beziehung gesetzt wurden. Abschließend die schulkulturelle und familiale Bildungsorientierung in Bezug auf die individu-

---

29   Vgl. Kapitel 3.2 zu den Kriterien der Auswahl der rekonstruierten Interaktionen.

ellen Bildungsorientierungen der Jugendlichen vermittelt.

Yvonne ist eine Schülerin, die innerhalb der Klasse in zweifacher Hinsicht eine herausgehobene Position einnimmt. Auf der einen Seite gehört Yvonne zu den leistungsstarken Schülerinnen der Klasse, wird von den Lehrerinnen und den Lehrern der Schule anerkannt und besitzt insgesamt einen guten Kontakt zu diesen. Auf der anderen Seite ist Yvonne eine der Schülerinnen, die besonders deutlich und zum Teil kokettierend ihre jugendliche Weiblichkeit in Schule und auch im Unterricht inszeniert. In dieser Ambivalenz zwischen schulischer Bezogenheit und eher jugendkultureller Ausrichtung – zwei Aspekte, die auf theoretischer Ebene oft als Spannungsfeld markiert werden (vgl. exempl. Helsper 1994, Breidenstein 2006) – erschien diese Schülerin besonders interessant. Yvonne ist damit eine Schülerin, die innerhalb der Klasse von den meisten Mitschülern akzeptiert ist und deren Meinung etwas zählt. Gleichwohl ist sie im Klassenverband nicht uneingeschränkt beliebt. Jugendliche Rivalitäten spielen auch in dieser Klasse eine Rolle, wobei während unseres Feldaufenthaltes keine offenen oder gar aggressiven Auseinandersetzungen zu beobachten waren.

Yvonne lebt im Zentrum der ländlichen Gemeinde in einem der wenigen Neubauwohnblocks in einer 3-Zimmerwohnung mit ihrer Mutter zusammen. Ihr Vater, der sich etwa 3 Jahre zuvor von der Mutter getrennt hat, lebt in einer neuen Partnerschaft in der Großstadt eines anderen Bundeslandes. Zu ihm besteht ein nur loser und sporadischer Kontakt. Der ältere Bruder von Yvonne lebt mit seiner Lebensgefährtin und einem kleinen Kind ebenfalls in der Gemeinde, so dass sich beide ab und zu sehen.

Der Kontakt zu Yvonne ließ sich in der Schule sehr schnell und unkompliziert herstellen. Genauso einfach stellte sich am Anfang die Durchführung der Familienerhebungen dar. Ein gemeinsames Interview mit der Mutter und Yvonne kam problemlos zustande. Zu diesem Interviewtermin war auch ein Freund der Mutter in der Wohnung anwesend. Irritierend war dann allerdings, dass die geplante Direktaufzeichnung einer Abendessenszene in der Familie trotz mehrfacher Versuche nicht realisiert werden konnte. Dies lies sich stimmig nur als eine gewisse Abwehr gegenüber äußeren Einblicken und ein Schutz des familiären Innenlebens, deuten.

4.2.1 Die schulische Interaktion: Die Flucht in die Nebensächlichkeit

Der folgende Protokollausschnitt ist der Aufzeichnung einer Technik-Unterrichtsstunde entnommen. In diesem Ausschnitt geht es darum, dass der Lehrer für die Schülerinnen und Schüler einen Arbeitsauftrag formuliert, diese den Arbeitsauftrag aufgreifen und in unterschiedlicher Weise zurückfragen. Welche Rolle Yvonne in dieser Interaktionsszene spielt, soll nun genauer betrachtet werden. Die Szene beginnt mit einer ersten Rückfrage durch eine andere Schülerin:

> Schülerin: solln wir jetzt den janzen text abschreiben

Es wird deutlich, dass es sich bei dieser Nachfrage um die Aufforderung der Konkretisierung einer offenbar durch den Lehrer gestellten Anforderung handelt. Dabei sind besonders drei Sachverhalte bedeutsam. Zunächst lässt sich feststellen, dass hier jemand stellvertretend für andere nachfragt – in diesem Fall also eine Schülerin stellvertretend für die gesamte Schulklasse. Dabei wird – gewollt oder ungewollt – der Angesprochene (also der Lehrer) deutlich auf der anderen Seite und dieser Kollektivität gegenüber positioniert. Diese Positionierung wird nun genauer bestimmbar, wenn man den zweiten bedeutsamen Aspekt mit einbezieht, der mit der Formulierung „solln" zum Ausdruck kommt. Durch diese wird deutlich, dass es hier um die Entscheidung über einen Anschluss geht, also darum, dieses oder jenes zu tun. Das ist an sich nicht spektakulär, weil sich solche Entscheidungssituationen in vielen

Bereichen von Schule und Unterricht finden lassen. Allerdings kann es nun sehr unterschiedliche Modi geben, diese Entscheidung zu fällen. Kontrastiert man etwa den Modus des ‚Sollens' mit den Modi des ‚Dürfens', ‚Könnens', ‚Wollens' oder ‚Müssens', dann zeigt sich, dass es hier um eine institutionell gebundene, normative Erwartungshaltung geht. Die Frage bezieht sich damit auf den Lehrer als denjenigen, der gültiger Repräsentant dieser normativen Erwartungshaltungen ist. Er wäre es, der die institutionelle Ordnung kennt, verbürgt und gegenüber anderen vertritt. Damit wird eine asymmetrische Beziehung zum Ausdruck gebracht, weil Anschlüsse entlang institutioneller Normen entschieden werden, die wiederum von einzelnen Repräsentanten eingefordert werden können.

Nun verbindet sich dies mit einer spezifischen Situationsstruktur – was uns zum dritten bedeutsamen Aspekt der Schüleräußerung führt: Entweder ist genau diese normative Erwartungshaltung unklar – d.h. deren Geltung wäre ungewiss (z.B. in neuen und Ausnahmesituationen) bzw. unverständlich – oder aber es geht gerade um eine provozierende Infragestellung dieser normativen Erwartungshaltung, die dann durch das Kollektiv der Schulklasse nicht verbürgt wäre. In der ersten Variante würde es damit um die Festigung und Inanspruchnahme eines institutionellen Repräsentanten gehen, während in der anderen Variante gerade auch die Autorität des Lehrers untergraben und in Frage gestellt würde.

Beziehen wir diese Überlegungen auf den konkreten Inhalt der Nachfrage, nämlich das Abschreiben des ganzen Textes, dann handelt es sich hierbei um eine Arbeitsanforderung, die unter Einbezug des Protokollkontextes wenig sinnhaft ist. Einen Text vollständig abzuschreiben und ihn damit zu kopieren, macht ja nur dann Sinn, wenn es entweder darum geht, das Schreiben zu erlernen (was hier ausgeschlossen werden kann), oder wenn es um die Vervielfältigung von Texten geht, die heute durch technische Hilfsmittel viel effizienter zu leisten ist. Wir hätten damit hier die Figur vorliegen, dass mit Rekurs auf institutionell verbürgte Erwartungshaltungen eine unsinnige Arbeitsaufgabe gestellt wird. Die Unsinnigkeit der Aufgabe macht dann die Anfrage zu einer Begründungsaufforderung, mit der die gültige institutionelle Repräsentanz des Lehrers in Frage gestellt ist. Von seiner Reaktion wird abhängen, ob er sich als gültiger Repräsentant der institutionellen Ordnung bewähren kann. Schauen wir also auf die Reaktion des Lehrers:

> Lehrer: 'nein auf keinen fall' (melodisch, betont) (.) nur durchlesen das wichtigste wenn du sagst oh das interessiert mich schreibs ruhig mit ab

Betrachtet man diese Passage insgesamt, dann wird ersichtlich, dass der Lehrer im Auftakt intuitiv auf die Delegitimation reagiert, aber versöhnend versucht, die Arbeitsaufforderung individuell auf die einzelne Schülerin zu beziehen. Der Lehrer weist zunächst den impliziten Vorwurf seiner professionellen Unzurechnungsfähigkeit mit der impliziten Infragestellung der Zurechnungsfähigkeit der Schülerin zurück. Dass die Aberkennung der Zurechnungsfähigkeit gegenüber der Schülerin drohend mitschwingt, kann man sich darüber klar machen, dass der Lehrer innerhalb der ihm verfügbaren Normalitätsannahmen die Berechtigung einer solchen Nachfrage grundlegend abweist. Die Anfrage der Schülerin wäre damit ebenso als sinnlos disqualifiziert, wie umgekehrt die Sinnhaftigkeit der Lehreranweisung durch die Anfrage der Schülerin. Es handelt sich also um eine wechselseitige Delegitimation und Infragestellung der Sinnhaftigkeit des Handelns. Das ist aber nur die eine Seite. Auf der anderen Seite hält man mit dem so „tun als ob" an der Simulation eines funktionierenden Arbeitsbündnisses fest. Auf Seiten des Lehrers geschieht dies im Gestus der Versöhnung. Versöhnend ist der Fortgang der Lehreräußerung deshalb, weil die Szene nicht zu einer offenen Konfrontation oder Beschämung führt. Stattdessen wird dem Interesse der Schülerin – in ihrer Stellvertretung der ganzen Klasse – nachgekommen und eine konkrete Arbeitsaufgabe formuliert. Schaut man nun auf die Konkretisierung der Aufgabenstellung, dann misslingt allerdings die Herstellung von Klarheit und Gewissheit eher, denn in der schnellen Folge von ‚nicht alles abschreiben', ‚ausgewähltes abschreiben' ‚nur durchlesen', ‚selektiv lesen' (was in sich schon eine unmögliche Forderung ist) und ‚interessengebunden abschreiben' wechseln jeweils die Bezüge zwischen dominanter Vorgabe von Relevanzen durch den Lehrer und einer vollständigen Zurücknahme dieser Lehrerverantwortung zugunsten einer Delegation der Verantwortlichkeit an die Schülerinnen und Schüler. Damit geschieht aber nicht das, was als zweite Bedeutungsebene in der Anfrage von Yvonne eingefordert wurde, nämlich eine Übernahme der Verantwortung für die Unterrichtssituation durch eine klare Aufgabenstellung des Lehrers. Damit wird zunächst die Infragestellung durch den Lehrer abgewehrt, dann aber in der sich wiederholenden Unklarheit und im Zurückgeben der Verantwortung an die Schülerinnen und Schüler erneut ein – nun durch die Wiederholung noch gesteigertes – Legitimationsproblem erzeugt, denn es fehlt eine klare, vom Lehrer verantwortete Anleitung, die von der Schülerin mit ihrer Frage ja eingeklagt worden war. Ohne die Motivierung für diese fortbestehende Unklarheit formulieren zu können, ist davon auszugehen, dass der Lehrer hier auf die vollgültige Einlösung der generativen Differenz in der Lehrerrolle verzichtet. Die Position des Lehrers als gültiger Repräsentant der institutionellen Ordnung ist damit unverändert offen, und auch die Sinnbezüge sowie die Orientierung im unterrichtlichen Handeln für die Schülerinnen und Schüler sind nach wie vor unklar. Schauen wir also, wie es im Protokoll weiter geht:

> Lehrer: [...] wenn probleme sind marlon und ich kommen dann vorbei=ja (fragend) (.) fehlt dir einige (.) werkzeuge (16)

Mit dieser Passage setzt sich die Widersprüchlichkeit bzw. Unentschlossenheit in der Bezugnahme auf die Schülerinnen und Schüler fort. Auf der einen Seite ist die Sequenz als Explikation einer Regel zu lesen, die unter bestimmten Bedingungen in Kraft tritt und Abläufe strukturiert. Der Lehrer positioniert sich damit als Kenner und Vertreter dieser Regel. Zugleich findet sich darin ein direkter Bezug auf die Persönlichkeiten der Schülerinnen und Schüler. Dieser suggeriert, dass sich der Lehrer hier für die individuellen Probleme seiner Schülerinnen und Schüler und deren Bewältigung verantwortlich zeigt. Er ist jemand, der ‚Entwicklungshilfe' anbietet und sich direkt auf die Schülerinnen und Schüler bezieht. Auf der anderen Seite finden wir in der Sequenz aber auch wieder Zurücknahmen und Distanzierungen von diesem Entwurf einer pädagogischen Generationsbeziehung. Das Hilfeangebot transformiert in eine Beiläufigkeit, die Verantwortung des Lehrers schwindet mit der Delegation an einen Schüler (wobei sich die Frage stellt, wie dieser mit den fortbestehenden Unklarheiten überhaupt Hilfestellung geben kann) und der thematische Fokus wechselt von subjektiven Problemen hin zur Vollständigkeitsprüfung von Hilfsmitteln.

Damit lässt sich vermuten, dass für diese Interaktion ein unentschlossenes Oszillieren zwischen dem Vollzug einer pädagogischen Generationsbeziehung – die Orientierung, Sinnhaftigkeit und Verantwortung auf der Seite des Vermittelnden platziert – und dem Ausweichen vor dieser Verantwortung kennzeichnend ist. Die Position als Vertreter der institutionellen Ordnung, der den Schülerinnen und Schülern sinnstiftend Orientierungshilfen gibt, kann der Lehrer damit nur schwach behaupten. Mit diesem Nichteinlösen der pädagogischen Generationsdifferenz verbindet sich für die Schülerinnen und Schüler neben den Möglichkeiten der Autonomieentfaltung auch ein hilfloses Ringen um die Sinnhaftigkeit und Strukturierung des Unterrichts.

Die Reaktion von Yvonne, die in diesem Beitrag im Mittelpunkt steht, erfolgt dann mit dem Abstand einer längeren Redepause nach der angebotenen Hilfestellung des Lehrers durch folgenden Anschluss:

Yvonne: mussmer selbst beschreiben 'oder was' (leiser, fragend)

Auf den ersten Blick zeigt sich bereits, dass es hier mit dieser Frage erneut um die Klärung der Anschlusshandlung und um die Aufforderung an den Lehrer geht, die generative Differenz im Unterricht verantwortlich auszufüllen. Das Frageformat erinnert noch an das der anderen Schülerin, obwohl sich auch bedeutsame Unterschiede finden lassen. So findet sich hier mit der Formulierung „mussmer" nicht mehr der Bezug auf das normativ Erwartete, sondern noch stärker der Bezug auf das, was verpflichtend ist. Am deutlichsten ist aber die Verstärkung des Provokativen gegenüber der Autorität des Lehrers, die in „oder was" mitschwingt. Diese durchaus ‚patzige' Zuspitzung der Schwierigkeit, die Sinnhaftigkeit der gestellten Anforderung zu erkennen, setzt den Lehrer noch deutlicher unter Druck. Auf der einen Seite erscheint der Lehrer als derjenige, der mit seiner qua Amt verliehenen Autorität die schulischen Anforderungen verpflichtend gegenüber den Schülerinnen und Schülern durchsetzen kann. Auf der anderen Seite steht genau diese Autorität in der Gefahr, delegitimiert zu werden. Diese Infragestellung der Lehrerautorität hängt auch mit der deutlichen Setzung der eigenen Autonomie in Form des provokativen „oder was" zusammen.

Dass die Anfrage tendenziell eine Übertretung impliziert, die auch Sanktionen nach sich ziehen kann, scheint das deutlich leisere Sprechen am Ende des Redebeitrages vorwegzunehmen. Damit spitzt sich mit dieser Schüleranfrage die Bewährungssituation für den Lehrer zu. Er muss deutlicher als bei der ersten Anfrage seine Position als Repräsentant der institutionellen Ordnung behaupten und Orientierung stiften. Schauen wir vor dem Hintergrund dieser Überlegungen auf den folgenden Anschluss:

Lehrer: haste dir ((das)) alles durchgelesen
Yvonne: nö
Lehrer: dann fällt dir das nämlich auf , nu mach erst mal den ersten schritt bevor du den zweiten (.) unnötige fragen stellst=nämlich das erklärt sich von selbst (2)
Yvonne: 'ja' (leise, genervt)

Hier fällt auf, dass der Lehrer deutlicher als bei der ersten Nachfrage das Kritische in der Frage von Yvonne zurückweist und nun
die Form der Zurechtweisung und Beschämung wählt. Yvonne, die
anfangs noch mit einem ihre Autonomie wahrenden „nö" reagiert,
wird schrittweise zurückgedrängt. Damit behauptet sich der Lehrer
zwar in minimaler Form als Autorität, er löst aber gleichzeitig das
vakante Problem nicht. Auch hier fehlt die deutliche Übernahme
der Verantwortung für die Unterrichtsabläufe und damit die Einlösung der schulisch gerahmten Generationsdifferenz. So wird Yvonne auf das Lesen des Textes verpflichtet, ohne dass die damit verbundene Aufgabenstellung klar formuliert ist. Stattdessen gibt der
Lehrer die Verantwortung über diese Strukturierung des Unterrichts nun an das Unterrichtsmaterial ab. Der Text selbst würde
nach dem Durchlesen klar ausdrücken, was dann weiter zu geschehen hat.

Angesichts des deutlich als Sinn- und Orientierungsdefizit
markierten Fehlens einer vom Lehrer eingelösten Verantwortung
für den Unterricht bleibt für Yvonne nur noch der Weg, sich in diese sinnentleerte und unstrukturierte Unterrichtssituation zu fügen.
Ihre Einforderung von pädagogischem Sinn und klarer Orientierung ist damit zunächst gescheitert.

Bezieht man nun die vorgestellten Ergebnisse der Rekonstruktion auf die pädagogischen Generationsbeziehungen, dann sind
folgende Ableitungen möglich:

Der Lehrer schwankt unentschlossen zwischen pädagogischen
Ansprüchen und der Nichteinlösung der pädagogischen Generationendifferenz. Auf der einen Seite gibt er das Versprechen einer
pädagogischen Beziehung, die die Vermittlung, Hilfe, Anerkennung der Persönlichkeit und – im Zugeständnis von Entscheidungs-
spielräumen – die Förderung der Autonomie der Schülerin impliziert. Auf der anderen Seite scheut sich der Lehrer vor den Risiken
dieser Ansprüche und erzeugt dadurch Orientierungs- und Sinnlosigkeit im Unterricht. Man könnte insofern von einem unentschlos-

senen Arbeitsbündnis sprechen, weil Möglichkeiten eines solchen zwar angedeutet werden, aber dann keine handlungspraktische Einlösung erfahren. Die Schülerinnen und Schüler sind in diesem immer wieder angedeuteten, aber nicht eingelösten Arbeitsbündnis zwangsläufig in Widersprüche verstrickt. Sie müssen diese Differenz zwischen Andeutung und Nichteinlösung intuitiv erahnen und lernen, ihrerseits damit umzugehen. Die große Problematik besteht für sie aber darin, dass sie sich in einem Unterricht wiederfinden, der nicht nur keine Orientierung bietet, sondern der in der Gefahr steht, vollständig sinnentleert und unstrukturiert zu sein. Dadurch sind die Schülerinnen und Schüler gezwungen, diese Klärung durch Nachfragen herbeizuführen. Dabei darf aber die Autorität des Lehrers nicht offenkundig infrage gestellt werden. Weil die formale Autorität des Lehrers nicht hinterfragt werden darf, bedeutet das Gefangensein in diesem unentschlossenen Arbeitsbündnis, dass sich die Schülerinnen und Schüler an der Reproduktion der Sinnlosigkeit im Unterricht beteiligen müssen.

Wie geht nun Yvonne mit dieser fehlenden pädagogischen Generationsdifferenz um? Auf der einen Seite fordert auch sie Orientierung und Sinn im unterrichtlichen Handeln des Lehrers ein, wobei sie noch stärker als ihre Vorrednerin eine klare Strukturierungsleistung einklagt. Auf der anderen Seite nutzt Yvonne die entstehenden Freiräume – und dies scheint für sie hochgradig bedeutsam zu sein – um in der Provokation des Lehrers ihre eigene Autonomie im Unterricht zur Geltung zu bringen. So spitzt sie die Provokation der Vorrednerin noch zu, indem sie eine gegenüber Lehrern tendenziell aggressive Redewendung gebraucht. Damit exponiert sie sich zugleich in der Arena der Gleichaltrigen und kann dort Autonomie präsentieren und Anerkennung generieren.

In ihrer Beziehung zum Lehrer befindet sie sich damit allerdings in einer hochambivalenten Lage, denn auf der einen Seite wird der Lehrer im umfassenden Maße als Autorität angesprochen und ihm die Verantwortung für die sinnhafte Strukturierung des

Vermittlungsprozesses zugewiesen. Andererseits wird er zur Projektionsfläche für Yvonnes Autonomie- und Subjektbehauptung, die beinhaltet, dass der Lehrer als Autorität destruiert wird. Was für Yvonne die Chance auf Anerkennung in der Gleichaltrigengruppe erhöht, steigert gegenüber dem Lehrer auch die Gefahr einer Übertretung mit entsprechenden Sanktionen.

Innerhalb dieser Interaktion scheint von Yvonne ein gesteigertes Interesse an der Generierung von Anerkennung und das Nutzen von Autonomiepotentialen auf, die ein Bedürfnis nach Kompensation ersichtlich werden lässt. Worin diese Bedürftigkeit begründet ist, kann man an hand dieses Textes, z.B. als Defizit innerhalb der Familie, nur vermuten und lässt sich rekonstruktiv nur über eine familiale Interaktion oder über das biografisches Interview erschließen.

Betrachten wir zunächst die Rekonstruktion der familialen Interaktion zwischen dem Interviewer, Yvonne und Frau Mertens.

4.2.2 „hoffentlich haste nich jeschwindelt" – Die verpflichtende Vergemeinschaftung in der familialen Interaktion

Die zugrunde liegende Textstelle aus dem gemeinsamen Interview mit Yvonne und ihrer Mutter findet sich im Vorfeld der eigentlichen Intervieweröffnung. Es ist die einzige Stelle im Interview, bei der sich Yvonne in die Interaktion einbringt und direkt auf die Mutter bezieht. Zwar wendet sich die Mutter in späteren Passagen im Interview mit der impliziten Aufforderung der Kommentierung an Yvonne, jedoch sind diese Anfragen rein rhetorisch gemeint und begnügen sich als Antwort auch mit einem Kopfnicken. Die Textstelle beginnt wie folgt:

Mutter: 'du warst schon dran' (schnell, fragend)

Mit der Nachfrage der Mutter, ob ein anderer schon dran gewesen sei, kommt ein gesteigerter Handlungsdruck unmittelbar zum Ausdruck. Zudem wird deutlich, dass das ‚Dransein' des anderen nicht nur dem Wissen, sondern prinzipiell auch dem gestalterischen Einfluss der Mutter entzogen ist. Nun lassen sich zwei unterschiedliche Varianten entwerfen, in welchem Sinnbezug die Frage eingebettet ist. In einer ersten Variante kann es zunächst darum gehen, mit der Antwort eine aktuell relevante Optionswahl zu vollziehen. Die Frage wäre dann in ein Kontrollschema eingebettet, mit dem die Ausgangslage für die richtige Anschlussentscheidung erkundet werden soll. Bei dieser Variante würde als Antwort ein kurzes ‚ja' oder ‚nein' völlig ausreichen, um entsprechend anschließen zu können. In einer zweiten Variante könnte es darum gehen, die Erfahrungen und das Wissen des anderen in der Situation des ‚Dranseins' für die eigene Handlungsproblematik zu nutzen. Hier wäre die Frage nicht als Kontrolle zu verstehen, sondern als implizite Aufforderung, über die erfahrene Situation zu berichten und der Mutter in ihrer Handlungsproblematik zu helfen. Statt des Kontrollschemas würde hier implizit eine Hilfeaufforderung vorliegen, der im Anschluss durch einen Erfahrungsbericht entsprochen werden könnte.

Auffällig ist, dass beide Varianten vollständig unterschiedliche Beziehungsverhältnisse implizieren. Während die Variante des Kontrollschemas tendenziell einen Eingriff in die Autonomie der Lebenspraxis eines anderen beinhalten kann und eher in asymmetrischen Beziehungen anzusiedeln ist, verweist die Variante der Hilfeaufforderung in der Tendenz eher auf gleichberechtigte Kooperationsbeziehungen oder auch eine Umkehrung der Asymmetrie. Diese Differenz in den möglichen Beziehungsverhältnissen lässt sich mit dem verwendeten „du" noch aufrecht erhalten, das einerseits Ausdruck der fehlenden Achtung oder Wertschätzung in asymmetrischen Verhältnissen sein kann oder andererseits Ausdruck der Nähe in gleichberechtigten Kooperationsbeziehungen ist.

Interviewer: ja

Entsprechend der zuvor entworfenen Lesart scheint hier eine Antwort vorzuliegen, die sich auf die Frage der Mutter im Sinne eines Kontrollschemas bezieht. Damit könnte nun die Mutter entscheiden, welche Option sie selbst im Weiteren zu realisieren gedenkt. Irritierend ist nun, dass der Interviewer auf die Frage antwortet. Denn sowohl die Variante des Kontrollschemas als auch die der Hilfeaufforderung lassen sich zwischen Mutter und Interviewer nur schwer entwerfen. Mit Bezug auf die folgende Sequenz klärt sich diese Interviewerintervention:

> Yvonne: 'ja ich war schon dran' (geflüstert)

Auch Yvonne antwortet hier bejahend auf die Frage der Mutter. Da nun anzunehmen ist, dass die Frage der Mutter nur an einen gerichtet war und nicht beide gleichermaßen „dran" gewesen sind, bleibt als plausible Variante nur, dass der Interviewer hier in Stellvertretung für Yvonne geantwortet hat. In dieser Stellvertretung lagert nun eine Autonomieproblematik für Yvonne, der damit die Befähigung zu einer eigenständigen Antwort abgesprochen wird. Als Motivation für diese Stellvertretung könnte man die dominante Situationsstrukturierung des Interviewers annehmen. Diese kommt dann besonders deutlich zum Ausdruck, wenn durch den Interviewer klar das Kontrollschema bedient wird und es damit schwieriger wird, die Linie der Hilfeaufforderung umzusetzen. Damit wird vermittelt, dass es jetzt um ein Gespräch zwischen Mutter und Interviewer und nicht zwischen Mutter und Tochter geht.

Nun belässt es aber Yvonne durch ihre Antwort nicht bei diesem Status der dominanten Situationsstrukturierung durch den Interviewer, sondern sie gibt der Interaktion mit ihrer Äußerung eine eigene Prägung. Auf der einen Seite führt sie die Stellvertretung ad absurdum, weil sie verdeutlicht, dass sie für sich selbst sprechen kann, was zugleich Ausdruck ihrer eigenen Autonomie ist. Die Autonomiesetzung oder Subjektbehauptung ist aber wiederum nicht

stark – z. B. in Form einer deutlichen Zurückweisung der Stellvertretung –, sondern durch die geflüsterte Vortragsweise zurückgenommen. Auf der einen Seite hat diese Äußerung dadurch
den Anschein einer nur schwachen Autonomieverteidigung. Auf
der anderen Seite verweist die Äußerung aber auf eine andere Deu-
tungsebene, insofern sich mit dem Flüstern vertrauliche und intime
Beziehungsformen verbinden, aus denen andere ausgeschlossen
sind. In dieser Sinnlinie kann die Äußerung mit der Stärkung einer
vertraulichen Beziehung zur Mutter und damit auch mit der Wiede-
raufnahme der vom Interviewer vorläufig ausgeschlossenen Linie
der Hilfeaufforderung verbunden sein. Damit würde Yvonne der
Mutter eine Allianz und Hilfe bei der Bewältigung ihrer Handlungsproblematik anbieten – ein Bündnis, das besonders dann zur
Entfaltung gegen den Interviewer käme, wenn die Mutter Yvonne
nun um einen Erfahrungsbericht bitten würde.

Mutter: ach so

Wir sehen, dass sich die Mutter hier der Interaktionslogik folgend
auf Yvonne bezieht. In der Form ihrer Äußerung können sowohl
abschließende Beiläufigkeit als auch enttäuschte Überraschung
zum Ausdruck kommen. Deutlich wird damit, dass hier nicht die
Möglichkeit realisiert wird, Yvonne zu einer Erfahrungsvermitt-
lung aufzufordern und darüber eine persönliche exklusive Interaktionsebene zu etablieren. Die Frage, die sich nun stellt, ist, wie sich
nun die Beiläufigkeit oder die Überraschung auf das zuvor konsta-
tierte Handlungsproblem der Mutter beziehen lassen. Beiläufigkeit
würde als Gegenteil vom Handlungsdruck nur dann stimmig sein,
wenn das ‚Dransein' von Yvonne die Mutter entlasten würde. Enttäuschte Überraschung würde dagegen implizieren, dass mit dem
‚Dransein' von Yvonne eine eingegrenzte Ausgangslage für die
Optionswahl der Mutter verbunden ist. In diesem Fall wäre das
‚Dransein' von Yvonne für die Mutter tendenziell bedrohlich.

Insgesamt wird deutlich, dass die Situation keine Entspannung des Handlungsdrucks beinhaltet. Wenn also das ‚Dransein' von Yvonne nicht selbst entlastend ist, dann muss der Aspekt der Beiläufigkeit als eine Bearbeitungsstrategie bestimmt werden, mit der eine vorliegende Brisanz verharmlost, bagatellisiert und entthematisiert wird.

Im Protokoll geht es wie folgt weiter:

> Yvonne: 'ja' (geflüstert)

Hier liegt ein irritierender Anschluss vor, der zunächst nicht notwendig erscheint. Warum muss sich Yvonne in der flüsternden Form bestätigend auf eine Äußerung der Mutter beziehen, die an sich das Thema tendenziell abschließt? Stimmig wäre dieser Bezug nur, wenn sich die Äußerung von Yvonne in der flüsternden Vortragsweise gegen die Schließung dieser Beziehungsebene mit der Mutter richten würde. Denn dann würde die Äußerung von Yvonne eine Öffnung oder auch Wiedereröffnung beinhalten, mit der die Ebene des persönlichen Bezuges und der persönlichen Erfahrungen in die Interaktionsstrukturierung zurückgebracht werden könnte. Hierfür lassen sich zwei Varianten entwerfen: In der ersten Variante bezieht sich Yvonne auf die Brisanz einer bevorstehenden Bewährungssituation der Mutter und macht ihr erneut das Angebot, über eine persönliche Ebene ihre Erfahrungen zu vermitteln. Bei dieser Variante würde Yvonne die Mutter auch gegen die Strukturierung des Interviewers zu stärken versuchen. In der zweiten Variante setzt Yvonne die Ebene der persönlichen Beziehung gegen den beiläufigen und kontrollierenden Bezug auf ihre Person durch die Mutter. Hier ginge es nicht um Hilfe und Unterstützung für die Mutter, sondern um ‚Selbsthilfe' und ‚Subjektrettung' gegenüber dem kontrollierenden Bezug der Mutter. Welche der beiden Varianten zutreffend ist, muss sich im folgenden Anschluss zeigen.

> Mutter: hoffentlich haste nich jeschwindel

Mit diesem Anschluss manifestiert sich, dass sich die Mutter nicht hilfesuchend auf Yvonne bezieht und an der Vermittlung ihrer Erfahrungen zur Überwindung der eigenen Bewährungsproblematik interessiert ist. Stattdessen zeigt sich, dass sie sich kontrollierend auf Yvonne bezieht und sich dabei offensichtlich von ihrer Darstellung in einem Interview bedroht fühlt, weil sie keinerlei Kontrolle und Einfluss auf das Erzählte hat.

In dieser Formulierung entbirgt sich nun die Dramatik der Beziehung zwischen Mutter und Tochter. Blickt man nämlich hinter die Fassade einer scheinbar witzig ironischen Neckerei, dann wird deutlich, dass die Mutter zwei Varianten der Darstellung unterscheidet – eine wahrheitsgemäße und eine abweichende – und davon die aus ihrer Sicht unwahre als hochbedrohlich zurückweist. Das impliziert, dass eine wahrhaftige Darstellung der Mutter keine Probleme bereiten würde, zugleich aber anzunehmen ist, dass Yvonne nicht die Wahrheit gesagt hat.

Nun ist aber sinnlogisch nicht zu erschließen, warum Yvonne in diesem Zusammenhang nicht die von der Mutter als unproblematisch markierte Wahrheit darstellen sollte. Sieht man hier von pathologischen Konstruktionen (z. B. der des notorischen Lügners) einmal ab, dann muss man die Varianz der Darstellungen auf die jeweils unterschiedlichen Perspektiven der Mutter und der Tochter zurückführen. Dann würde hier durch die Mutter der Perspektive der Tochter die Legitimität entzogen. Die andere Darstellung von Yvonne wird damit von vornherein und ohne Kenntnis als Lüge etikettiert und sie selbst als notorische Lügnerin stigmatisiert.

Diese Abwehr und Etikettierung ist nun als Schutzkonstruktion auszuweisen, mit der das Bedrohliche von der Mutter bearbeitet wird. Die differierende Sicht auf ein Ereignis oder einen Prozess, in den Mutter und Tochter involviert waren, muss demnach abgewehrt werden, allerdings ist dies mit erheblichen Kosten für Yvonne verbunden. Denn in dieser Abwehr wird Yvonnes Integrität und Autonomie verletzt und ihr das Recht auf eine eigene Perspektive und Erfahrung verweigert. Die scheinbar neckende Frage der Mutter steht damit eher für die Drohung: ‚Hoffentlich hast du nicht deine Sicht mitgeteilt und deine subjektive Wahrheit erzählt'.

Wenn nun aber der Bezug der Mutter auf Yvonne der einer Kontrolle und Sanktionierung ihrer Erfahrungen und ihrer Perspektive ist, dann sind die Hinweise von Yvonne auf die Ebene ihrer persönlichen Erfahrungen umso deutlicher als Versuche der Subjektrettung zu verstehen. Diese scheitern in der Interaktionssituation Interview jedoch zusätzlich an der (unbeabsichtigten) autonomienegierenden Komplizenschaft des Interviewers und der Mutter.

Damit kann nun eine riskante Strukturhypothese formuliert werden. Der Text entbirgt in Miniaturfigur eine gesteigerte Bewährungsdynamik für die Mutter und deren Bearbeitung. Er zeigt, dass von Yvonnes subjektiver Sichtweise auf die gemeinsame Lebenspraxis eine Bedrohung für die Mutter ausgeht, die abgewehrt werden muss. In der Abwehr dieser Bedrohung wird der subjektiven Perspektive von Yvonne die Berechtigung entzogen. Das Eigene von Yvonne wird als das Nichtidentische, zum Falschen und Nichtsagbaren und die Entfaltung von lebenspraktischer Autonomie und subjektiver Erfahrung werden damit behindert. In dieser Konstellation lagert ein enormer Anpassungsdruck für Yvonne, weil die identische Reproduktion der Wahrnehmung und Sichtweise der Mutter von ihr erwartet wird.

Für die pädagogischen Generationsbeziehungen heißt das, dass wir hier eine Variante der generativen Differenz vorliegen haben, die sehr ausgeprägte Vermittlungsvorstellungen impliziert, allerdings nur eine Aneignung des Identischen zulässt. Es gibt eine sehr hierarchische Generationsstruktur, bei der einzig die Mutter bestimmen kann, was jeweils legitime Sichtweisen und Orientierungen sind und was sich demzufolge die Tochter anzueignen hat. Damit gibt es selbstverständlich auch eine Differenz im Wissen zwischen Mutter und Tochter, die aber nicht als eine asymmetrische

Relation im Wissen selbst markiert werden kann, bei der etwa die Mutter mehr über ein Thema weiß als ihre Tochter. Vielmehr resultiert diese Differenz aus der hierarchisch gesetzten Dominanz der mütterlichen Perspektive und Sichtweise als der einzig legitimen. Über die Vermittlungsaufforderung an Yvonne, genau diese Sicht zu teilen und sich der eigenen Perspektive zu enthalten, wäre die Differenz in der Reproduktion des Identischen aufgehoben.

Diese Strukturvariante pädagogischer Generationsbeziehungen impliziert nun, dass die Mutter selbst nicht offen für Neuorientierungen und Umkehrungen der Vermittlungsrichtung gegenüber ihrer jugendlichen Tochter ist. Für Yvonne beinhaltet diese Variante, dass ihr die Ausprägung von lebenspraktischer Autonomie und einer subjektiven Welt-Selbst-Sicht innerhalb der Familie erschwert wird.

4.2.3 Individuelle Bildungsorientierung als Anpassungsleistung

Interviewerin: ähm also wie du weißt interessieren wir uns für die lebensgeschichten von schülern mh erinnere dich bitte mal an die zeit zurück als du klein warst und erzähle von da an ruhig ausführlich wie du dein leben bis heute erfahren hast ich werde jetzt ersteinmal ruhig sein und dir zuhören (.)
Yvonne: (lacht) ähm so erste klasse an oder ja
Interviewerin: äh ruhig äh weiter zurück (.) noch weiter noch kl ja mh an was du dich als erstes so erinnern kannst alles was dir so einfällt

Der Auftakt des biographischen Interviews mit Yvonne spiegelt die Verständigung darüber wieder, was der Gegenstand des Gespräches sein wird und welche Anforderungen dabei von Yvonne zu berücksichtigen sind. Wir stoßen hier auf die häufige Struktur, dass ein fremdes Interesse dem Interviewten angesonnen wird und in der Umsetzung widersprüchliche Anforderungen vermittelt werden müssen. Besonders markant sind hierbei einerseits die quasi absolutistische Ableitung der Erzählaufforderung anhand der Nennung des kollektiven (Forschungs-)Interesses und andererseits die doppelte thematische Anforderungsstruktur: zwischen Besonderungsaufforderung und Subsumierung der Einzigartigkeit im Schülerin-sein. Zwischen diesen Alternativen muss Yvonne wählen, wobei die Erzählung der Lebensgeschichte zusätzlich in einem Modus gefordert ist, in dem man sich dem eigenen Leben aus einer Beo-bachterperspektive zuwendet und es damit als etwas Fremdes ana-lysiert. Yvonne wählt dann zunächst nicht spontan die Fokus-sierung auf ihre Lebensgeschichte, sondern bringt mit ihrer Rück-frage stärker den Fokus der Schullaufbahn ein. Die subsumierende Darstellung des Schülerselbst scheint daher die ‚erste Wahl', die aber im Interview durch die Korrektur des Interviewers nicht ein-fach akzeptiert wird. Schließlich lässt sich Yvonne auf eine lebens-geschichtliche Thematisierung ein, die sie allerdings gleichzeitig mit abwehrenden Kommentaren eröffnet.

> Yvonne: ach gottchen das is schon lange her das weeß isch alles jar nich mehr (.) (lacht) also ich weeß also ich hab ma in schönberg jewohnt wo ich noch janz kleen war , da hab ich in schönberg jewohnt da war isch immer in soner kinderkrippe oder sowas und da wurd ich halt och jeden früh hinjebracht von meiner mama und wieder abjeholt und das fand ich immer total ääh da war isch überhaupt nich jerne ich hab das immer jehaßt ööääh da war son junge 'der der wollte immer' (flüsternd) mich küssen also das fand ich och so eklig ich musste vor dem wegrennen das war immer richtig bläa nee

Für den Beginn ihrer Lebensgeschichte werden hier gleichsam die zentralen Parameter im Auftakt der Erzählung benannt. Da ist zu-nächst die (sozial-)räumliche Einbettung, die für Yvonne bedeut-sam ist, die erste Erfahrung mit sekundären Erziehungsinstitutionen und es wird mit ihrer Mutter auch die zentrale Bezugsperson er-wähnt. Darüber hinaus scheint auch der Bezug zu den Gleichaltri-gen und den dabei entstehenden Beziehungszusammenhängen auf. Auch wenn in dieser Passage der Eindruck vermittelt wird, dass die Mutter das Ausgesetztsein von Yvonne gegenüber den Anforder-ungen und Begehrlichkeiten der Gleichaltrigen verantwortet und gleichzeitig rahmt, ist durch die Optik der Selbstpräsentation hin-durch der Stellenwert und die Attraktivität dieser Gleichaltrige-neneinbindung erkennbar. Das gilt selbstverständlich auch umgekehrt, denn Yvonne ist durchaus auch attraktiv für die anderen Peers. Die Attraktivität dieser Einbindung für Yvonne zeigt sich besonders dann, als sie mit den Eltern umzieht und in eine neue Kindereinrichtung kommt.

> Yvonne: [...] dann sind wir nach gernau jezogen da bin ich dann hier in kinderjarten jegangen in (ortsteil von gernau) unten naja das war dann halt och n bischen komisch weil ich keenen kannte und nischt

Die Frage der peerkulturellen Einbindung bleibt Dauerthema der lebensgeschichtlichen Präsentation. Mit dem Wechsel in die Schule ist für Yvonne vor allem bedeutsam, dass sie dann schon auf Bekanntschaften aus dem Kindergarten zurückgreifen kann. Zugleich verschärft sich diese Frage der Peerkontakte mit der Schule insofern, als es nun stärker als bisher auch um Fragen der Integration und Ausgrenzung geht.

> Yvonne: [...] und dann bin ich hier in de schule jekommen dadurch dass ich dann da vorher im kindergarten war kannt ich dann schon a paar aber war noch nich so richtig anjefreundet mit den leuten so und dann hier halt in ne schule und so erste klasse (2) darf ich jetzt namen nennen oder so ja is och nich so schlimm ne jut also da ham wa (mädchenname) aus der klasse ähm die war ja och seit der ersten klasse bei uns in der klasse und ich kann die (klopfen) seit der ersten klasse kann ich die überhaupt nich richtig leiden absolut nich da könnt ich och da könnt ich wahnsinnig werden manchmal wenn die so vor einem steht und dann immer so 'tszp tszp' (schnalzt mit der zunge) 'oh da könnt ich ausrasten' (betont) ich hab die seit der ersten klasse hass ich die schon so ich weeß nich also hassen nich so richtig aber ich mag se halt überhaupt nich ich komm mit ihrem typ so überhaupt nich klar , un (.) dadran laach des halt och so das ich mich mit vielen aus der klasse nich so wirklich verstanden hab weil sie halt immerhin weil=weil sie mich halt och nich leiden konnte also es beruhte auf gegenseitigkeit und da hat se dann halt immer 'ja un so du musst meine freundinn sein du darfst nich mit der reden die is doof' (flüstert) so unjefähr un naja man kannten die halt (mädchenname) alle och schon e bischen länger als mich weil ich ja nu erst herjezogen wurde äh war und so und naja un denn hat ich halt nich soo viele freunde so zwei drei aus der klasse mit denen hab ich mich dann och prima verstanden und so aber 'de meisten so warn nich so wirklich meine freunde' (stockend)

Dieser Konflikt mit der Mitschülerin ist symptomatisch für die Problematik der Peeranerkennung und der Frage nach Integration

und Ausgrenzung. Die gerade erst erfolgreiche Integration in die
Gemeinde bleibt das beherrschende Thema ihrer Ersterzählung, die
im Grunde ihre Bearbeitung dieser Problematik beinhaltet[30]. Yvonne muss vermutlich einiges in die Beziehungsarbeit investieren,
damit sich schließlich die Kräfteverhältnisse in der Klasse so ver-
schoben haben, dass die Konkurrenz zu dieser Mitschülerin zwar
auch gegenwärtig noch besteht, jetzt aber nicht mehr die Gefahr
ihrer Ausgrenzung antreibt, weil Yvonne von allen anderen Mit-
schülerinnen und Mitschülern anerkannt ist. Mit dieser Hinführung
zum Status quo ihrer Integration ist für Yvonne schließlich eine
Beendigung der Ersterzählung möglich und angezeigt.

> Yvonne: [...] naja un (2) ansonsten (.) so jetzt eigentlich is es halt immer noch so mit
> (mädchenname) dass ich die eigentlich nich so richtig mag aber ich sag ma jetzt so
> mit den andern versteh ich mich eigentlich prima mh sach ich jetz ma so also ich
> wüßte jetzt nich wer mich nich leiden könnte so wirklich (4) 'noch was' (stimme
> hebt sich)

Selbstverständlich ist in dieser Ersterzählung von Yvonne einiges
ausgeblendet. Auf die Nachfragen des Interviewers zeigt sich dann,
wie die Bearbeitung der Integrationsproblematik von Yvonne eingelagert ist in die Familiengeschichte und in die lokalen Gegebenheiten der Einbindung in die Ortsgemeinschaft.

Nach dem Umzug in die ländliche Gemeinde lebt Yvonne mit
beiden Elternteilen und ihrem sieben Jahre älteren Bruder in einem
großen Einfamilienhaus zusammen. Außerdem wohnt dort auch
ihre Oma (mütterlicherseits). Da der Vater auswärts auf Montage
tätig ist und der ältere Bruder größere Spielräume für sich bean-
spruchen kann, ist Yvonne in eine rein weibliche Generationenlinie
eingespannt. Ungelöste Generationskonflikte zwischen ihrer Mutter
und der Großmutter verstricken sich so mit den eigenen Befindlichkeiten und überlagern die Beziehungen Yvonnes zu den ander-

---

30   An dieser Stelle lassen sich auf Grund der massiven Arbeit an der Integration in die
Gemeinde, erste Hinweise für ihre Reproduktionsbereitschaft in Bezug auf die Gemeindeorientierung
finden.

en Haushaltsmitgliedern. Weil auch ihre Mutter berufstätig ist, scheint Yvonne dem Ansinnen ihrer Großmutter ausgesetzt.

> Yvonne: [...] und meine oma war dann immer so 'ich muss zu ihr kommn ich muss mich mit ihr unterhalten ich muss sie beschäftijen weil sie weeß ja sonst nich was sie machen tut' (stimme hebt sich) so und ich hatte aber immer keene lust und ich wollt denn immer raus oder hab mir halt freunde ma zu mir einjeladen und so und das durft ich halt och immer nich die hat die dann immer wegjeschickt oder hat mich halt nich rausjelassen hat jemeint ich soll so lange warten bis meine mam von der arbeit kommt nur die kam um sechse und um sechs musst ich immer widder zu hause sein also hätte sich das nich jelohnt (.) (einatmen) und dann hab=isch dann immer mit meiner mama immer son bischen und die hat denn ich hab denn immer also die hatte son klenes jeschäft so das war also wir hatten unser haus und denn biste so um de kurve jefahrn n stückchen weiter und da war denn gleich der laden da und da hab ich dann mein fahrrad stehn lassen und bin hinten übern zaun jeklettert und bin dann immer abjehaun und bin abend erst heeme jekommn , und (lacht) sie hat denn immer sie hat denn immer so jemeint ja ich bin abjehaun und ich komme nisch widder und so un das war ja eijentlich abjesprochen und das fand se dann halt nich so toll und meine mam würde mir halt sagen dass ich nich zu meiner 'oma' (betont) soll und alles so was (vgl. S. 5, Z. 12-35)

Die zitierte längere Passage aus dem Interview zeigt, welche Problematik sich hier für Yvonne abzeichnet. Weil ihre Mutter und deren Mutter selbst noch in konflikthafte Aushandlungen darüber verstrickt sind, wer seine Vorstellungen in Bezug auf das Aufwachsen von Yvonne durchsetzen kann, ist Yvonne den Erziehungsentwürfen der Großmutter teilweise ausgesetzt und kann diesen nur in einer geheimen Komplizenschaft mit ihrer Mutter entfliehen. Nur in diesen komplizenhaften Geheimaktionen kann Yvonne dem dominanten Gestaltungswillen der Großmutter ausweichen. Das führt nun aber dazu, dass Yvonne und ihre Mutter sich nicht als Generationsdifferente begegnen, sondern quasi als Generationsgleiche der Willkür der Großmutter zu entkommen trachten. Diese ungünstige familiäre Konstellation, bei der der Vater und der Bruder keine Rolle spielen, wird nun zusätzlich durch die lokalen Begebenheiten der Ortsgemeinschaft verschärft. Yvonne erzählt, wie die Großmutter den innerfamiliären Konflikt zu einem Klatschthema des Ortes macht und den Ruf ihrer Mutter schädigt.

Yvonne: [...] und da ham die sich immer so so aufn bahnhof immer so jetroffen so wie son rentnertreff da ham die dann immer kaffe jetrunken und jeklatscht und jetratscht wie und da hat se dann halt och immer isch meen des jeht och schnell durchs dorf sach isch ma wenn jetz so irjendwas los is oder so un na dann hätte se halt immer erzählt meine=meine mama wäre was weeß ich falsch un würde ach kene ahnung die hat halt immer übelst irjendwelchen mist erzählt und des jing dann halt durchs janze dorf und dann kamn dann halt immer irjentwelche leute an und denn immer ööh stimmt das ööh ich hab das und das jehört 'is das wahr' (stimme hebt sich) das war immer total komisch das war irjendwo janz blöd des deswegen konnte ich se och sach ich ma nich so jut leiden weil se halt meine mama immer schlecht jemacht hat (vgl. S. 6, Z. 20-34)

Es ist sicherlich für ein Kind immer schwierig, wenn es das Ausgesetztsein und die Ohnmacht seiner Eltern erfahren muss, aber es wird als Erfahrung sicherlich noch schwieriger, wenn man diese Konflikte als Verleumdungskampagnen des Ortes vor Augen hat. Für Yvonne verbindet sich mit diesen Erfahrungen eine Verschärfung ihrer eigenen Integrationsproblematik in der Schulklasse, weil nun über den Konflikt zwischen ihrer Mutter und ihrer Großmutter von der Ortsgemeinschaft zusätzliche Ausgrenzungs- und Ächtungspotentiale ausgehen. Eine Distanzierung von der Mutter ist hier nicht möglich. Deshalb findet sich das Gegenteil, eine Differenz eher negierende Solidarisierung mit der Mutter als Opfer. Diese Solidarisierung und die Effekte der Zurückdrängung und Überlagerung der Generationsdifferenz werden auch durch den Trennungsprozess der Eltern verstärkt. Dieser hält bis in die Gegenwart an und erschwert es Yvonne, die für eine Verselbständigung notwendigen Distanzierungsprozesse zur Mutter zu vollziehen. Im Interview deutet sich diese Problematik symptomatisch an, wenn Yvonne auf das gemeinsame Wohnen mit der Mutter zu sprechen kommt.

Yvonne: [...] jetz wohnsch mit meiner mama zusamm (schnalzen) in e wohnblock gleich hier oben da so und jetz sin wa halt alleene alle beede (.) und da funktioniert das alles viel besser (.) ((unverst., 1 sek.)) (vgl. S. 7, Z. 12-15)

Analog zum Tratsch innerhalb der Ortsgemeinschaft in Bezug auf den Mutter-Großmutter-Konflikt findet auch die Trennungsproblematik ihrer Eltern einen Resonanzrahmen und eine Verschärfung im Ort. Einerseits wird durch die Gerüchteküche des Ortes die zunächst geheime neue Partnerschaft des Vaters kolportiert, wobei sich Yvonne in einer hochgradig problematischen Verstrickung wieder findet[31], andererseits sieht sich die Mutter im öffentlichen Diskurs dem Vorwurf ausgesetzt, zu einer guten Freundin eine lesbische Beziehung zu unterhalten. Darin steigert sich für Yvonne die Erfahrung, Gegenstand des öffentlichen Klatsches zu sein. Besonders brisant ist dieser Umstand deshalb für sie, weil sie einerseits das Bild ihrer signifikanten Bezugspersonen verleumdet sieht und andererseits ihre eigene Integrationsproblematik dadurch verstärkt wird.

In dieser Konstellation muss Yvonne sich nun verorten und Stabilität generieren. Das geschieht in der schon geschilderten Neubestimmung der Bindung zur Mutter. Damit bleibt jedoch einiges unaufgearbeitet, und vor allem entstehen darüber neue Probleme, die den Prozess des Aufwachsens erschweren. Das sind auf der einen Seite die aus der entdifferenzierenden Solidarisierung mit der Mutter für ihre Verselbständigung entstehenden Probleme. Auf der anderen Seite fällt dieser Konstellation auch die Beziehung zum Vater und zum Bruder teilweise zum Opfer, weil die Aufrechterhaltung der zum Vater bestehenden Bindung[32] in der Neudefinition der Mutter-Tochter-Beziehung gewissermaßen als Verrat zu deuten wäre und dramatische Konsequenzen bis hin zum Abbruch der Beziehung zur Mutter implizieren könnte. So stellt die Mutter im Vollzug der Trennung schließlich Yvonne die entscheidende Frage nach ihrer Loyalität.

---

31   Yvonne berichtet, wie sie vom Vater für Betreuungsdienste der beiden kleinen Kinder seiner „Geschäftspartnerin" eingespannt wird, damit beide sich bei vermeintlichen „Geschäftsessen" vergnügen können. Die in den Anführungszeichen angedeutete Doppeldeutigkeit ist dabei genau das Thema des Tratsches im Ort.
32   So erzählt Yvonne an einer Stelle des Interviews, wie sie eine Sportkarriere einschlägt und die Anerkennung des Vaters („war ich halt sein goldkind") sichern kann. Der Vater wird dabei an vielen Stellen des Interviews gerade nicht distanziert, sondern nähebetont mit „papa" angeredet.

Yvonne: [...] na des war halt des fing ja schon n bisschen eher an also meine mam hat dann nich mehr mit im schlafzimmer jeschlafen mein also wir hatten meine oma hatte ja och mit bei uns im haus jewohnt ich hat also wir hatten unsern haushalt un meine oma ha hatte son anbau so da hatten wa für die aus ähm also mit anjebaut so un da war die drinne un als die denn nachher wegjezogen is is mein bruder da rein-jezogen mit seiner freundin (.) so un da hat ich dann zwee zimmer zur verfüjung meine mam hat dann nich mehr mit im schlafzimmer jeschlafen die hat dann in dem in ein zimmer von mir jeschlafen jehabt weil se das och nich mehr ausjehalten hat sie kam dann halt och jeden abend und hat sich mit mir dadrüber unterhalten und hat dann halt och immer jeheult un das tat mir dann och immer sehr leid un hat dann och zu mir jesacht das sie das halt nich mehr lange aus hält dass se bald weggehn möchte wo se hingeht weiß sie noch nich sie wird aber sicherlich hier bleiben un wenn ich gerne mit zu ihr möchte würde sie wirklich hier bleiben damit ich hier meine schule noch fertig mache dass ich meine freunde jetz nich verliere dass ich da irjendwie noch schwierigkeiten habe dass ich da noch in ne andre schule müsste oder so un (.) hat mir das halt jesacht das sie das nich mehr kann dass sie das nich mehr aushalten tut weil sie sich halt och seitdem wir dort jewohnt ham eijentlich nur noch jestritten ham wejen irjendwelchen mist und mein papa halt och die janzen schulden die er jemacht hatte wejen sein firmen und so hat er alles auf meine mama jeschrieben und die is damit absolut nich mehr klarjekomm und nischt und da hat se mir halt freijes-tellt ob ich nu mit zu ihr möchte oder bei mein papa bleiben möchte un da ich ja nu nie en bezuch zu mein vater hatte binisch mit zu meiner mama hinjejangen un das war eijentlich also von vornherein schon für mich klar dass ich da hinjeh (vgl. S 12, Z. 7-35; S. 13, Z. 1-4)

Hier spielen in der Loyalitätsbindung auf Seiten der Mutter auch Verlust und Trennungsängste eine große Rolle, was sich symptomatisch z.B. in dem starken Kontrollbedürfnis der Mutter zeigt. Yvonne spricht diesen Umstand an mehreren Stellen des Interviews an, so auch im Zusammenhang damit, dass die Mutter empfindlich über das pünktliche Nachhausekommen ihrer Tochter wacht.

Yvonne: [...] also musst ich immer schon eher nach hause als die andern damit ich och jar pünktlich bin weil wenn ich nich pünktlich bin das is och heute noch so zwei minuten zu spät un meine mama rastet aus weil se immer angst hat dass irjendwas is oder das irjendwas passiert is oder so un das findet sie immer janz schlimm ich muss immer jenau pünktlich zuhause sein ansonsten gibs stunk das weeßisch schon (vgl. S. 15, Z. 3-9)

Vor dem Hintergrund der „Gemeindeüberwachung" sind die Erziehungs- und Bildungsorientierungen von Yvonnes Mutter einzuordnen: Sie sind zentriert um die unauffällige Einordnung in die Gemeinde, die Erfüllung von Normalitätserwartungen, um nicht zum Mittelpunkt des „Dorftratsches" zu werden:

> Interviewer: und kannst sagen wa worauf se ganz besonderen wert legt
> Yvonne: besonderen wert
> Interviewer: so in deiner erziehung
> Yvonne: dass isch keen baby krieje (2) das fänd se glob ich nich so toll (2) (lacht) a
> dass is glob ich wichtich (.) (vgl. S. 43, Z. 26-31)

In Bezug auf ihre Zukunft zeichnet Yvonne das Bild einer integrierten Gemeindebürgerin, mit Haus, Hund, Garten und einem Mann, einen Job, der zum Lebensunterhalt dient und zwei Kinder, d.h. zwei Söhne:

> Yvonne: also ich möchte jerne widder in a haus wohn weil ich das halt von kleen uff
> ich fand halt schon immer jut n haus möchte wieder n hund habm vielleicht nich
> ganz son großen garten [...] halt mit jemanden zusamm sein [...] halt n anständigen
> job habe das des jeld och reicht so und ich hätte gern zwei kinder a zwee jungs (vgl.
> I. S. 49, Z.: 22-30)

Damit, so wird an dieser Stelle deutlich, ist Yvonne bereit, den Reproduktionsauftrag der Mutter und der Schule zu erfüllen. Das Generieren von eigenen Lebensentwürfen, Bildungsorientierungen in Form von transformatorischen Prozessen werden auf Grund des Anpassungsdruckes blockiert.

4.2.4 Zusammenfassende Schlussbetrachtung des Falles Yvonne Mertens

Betrachtet man die dargestellten Rekonstruktionsergebnisse aus Familie, Schule und Biographie insgesamt, dann müssen als das Zentrale die familiale Rahmung und die regionale Verstärkung von familialen Problemkonstellationen genannt werden. Entscheidend ist hierbei, dass Yvonne über die Trennungskonflikte der Eltern und deren orts-öffentliche Verstärkung zur zentralen Stützfigur ihrer Mutter wird. Das führt dazu, dass sie die eigene Betroffenheit und Verunsicherung zurückstellen und sich mit der Mutter solidarisch verbünden muss. Im Erleben der Hilfebedürftigkeit der Mutter findet sich eine dramatische zeitlich begrenzte Umkehrung der familialen pädagogischen Generationsdifferenz. Yvonne erbringt damit in ihrer solidarischen Verbündung Fürsorge- und Stützfunktionen für die Mutter. Diese Umkehrung der Generationsdifferenz wird dann überführt in eine scheinbar gleichberechtigte Beziehung, bei der Yvonne und ihre Mutter wie in einer Wohngemeinschaft zusammen leben. Darin wird einerseits das Generationsdifferente verleugnet und andererseits – Ausdruck einer unterschwelligen starken Asymmetrie – Yvonne auf die Sicht der Mutter und auf den Verzicht des Eigenen festgelegt.

Diese Konstellation hat brisante Konsequenzen für den Entwicklungsprozess von Yvonne: Zunächst gibt es unmittelbare Auswirkungen auf den schulischen Bereich. Während des Trennungsvollzuges der Eltern reagiert Yvonne in der Schule zum Teil aggressiv oder radikal verweigernd.

> Yvonne: [...] 'a früher in der siemten klasse war das schlimm wenn mir ma irjendwas nich jepasst hat oder so hab ich alles in de ecke jefeuert un denn hat keene lust mehr dann war mir das scheißejal dann hat ich de schnauze voll dann hab isch nischt mehr jemacht jarnischt' (schnell) (vgl. S. 31, Z. 5-9)

Aber nicht nur in der Schule sind Konsequenzen auszumachen. In der Beziehung zur Mutter wird deutlich, dass Yvonne aufgrund des dramatischen Trennungsverlaufes und seiner Verstärkung durch den Tratsch im Ort von der Mutter auf Loyalität und die identische Sicht der Dinge verpflichtet wird. Eigene Perspektiven und Erfahrungen haben keine Berechtigung und werden von der Mutter als bedrohlich abgewehrt. Von Yvonne wird damit eine Kopie der Deutung und Interpretation der Trennungsereignisse gefordert, die eine Entfaltung des Eigenen bezogen auf die familiale Situation völlig blockiert. Ein weiterer Nebeneffekt dieser Mutter-Tochter-Konstellation ist, dass mit der Loyalitätsverpflichtung gegenüber der Mutter der Kontakt zu ihrem Vater und auch zu ihrem Bruder verhindert wird. Damit wird die elterliche Konfrontationslinie direkt übertragen auf Yvonne und von ihr fortgesetzt. Anfragen des Vaters, zu dem ehemals eine engere Bindung bestimmt werden konnte, und des Bruders nach einem Treffen müssen somit von Yvonne abgewehrt werden. Yvonne ist in dieser Beziehung zur Mutter wie in einer Fallensituation gefangen. Auf der einen Seite verhindert diese Konstellation in hohem Maße Verselbständigungen und die Ausprägung des Eigenen. Auf der anderen Seite würde jeder Versuch von Yvonne, diese Beziehungskonstellation zu verändern, von der Mutter als Bedrohung und Verrat gedeutet werden. Dann wäre mit massiven, affektiven Reaktionen der Mutter zu rechnen. Im Kleinen zeigt sich das an der Problematik des Pünktlichseins, wenn schon bei 2 Minuten Verspätung die Mutter für Yvonne unangemessene und unkontrollierte Ausbrüche hat.

Vor diesem Hintergrund der familialen Konstellation und der darin lagernden biographischen Problematik muss nun die schulische Szene gedeutet werden. Die Ambivalenz, auf der einen Seite vom Lehrer die vollgültige Umsetzung der Generationsdifferenz in der asymmetrischen Gestaltung von unterrichtlichen Vermittlungsprozessen einzufordern und die deutliche Provokation und Unterwanderung seiner Autorität andererseits sind vor diesem Hintergrund kein Widerspruch, sondern die zwei Seiten der schulischen Bearbeitung ihrer familialen und biographischen Problematik. Einerseits ist Yvonne gerade auch in der Schule auf der Suche nach funktionsfähigen pädagogischen Generationsbeziehungen, in denen sie Verantwortung über Vermittlungs- und Aneignungsprozesse abgeben kann. Die Umsetzung von Generationsdifferenz hat in diesem Sinne etwas Entlastendes, weil es klare Vorstrukturierungen als Orientierungsrahmen gibt und keine Fürsorgeleistungen von Yvonne erwartet werden. Andererseits ist die Schule im Unterschied zur Familie prädestiniert dafür, dass Yvonne das Eigene erprobt und ihre Autonomiebestrebungen umsetzt. Das kann auch schon einmal gegen die Lehrerautorität geschehen, wenn die Abstützung durch den Gleichaltrigenzusammenhang in der Schulklasse gewahrt ist.

Diese Gleichaltrigenkontakte und die dortige Anerkennung und Akzeptanz sind in ihrer Relevanz für Yvonne wiederum mit Bezug auf die familialen Trennungsereignisse zu verstehen. Gerade im Rahmen einer Ortsgemeinschaft, die Zugehörigkeiten, das Ansehen einer Familie oder einer Person über Klatsch und Tratsch kommuniziert und bestimmt, ist die Anerkennung und Akzeptanz der Peers hoch einzustufen. Yvonne muss deshalb so viel Arbeit auf diese Einbindung verwenden, um das Drama der Ausgrenzung und sozialen Isolation, das sie hautnah an ihrer Mutter erfahren hat, nicht zu wiederholen.

Yvonnes familiale Bindungsproblematik und die damit verbundenen Reproduktionsforderungen blockieren nicht nur die Ausbildung von lebenspraktischer Autonomie, sondern auch die Generierung einer eigenständigen Perspektive auf sich und die Welt. Diese Struktur findet Yvonne auch in der Schule wieder, d.h. die Schule ist neben ihrer funktionalen Ausrichtung (die Schule der Gemeinde zu sein, den Abschluss der 10. Klasse zu vergeben) auf eine Erziehungshaltung gerichtet, die sich an der unauffälligen Integration in die Gemeinde orientiert. Unter den schulischen Bedingungen, d. h. mit dem dominanten schulischen Entwurf der Vermittlung eines traditionellen Gemeindebezuges und der Reproduktionaufforderung, werden die Transformationspotentiale der Schüler blockiert. Für Yvonne heißt das, dass sie unter diesen Maßgaben eher nicht auf signifikant Andere in der Schule treffen wird, die als Bildungsanwälte für sie fungieren könnten. Das Fehlen von Lehrerinnen und Lehrern die nicht nur Bildung verbürgen, sondern auch Transformationswünschen oder -potentialen offen gegenüberstehen, führt dazu, dass Yvonne – trotz ihrer sehr guten schulischen Leistungen – keine Erweiterung ihrer Bildungsorientierung erfährt und die vorhandenen Transformationspotentiale nicht verstärkt und in Transformation überführt werden. Auf Grund ihrer Familienproblematik ist sie besonders auf die Integration in die Gemeinde und deren Anerkennung angewiesen, und somit gehen ihre um Statussicherheit zentrierten imaginären Entwürfe (Haus, Hund, Mann, Job, Kinder) für die Zukunft im Bild der konformen und unauffälligen Gemeindebürgerin auf und führen insgesamt zu einer hohen Passung der eigenen und schulisch reduzierten Bildungsorientierung.

4.3 Sören Enders: Zwischen Reproduktionsermöglichung und Stigmatisierung

Sören Enders ist uns in der Feldphase zunächst dadurch aufgefallen, dass er im Vergleich zu seinen vier anderen männlichen Mitschülern derjenige war, der am weitesten entwickelt schien. Mit seiner großen Gestalt, seinem Flaum über der Oberlippe und seiner betont lässigen Art zu reden und sich zu kleiden, weckte er nicht nur unsere Aufmerksamkeit, sondern auch die seiner Lehrerinnen und Lehrer, die ihm fast jede Stunde mit scherzhaften Ermahnungen begegneten. Diese Besonderung von Sören durch die Lehrerinnen und Lehrer mit der intendierten Absicht, den unkonzentrierten und leistungsschwachen Schüler wieder am Unterrichtsgeschehen zu beteiligen, rief nicht nur ,positive' Effekte hervor. Oftmals wurde er durch seine Unaufmerksamkeit Mittelpunkt von scherzhaften Vorführungen vor der Klasse, die dann über ihn lachte. Somit ist Sören zwar anerkannt, aber er gehört auf Grund seiner ,Rolle des Klassenkaspers' nicht zu den stimmstarken Schülern im Klassenverband, was sich auch in der Ignoranz der zahlenmäßig hoch überlegenen Mädchen in dieser Klasse zeigt.

Auf die Frage nach seinen „Lieblingsfächern" gibt Sören Technik und die naturwissenschaftlichen Fächer an, wobei es ihm auch dort außerordentlich schwer fällt, die an ihn gestellten Leistungsanforderungen zu erfüllen.

Die Familie von Sören, bestehend aus der Mutter, seiner 6 Jahre älteren Schwester, seiner 10 Jahre jüngeren Stiefschwester und seinem Stiefvater, lebt nach ihrem Umzug aus einer Neubauwohnung in Gernau in einen benachbarten Ort in einem Einfamilienhaus. Von den insgesamt acht Zimmern bewohnt Sören zwei, wobei er eines davon zum Schlafen und das andere als Computerzimmer nutzt. Zu seinem Vater hat er nach dem Ableben seiner Großeltern väterlicherseits keinen Kontakt mehr und gibt an, dass er sich jetzt mit seinem Stiefvater besser als mit seinem leiblichen Vater versteht.

In Bezug auf die Ausbildung seiner Eltern gibt Sören an, dass beide Landwirtschaft studiert haben, aber im Elterngespräch mit der Mutter wird deutlich, dass sie lediglich in der Landwirtschaft gearbeitet haben und dafür jeweils einen Facharbeiterabschluss besitzen. Zur Zeit der Erhebung ist die Mutter nach eigenen Angaben als Reinigungskraft und der Stiefvater als Kraftfahrer tätig.

4.3.1 Sören Enders als „dummer Junge" in der schulischen Interaktion

Die Szene, an der Sören und die Lehrerin Frau Gerber beteiligt sind, stammt aus einer Englischstunde. Frau Gerber beginnt die Interaktion folgendermaßen:

Lehrerin: hmh 'sören' (stimme hebend, schrill)

Nach einer selbstbezüglichen oder auf eine andere, vorausgegangene Interaktion bezogene Zustimmung, wird Sören direkt angesprochen. Die schrille Ansprache von Sören legt nahe, dass der zustimmende Bezug nicht Sören gilt, sondern einer anderen Schülerin oder einem anderen Schüler, der zuvor eine Frage oder Ähnliches beantwortet hat. Die schrille, affektive Ansprache von Sören lässt sich dahingehend interpretieren, dass entweder ein stimmlicher Aufmerksamkeitsfokus erfolgt oder dass sich der Sprecher erschrocken hat, weil sich Sören z.b. in Gefahr gebracht hat. Mit dieser Form der Ansprache ist also die Annahme verbunden, dass in der Situation (Handlungs-)Not oder eine Gefährdung besteht.

Sören: 'woas' (gedehnt gesprochen) (leises lachen mehrerer mädchen)

Sörens Anschluss an die emotional aufgeladene Ansprache der Lehrerin wirkt provokativ, weil die Intonation der Antwort der maximale Gegensatz zur Ansprache der Lehrerin ist. Mit der Gelassenheit des gedehnten Sprechens zeigt Sören, dass er die Lehrerin in ihrer emotionalen Betroffenheit nicht ernst nimmt oder karikiert. Die Reaktion von Sören könnte darin begründet sein, dass er sein Verhalten weder als Gefahr für den Unterricht, im Sinne einer Störung, noch als Gefahr für sich selbst wahrnimmt. Auf Grund der 'coolen' Reaktion von Sören scheint hier die Unterrichtsstörung am wahrscheinlichsten. Dass Sören mit der schrillen Ansprache ins Zentrum der Aufmerksamkeit innerhalb des Unterrichtes gerückt ist, wird auch durch das Mädchenlachen erkennbar. Aber worin liegt nun die Brisanz von Sörens Verhalten? Zu vermuten ist, dass es sich hierbei um eine Art Regelverletzung handelt, durch die etwa der Fortgang des Unterrichts bedroht ist.

Lehrerin: 'answer' (mit hoher stimme)

Im Anschluss wird Sören von der Lehrerin ohne jegliche Verwendung von Höflichkeitskonventionen aufgefordert zu antworten. Die befehlsartige Artikulation der Aufforderung zu antworten lässt vermuten, dass Sören damit in den Unterricht zurückgeholt werden soll – etwa, weil er gestört hat oder unaufmerksam war. Seine Reaktion mit „woas" scheint umso provokanter, je mehr sich Sören der Störung bewusst ist. Die knappe Aufforderung mit „answer" müsste in diesem Fall eine zugespitzte Provokation hervorrufen – etwa indem sich Sören weigert, Englisch zu sprechen, oder eine patzige Antwort gibt. Die Aufforderung setzt jedoch voraus, dass es bereits eine Frage gegeben hat, auf die sich Sören beziehen muss: So kann hier implizit ein Machtkampf angelegt sein, indem Sören die Unterrichtsordnung unterläuft, die Lehrerin jedoch versucht, ihn auf das Normalmodell von Unterricht zu beziehen oder aber – im Fall der Unaufmerksamkeit – ihn mit dieser Bezugnahme bloßstellt.

Kennzeichnend für diese Interaktion ist nun, dass hier offensichtlich eine Krise vorliegt, da auf eine sanktionierende und emotionalisierte Weise auf einen Schüler Bezug genommen wird. Diese Krise wird jedoch nicht benannt, sondern es wird der normale Unterricht mit der Aufforderung zu antworten aufgegriffen. Dies steht im Kontrast zur Herausgehobenheit des Tonfalls, mit dem auf eine Besonderheit, Ausnahme- oder Notsituation verwiesen wird, die aber nicht thematisiert ist. Potenzieren würde sich die Brisanz in der Variante, in der Sören derartige Situationen geschickt für sich zu nutzen wüsste, um sekundären Gewinn daraus zu ziehen. Gerade wenn die Lehrerin gezwungen ist, ihn zu disziplinieren, um die Regelhaftigkeit wiederherzustellen, könnte er die Möglichkeit dazu nutzen, sich in besonderer Art und Weise zu profilieren. Der sekundäre Gewinn läge darin, über die Lehrerin zu obsiegen und sie als hilflos darzustellen. Jeglicher Versuch von Lehrerseite, disziplinierend gegenzusteuern, würde so gesehen instrumentalisiert werden und wäre von daher schon im Ansatz hochbrisant.

Würde dies auf Sören zutreffen, so wäre es geschickt von der Lehrerin, die Übertretung nicht öffentlich anzusprechen, denn dann wäre das Heben der Stimme bereits Signal genug zu verdeutlichen, dass es problematisch wird. Das Setzen des Befehls wäre damit die knappste Form, die Routine wiederherzustellen und das einzufordern, was zuvor schon hätte erfolgen sollen. Jedes weitere Ansprechen der Störung würde zu einer zusätzlichen Manifestation der Störung des Unterrichtes führen. Schon aus dieser Sichtweise erscheint es effizienter, den Normalablauf fortzusetzen.

Konfrontiert mit diesem Einwortbefehl spitzt sich die Situation zu. Entweder fügt Sören sich in die Unterrichtsordnung oder er nutzt genau diese zugespitzte Situation, um abermals zu provozieren. In diesem Fall besteht die Gefahr, dass die Krise manifest wird und die Lehrerin unter Handlungsdruck gerät.

Sören: ähm stand by car stereo and videoequipment clothes alls and social life

Dieser Anschluss zeigt, dass Sören wohl nicht ein besonders widerständiger Schüler ist, denn er realisiert ohne ironische oder sonstige Brechungen die Anforderung. Es könnte sich nur noch um eine Provokation handeln, wenn hier nicht zusammenhängende Wörter aneinandergereiht werden. In diesem Fall würde er zwar der Struktur der Aufforderung, Englisch zu sprechen genügen, jedoch seine Provokation durch eine sinnlose Wortaneinanderreihung fortsetzen. Ob er damit der Anforderung inhaltlich und in Bezug auf die Artikulation gerecht wurde, wird sich erst im Anschluss durch Zustimmung oder Korrektur von Seiten der Lehrerin zeigen.

Bezogen auf die Krise, die von der Lehrerin wahrgenommen wurde, ist die Antwort erstaunlich, denn Sören kann nicht in hochgradigem Maße unaufmerksam gewesen sein, da er unmittelbar mit einer Antwort anschließen kann. Die Frage muss Sören also bekannt gewesen sein. Damit wird deutlich, dass er sie auch bereits bei seiner Namensnennung hätte beantworten können. Hier kristallisieren sich nun zwei Linien heraus: Entweder es lag tatsächlich eine Überschreitung der Ordnung vor, dann würde das „woas" eine weitere Provokation darstellen und die Situation dazu genutzt werden, um diese zu erhöhen. Diese Variante kann jedoch mit der Zuspitzung der Situation durch den Einwortbefehl ausgeschlossen werden, weil Sören sich der Ordnung fügt. Damit würde es sich um einen Provokateur handeln, der seine Grenzen genau kennt. Sören würde damit den Typus des kontrollierten Rebellen oder Störers verkörpern, der aber auch genau weiß, an welchem Punkt er nachgeben muss. Die sofortige Antwort kann aber ebenso Zweifel daran aufkommen lassen, ob es tatsächlich eine Provokation und Krise gegeben haben kann, die es begründet, auf diese Art und Weise zu intervenieren. Dies würde dann eher auf eine Stigmatisierung hindeuten. Die Reaktion „woas" wäre dann auf der einen Seite eine Reaktion, die dieses Stigma bedienen würde und auf der anderen eine Ausdrucksgestalt seiner Autonomiebehauptung, die sich gegen die problematische Etikettierung der Lehrerin richtet – also dagegen, auf den Rebellen wider Willen festgeschrieben zu sein.

Die Lehrerin könnte einen Typus darstellen, der bereits bei kleinsten Andeutungen von Unaufmerksamkeit intervenieren würde. In beiden Varianten wird aber deutlich, dass sich Sören weder nur unterwirft noch sich prinzipiell gegen die Ordnung stellt. In beiden Varianten handelt es sich um Formen kontrollierter Abweichung.

> Lehrerin: yes they needed for a social life (.) okay äh what are records (2) 'sörchen , what are records' (fragend) this are very 'big round and black' (betont, laut) (2)

Die Lehrerin bejaht Sörens Antwort und macht damit deutlich, dass diese keine weitere Provokation darstellt. Nach der Korrektur, einer Vervollständigung, erfolgt eine Zäsur mit „okay". Dann schließt sich eine Frage und das Aussprechen mit einer Verniedlichungsform des Namens Sören an. Im sofortigen Anschluss folgen die Wiederholung der Frage und Hinweise zur ihrer Beantwortung: „this are very big round and black". Dabei ist anzumerken, dass die Beschreibung grammatikalisch nicht korrekt ist, denn es müsste eigentlich: „they are" lauten. Zunächst lässt sich an dieser Stelle sagen, dass nun die fachliche Seite in den Hintergrund zu treten scheint. Es erfolgt zwar eine Korrektur, aber diese wird von der Lehrerin selbst vorgenommen und mit „okay" abgeschlossen. Daraufhin stellt sie die nächste Frage und lässt zwei Sekunden Zeit. Da die vorherige Antwort mit „yes" und „okay" bestätigt wurde, ist mit hoher Wahrscheinlichkeit davon auszugehen, dass Sören nicht ein zweites Mal aufgerufen wird. Dies geschieht jedoch in diesem

Fall, wodurch er – eher überraschend – abermals unter Bewährungsdruck gesetzt wird. „What are records" – was sind Schallplatten? Um diese Frage zu beantworten, müsste man auf Englisch beschreiben, dass es sich um Tonträger handelt, auf denen Musik gespeichert und abgespielt werden kann. Es kann allerdings sein, dass hier zwar danach gefragt wird, was Schallplatten sind, aber eigentlich die deutsche Übersetzung gefordert ist. Wäre das der Fall, so hätte die Frage jedoch lauten müssen „what does the word record mean in german?".

Mit dem Aufruf „sörchen" wird eine unangemessene Verniedlichung eingeführt, die den Beigeschmack einer Vorführung vor der Klasse in sich trägt. Sören wird dabei jedoch nicht als Rebell (entweder als stigmatisierter oder tatsächlicher), sondern als 'Kleiner' vorgeführt. Damit nimmt die Lehrerin Bezug darauf, dass er sich angesichts des zugespitzten Befehls als gefügig erwiesen hat und demonstriert ihre Machtposition gegenüber Sören. Strukturell gesehen könnte man sagen, dass es sich hier um eine Umkehrung der Provokation durch die Lehrerin handelt: Indem sie die in „woas" inhärente Provokation nun an Sören zurückgibt. Ein anderer Aspekt ist der der Besonderung, denn eine Verniedlichungsform beinhaltet im Gegensatz zur bloßen Namensnennung auch eine Form von Nähe. Somit könnte diese Äußerung auch eine Art Angebot darstellen, nach dem Motto: „Wenn du dich meiner Ordnung nicht widersetzt, können wir in eine Sonderbeziehung treten, in der du trotz geringer Leistungsfähigkeit eine gewisse Form der Anerkennung erfahren kannst". Die Infantilisierung, der kindliche Status und damit das Moment der Abhängigkeit würden aber auch in dieser Variante bestehen bleiben. Damit würde die Lehrerin ohne einen deutlich erkennbaren Grund (Sören hat sich in die Ordnung gefügt) ihrerseits in eine Provokation einsteigen. Zusätzlich wird Sören kein Raum zur Antwort eröffnet, sondern im Anschluss an eine Wiederholung der Frage wird ihm – ohne ersichtlichen Grund – eine Hilfestellung gegeben. Damit wird er als jemand dargestellt, der eine solche zusätzliche Hilfestellung benötigt. Der Unterricht bekommt damit den Charakter einer Quizfrage oder eines Rätsels, wobei die Sache, die Sprachvermittlung, in den Hintergrund tritt und Sören als jemand erscheint, der schwer von Begriff ist.

Sören gerät damit in eine Fallensituation. Wenn er antwortet, so bestätigt er gleichzeitig die infantilisierende Zuweisung als kleiner Junge, der zudem ohne Hilfestellung nicht auskommt. Wenn er hingegen kritisch oder zurückweisend reagiert, ist er auf die Position des Rebellen und Störers festgeschrieben. Zwischen diesen beiden Polen kann er „wählen": Er kann entweder das Etikett als ‚kleiner dummer Junge' zurückweisen und läuft somit Gefahr, genau auf den anderen Pol des Rebellen festgeschrieben zu werden. Oder er steht, wenn er dieses nicht zurückweist, vor sich und seiner Klasse als ‚kleiner dummer Junge' da.

Hätte die Lehrerin die Situation nach seiner Antwort auf sich beruhen lassen, so hätte sich Sören genau durch dieses Oszillieren profilieren können. Er wäre aus dieser Situation als jemand hervorgegangen, der die Züge eines Rebellen trägt, aber gleichzeitig weiß, wo seine Grenzen liegen. Gleichzeitig wäre es zu keiner weiteren Unterrichtsstörung gekommen. So aber erhält die Interaktion den Charakter eines Kampfes um Anerkennung. Es ist ein Kampf darum, in welcher Art und Weise einem Schüler zugestanden wird, so zu handeln, dass dadurch seine Autonomie zur Geltung kommen kann. Die Lehrerin provoziert damit an dieser Stelle eine Unterrichtsstörung. Wernet[33] würde von Entgrenzung sprechen, da die Lehrerin hier nicht unterrichtsbezogen auf inhaltliche Vermittlungsprozesse orientiert bleibt, sondern mit der emotionalisierten Reaktion diffus Bezug auf eigene persönliche Befindlichkeiten nimmt. Innerhalb dieses Spannungsfeldes muss Sören nun seine Autonomiebestrebungen platzieren, um die Stigmatisierung als

---

33 Vgl. Wernet, A.: Pädagogische Permissivität. Schulische Sozialisation und pädagogisches Handeln jenseits der Professionalisierungsfrage. Opladen 2003, S. 156

'kleiner dummer Junge' zurückzuweisen. Schauen wir, wie sich Sören dazu positionieren wird:

> Sören: mhm groß rund und schwarz (kurzes lachen mehrerer mädchen)

In der Übersetzung der Hilfestellung der Lehrerin zeigt Sören wiederholt, das er zum einen bemüht ist, die an ihn gestellten Anforderungen zu erfüllen. Zum anderen ist an dieser Stelle nicht eindeutig auszuschließen, dass er mit der Wiederholung in einem überlegenden Gestus seine Provokation fortsetzt. Damit verbleibt er in der Fallenkonstellation.

> Lehrerin: na äh äh you can listen music

Der direkte Anschluss der Lehrerin ist durch eine Irritation geprägt, die dieser Wiederholung anhaftet. Zu vermuten wäre jetzt, dass sie Sören aus dieser Situation entlässt und eine andere Schülerin oder einen anderen Schüler auffordert, die Frage zu beantworten. Damit wäre der symbolische Kampf zwischen der Lehrerin und Sören aber nicht ausgetragen und er würde als Rebell, als Sieger auf Grund des Aufgebens der Lehrerin aus der Situation hervorgehen.

> Sören: äh
> Schülerin: 'is schwer' (sehr leise)
> Lehrerin: it is very difficult i see (kurzes lachen mehrerer mädchen)
> Sören: 'das is doch müll' (laut)

Der Dialog wird nun durchbrochen, indem sich eine dritte Person, eine Schülerin ironisierend auf die Überlegungen Sörens bezieht und damit am Stigma des kleinen, hilfsbedürftigen Jungen mitarbeitet. Mit der Bemerkung der Lehrerin und dem Mädchenlachen wird deutlich, dass es sich bei der vorhergehenden Äußerung um einen Schulterschluss mit der Lehrerin gehandelt hat. Sören wird hier vor der Klasse als der Dumme hingestellt, der die Antwort nicht weiß. Der direkte und lautstarke Anschluss von Sören zeigt, dass er diese Zuschreibung zurückweist und dabei der Fallensituation verhaftet bleibt. Denn auf der einen Seite bezeichnet er mit „das ist doch müll" nicht nur die derzeitige Unterrichtssituation, mit ihren Stigmatisierungen als Abfallprodukt, sondern auch die schulischen Inhalte in Form der gesuchten Antwort. Auf der anderen Seite begibt er sich mit seiner alltagssprachlichen Äußerung, die nicht unmittelbar an die schulischen Inhalte anschließt, auf die von der Lehrerin angebotene Beziehungsebene und entspricht dabei der Entgenzungslogik. Mit dieser Reaktion, die sich zum einen gegen den schulischen Lernstoff und gegen die Lehrerin richtet und zum anderen auf die Beziehungsebene abzielt, kann sich Sören in einer minimalen Form als Gegner der schulischen Ordnung behaupten. Minimal nur deshalb, weil seine Position in der Klasse nicht anerkannt scheint und er keine Verbündeten in dieser Situation findet. Wie reagiert nun die Lehrerin darauf?

> Lehrerin: 'nee das is keen müll' (empört) , das hab ich zu hause stehn 'hundert stück' (betont) also whats that

Die Lehrerin knüpft in einer persönlichen emotionalen Betroffenheit an die Beziehungsebene an und bezieht die Äußerung von Sören auf die bewertende Einschätzung von Schallplatten. Damit gelingt es ihr, die dramatischere Lesart, also die Kennzeichnung der Inhalte und ihrer Person als „müll", auszuschließen und die Situation nicht extrem eskalieren zu lassen. Gleichzeitig wird deutlich, dass sie sich umfassend persönlich betroffen fühlt. Dies zeigt sich im Besonderen daran, dass sie in die deutsche Dialektsprache verfällt und von ihrem eigenen Zuhause spricht. Sie bezieht die abwertende Haltung von Sören auf die Schallplatten und verkennt dabei, dass er gar nicht weiß, dass dies die erwünschte Antwort war. Mit ihrer alltagsprachlichen Formulierung kann sie an die Beziehungsebene anknüpfen und sich darüber hinaus mit der Thematisierung des Besitzes von ehemals jugendkulturellen Attributen als eine Lehrerin ausweisen, welche selbst 'in' oder zumindest nah an jugendlichen Erfahrungsräumen ist. Dass diese Nähe nicht gegeben ist, zeigt sich aber nicht zuletzt daran, dass im Zeitalter von CD-, DVD- und Mp3, Schallplatten nur noch für wenige Jugendliche eine bedeutsame Rolle spielen. Damit geht es hier um die Anerkennung von unterschiedlichen Lebensstilen und Lebensformen. Allerdings drohen dabei Inhalte und Unterricht zur Nebensache zu werden. Insgesamt scheint die Lehrerin Schwierigkeiten mit Autonomieäußerungen von Schülerinnen und Schülern zu haben und diese als persönliche Verletzung zu erleben, so dass sie ihrerseits in einen emotional-persönlichen Kampf um Anerkennung eintritt. Dabei, so wird in dieser Interaktion deutlich, scheint die eigene fachliche Unsicherheit der Lehrerin viel zu diesem Kampf um den Lehrerstatus beizutragen. Im Fall Sören bedeutet das, dass die Lehrerin auf Grund ihrer emotionalen Verstrickung nicht nur Sören als ‚kleinen dummen Jungen' stigmatisiert, sondern auch, dass sie selbst zur Unterrichtsstörung wird, den Unterricht tendenziell verhindert und das Arbeitsbündnis mit Schülern durch ihre emotionale Diffundierung belastet. Dabei werden Schüler wie Sören Enders, die den Unterricht nicht grundlegend in Frage stellen, sondern eher moderate Formen einer Setzung von Autonomie zeigen, zu Rebellen wider Willen. An Stelle von Förderung oder Stützung wird er beschämt und vorgeführt, was die Gefahr der Ausgrenzung des Schülers in sich birgt. Dies steht jedoch in Spannung zur schulkulturell dominanten Bildungsorientierung zur Integration in die Schulgemeinde der Sekundarschule und kennzeichnet hier gleichermaßen die ambivalente bis oppositionelle Haltung der Lehrerin zum schulischen Entwurf.

4.3.2 „aus nüscht was machen" – Die familiale Interaktion der Familie Enders

Obwohl Sören seine Bereitschaft signalisiert hatte, gestaltete sich der Zugang zur Familie Enders in der Feldphase als sehr schwierig.

Nach mehreren Telefonaten mit der Mutter kam es zwar zu keiner Videografierung einer Abendbrotszene mit der Familie, aber es wurde ein Elterngespräch mit ihr und Sören durchgeführt. Die nun folgende Rekonstruktion widmet sich einem Ausschnitt aus diesem Gespräch:

> Interviewerin: mhm genau (M: mhh) (.) und ähm hatten hatten sie jetzt so äh bissel son anspruch eigentlich für sören oder für ihre kinder son vorbild zu sein oder hammse sich da (.) gedanken drüber gemacht

Mit dieser Sequenz aus der Interaktion „mhm genau (M: mhh)" wird deutlich, dass eine gemeinsame Basis hergestellt worden ist, die es der Interviewerin ermöglicht, ihre nächste Frage zu stellen. Dass es sich hier nicht um zwei gleichberechtigte Partner in einem Gespräch handelt, wird mit der relativierenden Frage deutlich. Denn sie gibt Auskunft über die Unsicherheit der Interviewerin, die sich zum einen auf die Skepsis bezüglich der Reflektionsfähigkeit der Mutter und zum anderen auf das Wissen um die Brisanz dieser Frage beziehen kann. Einen Anspruch in Bezug auf die eigenen pädagogischen Wertvorstellungen formulieren zu können, setzt voraus, dass man in ein reflexives Verhältnis zu sich selbst tritt. Indem die Fragestellung über mehrere Stufen relativiert wird, werden die Anknüpfungsmöglichkeiten erweitert, worin sich eine Skepsis der Interviewerin dokumentiert, ob ihr Gegenüber zu dieser Reflexion überhaupt in der Lage ist.

> Mutter: ‘na eijendlich nich’ (leise) ich denke nur das ich nen bisschen vorbild bin (I: mhm) irjendwo irjendwie

Mit dem direkten Anschluss wird deutlich, dass eine Bereitschaft besteht, sich den Anforderungen der Interviewerin zu stellen. Mit der Formulierung „na eijendlich nich" nimmt die Mutter Bezug auf die von der Interviewerin angebotene Alternativkonstruktion „oder hammse sich da (.) gedanken drüber gemacht" und bestätigt gleichzeitig die Zweifel in Bezug auf die Reflexivität des eigenen pädagogischen Handelns. Mit dem Anschluss wird auch deutlich, dass sie ihre eigenen Ansprüche bezüglich der Vorbildfunktion nicht formulieren kann. Dass sie damit den Anforderungen nicht genügt, nimmt sie intuitiv wahr. Das zeigt sich in der Zurücknahme des „na eijendlich nich" und in dem leisen Sprechen, das als Ausdruck einer Beschämung zu lesen ist. Dass dieses Gefühl der Beschämung auf Grund der wahrgenommenen kulturellen Differenz nicht in eine Verweigerung der Interaktion mündet, ist das Ergebnis der zuvor hergestellten Einigung, durch die sich Sörens Mutter aber auf der Seite der Unterlegenen wieder findet.

Somit steht auch der folgende Anschluss für den Versuch, sich den an sie gestellten Anforderungen zu stellen: Mit „ich denke nur" wird nun versucht, das „eijendlich nich" zu wenden. Dabei wird mit der Verwendung des Präsens deutlich, dass diese thematische Auseinandersetzung spontaner Ausdruck des Denkanstoßes durch die Interviewerin ist. Dafür spricht auch, dass die Mutter nicht weiß, wie sie ihre zurückgenommene „Vorbildfunktion" verorten kann. Damit verbleibt die Vorbildwirkung im Unbestimmten („irjendwo irjendwie") und kann nicht ausformuliert werden. Dies könnte ein Hinweis darauf sein, dass sie nicht über eine eigenständige Habitusfiguration mit eigenen Werten und Prinzipien verfügt und dass sie keinem geschlossenen oder verwurzelten Milieu angehört, das sie mit Selbstsicherheit vertreten kann. Sie würde damit dem Anspruch doppelt unterliegen: Die Mutter sieht keine Möglichkeit, sich zu entziehen, und versucht sich der Erwartung im Sinne eines „Als-ob" anzupassen. Dabei dokumentiert sich ihre Unterlegenheit gegenüber dem – wenn auch relativierten – aber dennoch dominant vorgetragenen Reflexionsanspruch. Zugleich gelingt es ihr aber auch nicht, eigene Orientierungen einfach zu setzen oder zu behaupten. Dies verweist auf zwei mögliche Hintergründe: Entweder ist dies Ausdruck einer Haltung, anderen, als überlegen wahrgenommenen Ansprüchen gerecht werden zu wollen, sich anzupassen bis hin zur Verleugnung des Eigenen. Oder es handelt sich um jemanden, der nie wirklich eigene Prinzipien der Erzeugung von Haltungen hat generieren können.

Die Interviewinteraktion steht hier für eine bestimmte Struktur des Umgangs mit derartigen Situationen – nämlich nicht offen die Irritation eingestehen zu können, sondern im Modus des Als-Ob so zu tun, als würde man den Erwartungen entsprechen, um darin um so deutlicher zu scheitern und zu unterliegen – eine Art doppelter Opferstellung.

Würde diese doppelte Opferstellung auf die darin zum Ausdruck kommende Vorbildhaltung befragt, so wäre zu formulieren: ‚ich bin ein Vorbild dafür, wie man gegenüber anderen, dominant auftretenden Personen, sich so verhält, dass man sich deren Maßstäben und Anforderungen unterwirft, darin das Eigene negiert oder nicht setzen kann und dem anerkannten Anderen zugleich nicht gerecht zu werden vermag und darin doppelt unterlegen ist. Ein derartiges Vorbild würde sich in einem maximalen Kontrast zu einem lebenspraktisch autonomen und selbstbewussten Habitus bewegen.

Für den Fall nun, dass in der obigen Szene Kinder anwesend sein sollten, würde diese Haltung dafür stehen, dass diesen in ihren eigenen Konfrontationen mit hegemonialen Ansprüchen Anderer keine familiären Ressourcen für eine selbstbewusste eigene Setzung zur Verfügung stehen würden. Material würde damit den Kindern die doppelte Niederlage der Mutter vorgeführt. Sie würden in dieser Situation miterleben, wie eine für sie wichtige erwachsene Bezugsperson sich als mehrfach unterlegen erweist.

> Sören: mein größtes vorbild bill gates

Obwohl Sören nicht angesprochen wurde, schließt er mit einer impliziten Entlastungsfigur für seine Mutter direkt an. An die Stelle eines nicht bestimmbaren und sehr zurückgenommenen Vorbildes wird durch ihn, stellvertretend für seine Mutter, ein medienvermitteltes Vorbild gesetzt, dessen Anerkennung scheinbar unhinterfragbar ist. Hier stellt sich die Frage, worin die Motivierung liegt, die dazu führt, dieses neue mediale Vorbild einzuführen. Während die Mutter in Bezug auf ihre reflexive Lebenshaltung, auf Verantwortungsübernahme und auf ihr pädagogisches, erzieherisches Handeln angesprochen wird, bringt Sören die Dimensionen Ökonomie, Computertechnik und Erfolg als alternatives Modell für sich ein. Das „irjendwo irjendwie" unterbricht er sehr gezielt und klar mit „mein größtes vorbild bill gates". Er unterstützt damit nicht die Mutter im Sinne eines kulturellen Gegenentwurfes, sondern er weicht auf die Imagination dessen aus, was die Familie gerade nicht ist: kreativ, erfolgreich und besonders. Hier zeigt sich eine ambivalente Figur: Die Entlastung ist zwar material gesetzt, aber die Art und Weise wie sie gesetzt wird, ist gleichzeitig eine Belastung in Form der Bestätigung des nichtreflexiven Umganges der Mutter mit der pädagogischen Beziehung zu ihren Kindern. Denn Sören bringt damit zum Ausdruck, dass die Mutter gar nicht Vorbild sein kann, und sucht sich stattdessen einen der mächtigsten Männer der Welt aus, dessen gesellschaftliche Anerkennung im Gegensatz zur Lebenspraxis der Mutter allgemein verbürgt ist.

Was heißt das für die pädagogische Generationsbeziehung von Sören und der Mutter? Die Mutter ist aufgefordert, etwas über ihre pädagogische Beziehung zu den Kindern und besonders zu Sören zu sagen. In dieser hegemonial strukturierten Situation unterliegt sie als Elternteil doppelt. Sören, der intentional der Mutter entlastend zu Hilfe kommt, thematisiert anstatt der Beziehungskonstellation zu den Eltern, einer reflexiven Lebenshaltung oder Fürsorgehaltung der Mutter, die Projektion von Bill Gates. Damit verhindert er zwar zum einen, dass die Mutter sich weiter in ihren Ausführungen verstrickt oder gar verstummt, zum anderen aber setzt er mit Bill Gates ein Modell von Lebensführung, das in der Struktur diametral dem der Mutter entgegensteht. Dieses steht für die Erfüllung des ‚amerikanischen Traums', für das Modell ‚vom Tellerwäscher zum Millionär', eine Art self-made-man. Bill Gates verkörpert damit eine Habituskonfiguration, die den Habitus der Mutter konterkariert. Indem dieses Modell gesetzt wird, steht der Entwurf des größten Vorbildes Bill Gates für die eigene Anspruchlichkeit hinsichtlich der Lebensziele und Lebensperspektiven. Mit diesem Vorbild wird eine maximale Transformationsfigur in Bezug auf die Überführung der eigenen jugendlichen Existenz in Erwachsenheit in den Blick genommen, eine Figur, die dadurch aber auch wiederum imaginäre und fiktive Züge erhält.

Bezogen auf das elterliche Milieu lässt sich sagen, dass die Art und Weise des doppelten Unterliegens der Mutter eine Ausdrucksgestalt dafür ist, dass sie nur sehr begrenzt Bewältigungsstrategien in Bezug auf äußere, hegemoniale Anforderungen besitzt bzw. Möglichkeiten, diesen etwas selbstbewusst entgegensetzen zu können. Um den sich daraus ergebenden Beschämungen zu entfliehen, versucht sie sich den hegemonialen Anforderungen anzupassen, was ihr jedoch inhaltlich misslingt. Für den Herkunftskontext lässt sich ableiten, dass es sich um einen wenig selbstbewussten, eher marginalisierten, doppelt unterlegenen und kulturell hegemonial dominierten Ort handeln muss, also um ein Milieu, das hegemonial überformt und nicht in der Lage ist, die eigenen kulturellen Standards zu konturieren und selbstbewusst zur Geltung zu bringen. Dies schlägt sich auch in den fehlenden konturierten Erziehungsidealen und der Entthematisierung eigener Bildungsorientierungen der Mutter nieder. Für Sören werden damit nur minimale Ressourcen in Bezug auf Reflexion, Bildung und Anregung aus dem elterlichen Milieu bereitgestellt, die es ihm ermöglichen, seine Individuation zu entfalten und seine Transformationswünsche zu realisieren.

Betrachtet man den weiteren Verlauf der Interaktion, so wurde die Nennung von Sörens größtem Vorbild nicht bezüglich der damit verbundenen Veränderungen innerhalb der Lebenspraxis ausgewählt, sondern eher nach einem anerkannten Status, um den gestellten Ansprüchen zu genügen. Dass die Frage des Vorbildes mehr impliziert als anerkannte und öffentliche Personen adaptiv zu benennen, bleibt ihm an dieser Stelle verborgen:

> Sören: [...] doch wenn des so siehst der hat der hat wo woe hier mitte zwanzig so war hat der aus eigner tasche hat der betriebsprogramm entwickelt so aus ei=äh mach ich einfach mal un gucke wasser jetz is äh milliardär (.) äh wenn de wenn de so was sach ich was machst also wirklich hut ab (.) aus nüscht hat der was jemacht ne

Dass das elterliche Herkunftsmilieu über keine Ressourcen für einen Aufstieg verfügt, wird schließlich mit dem „Auftrag" der Mutter an Sören bestätigt:

> Mutter: na siehste (S: hmm) (.) musste och ma aus nüscht was machen irjendwas (S: mhm)

4.3.3 Der sukzessive Verlust einer individuellen Bildungsorientierung

Das Schülerinterview beginnt wie folgt:

> Interviewer: [...] also ähm ich würd dich jetzt am anfang eben erst mal bitten , äh das du dich mal erinnerst an die zeit als du ganz klein warst

Für die Rahmung der Interaktion lässt sich mit diesem Stimulus die folgende Struktur herausarbeiten: Es wird in einer Art simuliertem Anfang eine Bitte angekündigt, deren Erfüllung trotz bestehender Probleme bereits antizipiert werden kann, da bereits im Vorfeld eine Rückversicherung eingeholt wurde. Damit wird klar, dass derjenige, an den die Bitte gerichtet wird, diese und die noch folgenden Anforderungen erfüllt und das bereits im Vorfeld dem Anderen versichert hat. Die Bitte bezieht sich auf sehr persönliche und weit zurückliegende Lebenserfahrungen des Anderen und ist von daher nicht selbstverständlich und jederzeit von jedermann unproblematisch abfragbar. Die Riskanz bzw. die Unsicherheit kann sich sinnlogisch nur auf zwei Varianten beziehen: Zum einen auf die Unsicherheit des Interviewers, die sich auf das Wissen über die hohen Anforderungen der Bitte an sich und über das vertrauensvolle Verhältnis, das dazu notwendig ist, stützt und zum anderen auf das Anzweifeln der Fähigkeit oder der Kompetenz des Befragten, diese hohen Anforderungen erfüllen zu können. Sören ist somit aufgefordert, in Grenzbezirke des Erinnerungsvermögens vorzustoßen.

> Sören: äh

Sören beginnt mit „äh" und signalisiert mit seinem direkten Anschluss zum einen die Bereitschaft, der in Aussicht gestellten Bitte Folge zu leisten und zum anderen markiert er genau diese Unsicherheiten, die sich in der zuvor aufgemachten Variante angedeutet haben. Das heißt, wir können den Ausdruck der Irritation entweder auf den hohen Anspruch an sich beziehen oder auf den Zweifel, ob er den Anforderungen genügen kann.

> Interviewerin: und das du mal von da an , äh erzählst , wie du eigentlich dein leben erfahren hast , und wie das bis heute so weiter ging , da würde ich erst mal ruhig sein und dir zuhören

Ohne auf die Reaktion des anderen Sprechers einzugehen, findet ein Sprecherwechsel statt. Nun wird die Bitte weiter expliziert und die Bedeutung der geforderten weit zurückreichenden Erinnerung ersichtlich. Das Ignorieren des Einwandes von Sören macht noch einmal die Relevanz für den Interviewer deutlich: Er ist derjenige, der die Interaktion und den Ablaufprozess unbeirrt strukturiert. Die Anschlussfigur von Sören mit „äh" in den zwei Varianten (Anfang oder Irritation) wird dazu genutzt, den geplanten Ablauf weiter durchzusetzen, dem der Andere sich zu unterwerfen hat. Für die beiden Varianten der Motivierung der Zwischenbemerkung von Sören heißt das folgendes: In der ersten Variante, in der Sören bereits beginnen will und damit im umfassenden Sinne seine Zustimmung zum Ausdruck gebracht hat, wäre es das Ignorieren seiner Zäsursetzung. Bei der zweiten Variante, der Irritation, würde eine Umwertung vorliegen, denn dann würde der Interviewer dem Anderen nicht den Raum geben, sein Unbehagen oder seine Irritation zu äußern. Insgesamt wären durchaus stimmigere Reaktionen des Interviewers denkbar. So könnte er dem Anderen erst einmal zuhören oder ihn darauf verweisen, dass später noch Raum für Fragen oder Bekundungen ist. Dies würde sich stimmiger in die Rahmung einfügen, denn mit der angekündigten prekären Bitte, die der Zustimmung des Anderen bedarf, müsste gerade der Sprecher mit seinem Wissen über das Fragile und Problematische der Erwartungen besonders feinfühlig sein und dem Anderen das Einsetzen seines Widerspruchspotentials eröffnen. Das sich darüber Hinwegsetzen entspricht nicht dem sensiblen Umgang mit der Problematik, sondern ignoriert die Auftaktfigur der eventuellen Infragestellung des Anderen.

Anstelle dessen werden die Anforderungen, die in der in Aussicht gestellten Bitte enthalten sind, weiter expliziert. Die dabei verwendete Formulierung „und das du mal von da an , äh erzählst", kann als weiterführende Bemühung gelesen werden, den brisanten Aspekt der Frage abzuschwächen. Im Anschluss wird der Zweifel über die folgende Erzählung mit „eigentlich" erneut deutlich, was hier heißt: Wenn es eine eigentliche Erzählung über das erfahrene Leben gibt, dann gibt es auch eine uneigentliche. Das Eigentliche ist das Wesentliche und das Eigene der Sache, das Wahre, das sich selbst nur schwer zugänglich gemacht werden kann. Damit wird die Skepsis des Interviewers gegenüber Sören in Bezug auf die Wahrhaftigkeit seiner Erzählung erkennbar. Diese Skepsis lässt sich wie schon zuvor in zwei verschiedenen Varianten ausformulieren: Entweder beruht der Zweifel auf dem Wissen um die Autonomie des Anderen oder sie beruht auf dem Anzweifeln der Fähigkeit von Sören, diese Anforderung überhaupt erfüllen zu können. Zusammenfassend zeigt sich an dieser Stelle, dass in Bezug auf „eigentlich" dem Anderen gegenüber – in beiden Varianten (Autonomie oder Kompetenz) – mit dem Gestus des Zweifels begegnet werden würde. Mit der Formulierung „und wie das bis heute so weiter ging" wird die Bewährungsdynamik für den Angesprochenen nochmals gesteigert, denn es wird eine weit zurückreichende Erinnerung aus dem eigenem Leben gefordert, das von da an erzählt und chronologisch bis in die Gegenwart dargestellt werden soll. Wenn man sich dazu den Rahmen der Interaktion vergegenwärtigt, der durch grundlegende Zweifel gekennzeichnet ist, so ist die zusätzliche Erhöhung des Anspruches durch den Interviewer irritierend. Unter diesem Bewährungsdruck erhöht sich das Risiko erheblich, an diesem Stimulus zu scheitern.

> Sören: aha , also es fing erst an mit dem kinderjarten ,

Im direkten Anschluss durch Sören wird deutlich, dass hier keine Verweigerung der Aufgabenerfüllung oder eine Aushandlung darüber erfolgt, sondern in die Umsetzung der Anforderung eingestiegen wird. Darüber hinaus signalisiert er mit „aha", dass er nun verstanden hat, auf was sich die Bitte bezieht. Danach findet ein kurzes Absetzen statt und mit „also" wird erneut eine Zäsur gesetzt, die die Erzählung einleitet.

Mit der Formulierung „es fing erst an mit dem kinderjarten" wird direkt an das unbestimmte „wie das bis heute so weiter ging" angeknüpft. Unklar ist hierbei, ob das Leben erst mit dem Kindergarten anfing, was rein faktisch ja nicht möglich ist, oder was mit „das" hier gemeint ist. Die Unbestimmtheit kann man einerseits als reflexive Adaption der Frage sehen, um den Ansprüchen zu genügen, oder andererseits quasi als ‚blinde' Adaption. Spiegelt man an dieser Überlegung die entworfenen Varianten des möglichen Anschlusses, so lässt sich sagen, dass die Annahme einer reflexiven Adaption mit dem direkten Einstieg in die Bewährungssituation eher schwach zu halten ist, da eine reflexive Perspektive auf die Unmöglichkeit der Anforderung zu einem Abbruch oder Verweigern führen würde. Wahrscheinlicher erscheint hier die blinde

Adaption, die ein Verweis darauf ist, dass die Bereitschaft, die mit dem direkten Anschluss ersichtlich wurde, zwar vorhanden ist, aber weniger die Fähigkeit, die komplexen Zusammenhänge auch zu erfassen.

Selbst mit Zusatzannahmen (z. B. dass dies noch im Anschluss erfolgen könnte) ist die Aufgabenerfüllung in vollem Umfang nur schwer vorstellbar. Der direkte Anschluss steht somit für die Verkennung der von Sören zu erfüllenden Anforderung und ermöglicht zugleich einen Einstieg in das Thema der Frage. Denn für den Fall, dass er den Sinngehalt erschlossen hätte, müsste er die Schwierigkeit der Aufgabenerfüllung problematisieren. Das geschieht an dieser Stelle nicht und er setzt mit „also" einen Erzähllauftakt.

Wenn sich der Anschluss „also es" auf „das" des Interviewers bezieht, was unbestimmt und unklar geblieben ist, dann würde sich Sören auf die Unklarheiten und die Unbestimmtheit beziehen und diese ausgestalten, ohne sie geklärt zu haben. Damit kann der Anfang ganz willkürlich ausgewählt werden, denn um bestimmt beginnen zu können, hätte er in Bezug auf das vom Interviewer angesprochene „das" eine Klärung herbeiführen müssen. Wenn er seine Strukturierungsmöglichkeiten an dieser Stelle nicht nutzt und keine Klärung herbeiführt, dann muss er in dieser Variante mit der Unbestimmtheit beginnen. Damit ist der Anfang willkürlich. Somit lässt sich die Variante des reflexiven Umganges mit der Bewährungssituation ausschließen und die Variante der Verkennung der Anforderung als Möglichkeit der Aufgabenbewältigung stark machen. Die Variante der intuitiven Kenntnisnahme der verschiedenen Aspekte der Anforderung ist zwar an dieser Stelle noch nicht auszuschließen, sie müsste sich jedoch im weiteren Verlauf durch ständiges Rückbeziehen auf Erfahrungen der unterschiedlichen Lebensabschnitte innerhalb der Erzählung von Sören zeigen.

Der Einstieg oder der Anfang wird nun mit dem institutionellen Bezug in der Formulierung „kinderjarten" deutlich. Jetzt bleibt an dieser Stelle fraglich, ob das, was da anfing, sich auf den institutionellen Zusammenhang oder den sozialen Kontext bezieht. Weiterhin könnte mit „kinderjarten" ein zeitlicher Markierer gemeint sein. Allerdings hätte der zeitliche Markierer dann auch anders gesetzt werden können, z. B. mit: „es fing mit vier jahren an". Fragt man sich dann wiederholt, was mit „es" gemeint ist, so kann es sich eigentlich in Bezug auf das „das" vom Interviewer beziehen und das bezog sich auf das Leben oder auf die Erfahrungen. Das Leben kann man mit dem Anschluss „es fing erst an mit dem kinderjarten" an dieser Stelle fast ausschließen, da dieses mit der Zeugung oder der Geburt beginnt. Folglich müsste der Bezug zu den Erfahrungen hergestellt werden, d.h. zu den Erinnerungen des erfahrenen Lebens. Das heißt für den Fall, dass sich die ersten Erinnerungen in der Zeit des Eintrittes in die Institution Kindergarten beziehen. Damit wären die Erfahrungen institutionsgebunden und es könnte nun eine institutionelle Erfolgs- oder Leidensgeschichte erzählt werden, die mit dem Eintritt in den Kindergarten ihren Verlauf nahm. An dieser Textstelle zeigt sich, dass man die zwei Varianten der intuitiven Kenntnisnahme und die der Verkennung in eine Variante gießen kann: Ohne grundlegend die Komplexität der Frage durchdrungen zu haben, kann Sören den Anschluss intuitiv richtig setzen.

Von Sören wird der Kindergarten als Anfang markiert, das Leben überhaupt erfahren zu können. Dies verweist auf eine hohe, zentrale biografische Relevanz des Kindergartens für ihn und somit müssten sich Kontexte oder soziale Rahmungen ergeben haben, die für seine Biografie entscheidend gewesen sind. Wenn es um die sozialen Bezüge innerhalb der Institution geht, dann würde man genau diese dafür verantwortlich machen, dass sein Leben sich in einer positiven oder negativen Art und Weise entwickelt hat. Die Bestimmung müsste im Anschluss erfolgen, denn sonst bliebe die Eröffnung seiner biografischen Thematik im Kern unbestimmt. Für die Fallspezifik hieße das, dass hier ein intuitiver Bezug auf die Komplexität des Stimulus genommen würde. Es findet im Eigentlichen keine Entsprechung, also auch keine Erzählung statt. Allerdings wird mit „es" eine implizite Setzung des Eigenen vorgenommen, die sich im Anschluss konkretisieren müsste. Wenn dies im Anschluss erfolgen würde, dann ließen sich hier Zwangsstrukturen rekonstruieren, die quasi von pathologischer Natur wären. Spannend ist an dieser Stelle nun, ob sich die Relevanz für die Biographie in eine institutionelle Erfolgs- oder Leidensgeschichte ausformt.

> Sören: da war ich , zwei jahre dann nach en kinderjarten da bin ich dann in die erste zweite klasse in die erste klasse jejangen dann bis zu dritten hattsch eigentlich keine sportlichen aktivitäten jemacht

In dieser Sequenz wird die institutionelle Rahmung als Relevanz der biographischen Erfahrung weiter bis zur Schule aufgemacht. Zunächst erscheint es irritierend, warum Sören an dieser Stelle betont, dass er bis zur dritten Klasse keinen sportlichen Freizeitaktivitäten nachgegangen ist. Da ja im Stimulus nach biographisch relevanten Erfahrungen gefragt wurde, muss es einen entscheidenden Einschnitt innerhalb dieser Phase gegeben haben, der eng an die Schule gekoppelt ist.

> Sören: , da hab ich dann bin ich denn in der vierten quasi zum fußball jejangen (I: mhm) da war ich dann och (.) zwee jahre (.) un dann=dann musst ich da ofhören wegen meinen wegen meinen knie weils sie mich da äh operiert ham dann (.) äh sind mer nach wiesengrund jejangen (.) da war ich dort zwei jahre in der schule , dann hab ich hier leichtathletik anjefangen (I: mhm) denn bin ich , dann ha ich kampfsportarten besucht (I: mhm) und jetzt bin ich eigentlich beim kejeln geblieben weil ich die restlichen arten sportarten nicht mehr machen kann wegen mein been , (I: mhm) da jeht das jetzt nich mehr , (I: mhm mhm) und das wars eigentlich

In dieser Passage wird deutlich, dass Sören ab der vierten Klasse verschiedene Sportarten betrieben hat, die er aber aus gesundheitlichen Gründen nicht mehr ausüben kann. Damit beendet er seine biographische Erzählung und macht darüber deutlich, dass mit dem Wegfall seiner sportlichen Betätigung es nichts weiter gibt, was er darüber hinaus thematisieren kann. Dass das Sporttreiben in dieser

Schulzeit für ihn eine relevante Rolle gespielt hat, wird an dieser Stelle deutlich, aber von ihm nicht weiter expliziert. Unter Zuhilfenahme des Interviews mit seiner Mutter, bei dem auch er anwesend war, kann man diesen Bedeutungsgehalt jedoch rekonstruieren:

> Sören: fünf sechste klasse durchjekommen mit durchschnitt enskomma= zweekomma [...] das ging einfach so ((vor sich hin))
> Mutter: nee so die ersten jahre beim sören brauch ich mich überhaupt nich kümmern daneben sitzen jetzt hier so üben jarnich (I: hmh) war wirklich prima 'ja' (fragend) und dann war 'nüscht mehr los ja' (betont fragend)

Mit dieser Sequenz wird der biographische Einschnitt und die damit verbundene sportliche Betätigung bei Sören deutlich: Mit dem Leistungsabfall in der Schule fiel auch diese Institution als Forum für die Anerkennung aus. Damit kam dem Sport, verbunden mit den Erfolgserlebnissen, für Sören zum einen eine kompensatorische Bedeutung zu und zum anderen wurde damit ein neuer Raum für die Generierung von Anerkennung eröffnet, den er auf Grund seines familialen Hintergrundes dringend benötigt.

4.3.4 Zusammenfassende Schlussbetrachtung des Falles Sören Enders

Die Familie von Sören ist eine, die eher dem „bildungs- bzw. schulfernen" Milieu zuzuordnen ist und ihm nur minimale Ressourcen in Bezug auf Reflexion, Anregungen und Möglichkeiten eines Bildungsaufstiegs bereitstellt. Vor diesem Hintergrund braucht Sören andere Orientierungsmöglichkeiten und Rahmungen, die ihm dazu verhelfen, eigene Bildungsorientierungen zu entwickeln, seine jugendlichen Autonomiebestrebungen zu entfalten und Transformationswünsche zu realisieren. Die Schule könnte, wenn sie ein konturiertes pädagogisches Konzept hätte, der Ort sein, der ihm die Begegnung mit „signifikanten Anderen", in Form von Lehrerinnen, Lehrern und Gleichaltrigen, ermöglicht. In der Schulleiterrede zeigt sich jedoch, dass das pädagogische Konzept darauf beschränkt ist, Abschlusszertifikate der zehnten Klasse zu vergeben und die Sekundarschule der Gemeinde zu sein. In der schulischen Interaktion verstärkt sich für Sören diese Problematik noch um ein Vielfaches: Die Beschämung von Sören gleicht derjenigen der Mutter im Interview und Sören wird als „kleiner dummer Junge" stigmatisiert. Mit seinem Aufbegehren in der familialen und der schulischen Interaktion artikuliert er, dass er an der Stigmatisierung leidet. Der Gegenentwurf zum familialen Herkunftsmilieu, die Projektion von Bill Gates, verhindert, dass dieses Leiden in eine existenzielle Krise mündet. Dabei reflektiert Sören aber nicht, dass Bill Gates von ihm deutlich zu unterscheidende Ressourcen in Bezug auf Bildungskapital und familiale Dispositionen im Hintergrund hatte. Auch die Rekonstruktion des Schülerinterviews markiert, dass ihm auf Grund von Verletzungen auch noch im sportlichen Freizeitbereich die Erfolge und die damit verbundene Anerkennung verwehrt blieben.

In der Beantwortung der Frage nach eigenen Zukunftsentwürfen, was er später einmal anders als seine Eltern machen würde in der Erziehung seiner Kinder, wird abermals deutlich, dass er zum einen seine Transformationswünsche und individuellen Bildungsorientierungen nicht konturiert darstellen kann und zum anderen, dass die schulische und familiale Anregungsarmut bei ihm zu einer Reproduktionsbereitschaft der elterlichen Haltungen führt, die er mit minimalen Einschränkungen adaptieren möchte.

> „was jenauso das is erziehungswesen, un, anders vielleicht jetz de ausgangszeiten weil , ich manchmal doch schon ziemlich spät komme also für mein alter also komme ich ma, schon am wochenende so frühs um zweije um dreije nach hause un da würd ich dann schon saren, komm eh bisschen eher so um elfe halb zwölfe das reicht un, da bist du zu hause, de ausgangszeiten un so vielleicht das taschenjeld ein bisschen, erhöhn weil jetz ja, vor die jugendlichen jetz da, zeiten ein bisschen schwerer sin" (vgl. SI. S 25, Z. 15-23)

Vor dem Hintergrund der schulischen und familialen Anregungsarmut, das Ausfallen familialer und schulisch ausgeformten Bezüge, dem Fehlen von eigenen konturierten Transformationsvorstellungen ist er strukturell auf eine doppelte Reproduktion verwiesen. Damit bleibt Sören nichts anderes übrig, als die Beschämungen und Stigmatisierungen zu erleiden und seine Transformationswünsche vor dem Hintergrund des familialen „nüscht" zunächst in imaginären Projektionen umzusetzen.

4.4 Marlon Becker: Vom Kampf gegen die Transformations- und Abstiegsbedrohung

Marlon Becker wohnt mit seiner Mutter, seinem Vater und seit kurzem wieder mit seiner älteren Schwester und deren Kleinkind in einem über Generationen hinweg vererbten Einfamilienhaus in einem kleinen Nachbardorf von Gernau. Während Marlons Vater die Woche über auf Montage und somit nur an Wochenenden zu Hause ist, arbeitet Frau Becker als Selbstständige im Vertrieb von Haushaltswaren.

Marlon ist uns in der Feldphase dadurch aufgefallen, weil der große, sehr dünne und schlacksig wirkende Junge sowohl in den Unterrichtsstunden, als auch in den durch Skatspiele angereicherten Pausen, sehr zurückhaltend wirkte. Vom Leistungsniveau ist Marlon im unteren Drittel der Klasse angesiedelt und hat bereits einmal eine Klasse wiederholt. In seiner Freizeit spielt er nach eigenen Angaben solange Computer, wie es seine Mutter zulässt.

4.4.1 Re-Integration in der schulischen Interaktion

Die nun folgende Szene ist aus dem Chemieunterricht und protokolliert eine Interaktion zwischen Marlon und Frau Matula, der Chemielehrerin.

> Lehrerin: komm marlon du daarfst ,
> Marlon: 'ich' (fragend)

Lehrerin: 'na' (bestätigend)
Marlon: 'was soll ich n jetz 'hier' (hoch intoniert)' (fragend) ,
Lehrerin: na zu mir komm (1) guck mal 'mühsam' (betont) hamm wer hier , n bisschen haarbuschel zusammjetraachn (leises Gemurmel, 2 sek.) 'siehst du das da unten' (fragend) , das wolln mer erhitzen

Marlon wird von der Lehrerin mit einer Aufforderung konfrontiert, die – mit einer pädagogischen oder ironischen Figur – ummantelt, unterstellt, ihm einen ureigenen Wunsch erfüllen zu wollen. Mit seiner Reaktion wird deutlich, dass er darüber irritiert ist und es somit gar nicht sein eigenes Anliegen sein konnte. Das „Auser-wähltsein" (etwas zu dürfen) und die damit einhergehende Beson-derung von Marlon scheinen in Bezug auf die Betrachtung von „haarbuschel" zunächst verwirrend und nur in der Variante des pädagogischen Kontextes stimmig, bei dem es eine strukturierende Person gibt, die qua Position in der Lage ist, einzelne Personen zu sich zu rufen und ihnen Handlungsanweisungen zu geben. Die Auf-forderung der Chemielehrerin steht somit als Motivations- oder Integrationsversuch in Bezug auf Marlon.

Mit dem leisen Gemurmel wird eine gewisse Unruhe deutlich, die darauf hinweist, dass an dieser Interaktion mehrere Personen beteiligt sind. Nach dem Gemurmel erfolgt eine weitere Aufforder-ung, die sich zunächst nur auf Marlon bezieht: Er soll hinsehen. Damit wird deutlich, dass Marlon sich nach vorn begeben hat und somit der Aufforderung gefolgt ist. Danach wird die Aufforderung von Frau Matula weiter begründet, das heißt er muss hinsehen, da-mit etwas kollektiv („das wolln mer") erhitzt werden kann.

Schüler/innen: ((na uuah))
Frau Matula: ⌊und ich will mal kontrolliern ,
Schüler/in: das stinkt wie hecht
Schüler/in: ((das stinkt wie)) ((unverst., 1 sek.))
Frau Matula: 'ehrlich' (fragend)
Schüler/in: ((yes))
Schülerin: na off jeden fall
Schüler/innen: ('ja' und 'klar' mehrmals gleichzeitig aus dem Raum) (Gemurmel, 3 sek.)

Frau Matula: na da komm ma rübber , 'mach hier an' (betont) (1 Sek. Gemurmel im Raum), un dann darfstes erhitzen (Gasbrennergeräusch, 7 sek.)
(mehrere Personen lachen, 2 sek.) (4)
Frau Matula: 'beobachtest du was' (betont, fragend) saachs mal dein mitschülern 'schaut ma jetzt hin' (lauter, schneller)

Mit der Reaktion „uuah" wird in dieser Interaktion eine gewisse Spannung seitens der Schülerinnen und Schüler erkennbar. Die Spannung könnte der interessanten Situation (die „haarbuschel" zu „erhitzen") an sich oder des Ekels davor geschuldet sein. In allen denkbaren Varianten wird aber eine Anteilnahme mehrerer Personen in dieser Situation deutlich. Ohne diese Anteilnahme zu thematisieren, setzt die Lehrerin die Beschreibung ihrer Vorgehensweise fort. Als es dann im Fortlauf der Interaktion zu weiteren und für alle hörbaren Bewertungen („das stinkt wie hecht") kommt, geht sie kurz und gelassen – ohne dies reglementierend als Provokation oder Störung zu betrachten – auf diese ein, indem sie die Wahrhaftigkeit dieser getroffenen Aussage hinterfragt. Dabei wird das „ehrlich" von der Lehrerin nicht direkt an die betreffende Person gerichtet, sondern für alle in den Raum gestellt. Diese kollektive Anfrage wird im Weiteren dann auch von mehreren Personen kurz mit „((yes))", „na off jeden fall" und „('ja' und 'klar')" beantwortet.

Als das Gemurmel nachlässt, setzt Frau Matula wiederholt mit einer ruhigen und klaren Aufforderung an Marlon ein: Er soll etwas beobachten. Diese Beobachtungen soll er im Weiteren seinen Mitschülern mitteilen, die das Experiment ebenfalls verfolgen sollen.

In dieser schulischen Interaktion gelingt es der Lehrerin, Spannung für die gesamte Klasse zu erzeugen, die sich in den spontanen (aber gemäßigten) Ausrufen der Schülerinnen und Schüler und in der Sprechdynamik der Lehrerin zeigen. Diejenigen, die am Unterricht nicht ausreichend teilhaben, werden von der Lehrerin wieder in das Unterrichtsgeschehen eingebunden, indem sie quasi als Unterstützung der Lehrerin, besondere und scheinbar begehrte Aufgaben übernehmen dürfen.

Damit scheint es sich hier um eine Pädagogin zu handeln, die mit großer Toleranz Schülerinnen und Schülern entgegenkommt und ihre Meinungen positiv aufnimmt bzw. wendet. Marlon, der aus der ganzen schulischen Ordnung mit der geäußerten Deplatzierung „was soll ich n jetzt hier" am Anfang herausgefallen zu sein schien, wird in das Unterrichtsgeschehen unproblematisch integriert, ohne dass die anderen Mitschüler vernachlässigt werden. Marlon wird in diesem Spannungsmoment zum zentralen Akteur und somit zum Gehilfen der Lehrerin.

Das einzige Moment, was in dieser Linienführung irritiert, ist die anfänglich doch sehr stark ironisierte Aufforderung „marlon du daarfst", die wir nur stimmig in der Variante der Unterstellung oder Wunschverkehrung rekonstruiert haben. Dann würde es sich in dieser Interaktion um einen Schüler handeln, der mental nicht am Unterrichtsgeschehen beteiligt gewesen ist und somit gar nicht das Bedürfnis „zu dürfen" haben konnte. In Folge dessen bekommt die ironisierte Eröffnung dieser Interaktion den Anstrich von Vorführen oder Entwerten der angesprochenen Person. Diese bestätigt sich im weiteren Verlauf aber nicht. Vielmehr könnte es sich auch um eine Lehrerin handeln, die die saloppen alltäglichen Formulierungen und den Gestus des Ironisierens dazu benutzt, um Leichtigkeit und Witz in diese Situation hineinzubringen. Diese Variante kann man an dieser Stelle stärken, denn der Fortlauf der Interaktion hat ja bereits gezeigt, dass die Lehrerin bemüht ist, Marlon in das Unterrichtsgeschehen wieder einzubinden, ohne ihn dabei vor den anderen Schülerinnen und Schülern als ‚Träumer' o. ä. zu stigmatisieren. Das lässt vermuten, dass die Lehrerin um den Erlebnisgehalt dieses Experiments weiß und dieses Wissen dazu nutzt, Marlon als vielleicht eher randständigen oder ruhigen, schüchternen Schüler in das Unterrichtsgeschehen und in die Klasse einzubinden. Diese Taktik erweist sich als sehr geschickt, denn die niedrigschwellige Aufgabe „haarbuschel" zu erhitzen und seine Beobachtungen zu schildern, trägt in jedem Falle dazu bei, dass die konkrete Aufgabe vor der ganzen Klasse von Marlon erfolgreich gelöst werden kann. Das heißt, dass ihm das Erfolgserlebnis auf jeden Fall sicher ist und ihm einen positiven Unterrichtsbezug ermöglicht, was gerade für eher leistungsschwache Schüler von enormer Bedeutung ist. Die von der Lehrerin angebotene Beziehungsebene „du daarfst" und „zu mir komm" sowie die alltagsnahen Formulierungen führen nicht dazu, dass der Sachbezug zum Unterricht vernachlässigt wird, sondern schaffen eher ein informelles Näheverhältnis zu den Schülerinnen und Schülern.

Mit dieser Perspektive lässt sich die Lesart des pädagogischen Moments bestätigen: Marlon wird nicht zwecks Sanktionierung oder Bestrafung aufgerufen, sondern er wird in das Unterrichtsgeschehen durch eine leicht zu lösende Aufgabe (das Experiment) wieder mit einbezogen. Die abzusehende Aufgabenerfüllung ermöglicht Marlon damit nicht nur die Integration in das Unterrichtsgeschehen, sondern es wird ihm durch das Erfolgserlebnis auch ein positiver Unterrichtsbezug ermöglicht. Damit steht diese Szene für eine gelungene Möglichkeit, für eher randständige Schülerinnen und Schüler ein Arbeitsbündnis mit dem Lehrer herzustellen.

> Marlon: jetz isses schwarz , braun
> Lehrerin: 'un=un was machts da drinne' (fragend)

Marlon berichtet nun gemäß der Aufgabenstellung seinen Mitschülern sehr undifferenziert und verknappt seine Beobachtungen. Die unspezifische Antwort von ihm scheint sich nicht mit den Erwartungshaltungen der Lehrerin zu decken, denn sie fragt noch einmal nach. Die geduldige Nachfrage in ihrer alltagssprachlichen Form ermöglicht selbst leistungsschwachen und zurückhaltenden Schülern, eine Antwort: Marlon muss nur beschreiben, was er beobachtet.

> Marlon: dampfen ,
> Schüler/innen: (lachen, 1 sek.)

Mit dem Lachen der Schülergruppe droht für Marlon die Situation zu kippen, denn er könnte dieses als Auslachen interpretieren und als Beschämung empfinden und sich infolge dessen wieder aus der Lerngruppe ausgegrenzt fühlen. Eine mögliche Bewältigungsstrategie wäre, dass er die lachenden Schülerinnen und Schüler direkt anspricht („warum lacht ihr da"). Dass diese Strategie von Marlon nicht gewählt wird und stattdessen die Lehrerin ihm geschickt zuvor kommt sowie kommunalisierend die anderen Schüler und Schülerinnen mit anspricht, zeigt sich im weiteren Verlauf der Interaktion:

> Lehrerin: ich halte ma dir das glas bisses hier hoch kommt=ja halt ich mal hier hoch , 'halt ich mal dran' (etwas leiser) (Gasbrennergeräusch, 4 sek. und ab und zu Getuschel aus dem Raum) so n bisschen , ballett noch , bisschen wenich (3) 'seht=ihrs hier vorne' (fragend)
> SchülerIn: hmm (.) ja
> Lehrerin: 'seht=ihrs hier vorne' (fragend)
> Schüler/innen: (mehrere zustimmende 'hmm' und 'ja')

Obwohl Marlon zum zentralen Akteur in diesem Experiment gemacht wird, hält die Lehrerin die Balance zwischen der integrierenden Orientierung des einzelnen Schülers und der Einbindung der gesamten Schülergruppe. Mit der Mischung aus Sachbezogenheit, Informalisierung und der sehr niedrigschwelligen Aufgabenstellung, gelingt der Lehrerin die Integration von Marlon und verschafft sie ihm durch das Lösen der Aufgabenstellung zudem Erfolgserlebnisse. An der Reaktion der Klasse zeigt sich, dass auch für die meisten Schülerinnen und Schüler der Spannungsbogen erhalten bleibt und das Experiment bei ihnen Erstaunen hervorruft. Damit ist diese Interaktionsszene ein Beispiel dafür, wie einzelne Schülerinnen und Schüler in den Unterricht integriert werden können, ohne dass die gesamte Klasse aus dem Blick gerät.

Gleichermaßen wird hier die sehr gute Passung zur schulkulturellen Bildungsorientierung in der Haltung dieser Pädagogin deutlich: Es gehr ihr vor allem um Integration und um anregungsreichen Unterricht für die Schülerinnen und Schüler. Dieses Ideal läuft aber auch Gefahr, leistungsstarke Schülerinnen und Schüler mit den niedrigen Anforderungen zu unterfordern, so dass die integrative Orientierung an Schwächeren auf ihre Kosten gehen kann.

4.4.2 „den ham se verwechselt" – Das Elterninterview mit Frau Becker

Das Wohnzimmer der Familie Becker, in dem das Interview durchgeführt wurde, war mit Polstergarnitur, Schrankwand und Deckchen auf dem Couchtisch eingerichtet und peinlichst genau aufgeräumt.

Auch in dieser Familie hätten wir gerne eine Abendbrotszene als familiale Szene videografiert, aber dieses Vorhaben wurde von Frau Becker vehement abgelehnt, da durch den Wieder-Einzug ihrer Tochter nebst Enkeltochter ihrer Meinung nach die häusliche Ordnung zu sehr gestört war. Dass genau diese Ordnung und die sonst passförmige Tochter eine zentrale Rolle in der Familie spielt, wird in der Rekonstruktion des Interviews mit Frau Becker deutlich:

> Mutter: [...] ich saache mensch , ich saach was ham wir dann falsch jemacht dann sitz ich ooch manchmal da un ((bin trauchich)) ich saache wir sin beide nich dumm , ich saache wir ham beide e jewissen ehrgeiz (atmet kurz ein) ähm (.) oder faul oder irchend so pf mh ds is (atmet kurz ein) wir lehm s ihm doch nich vor

Mit dem rekapitulierenden Einstieg in die Erzählung mittels einer wörtlichen Rede stellt Frau Becker das Scheitern in Bezug auf ein Ereignis oder einen Sachverhalt fest. Die Aussage „was ham wir dann falsch jemacht" steht für die Frage eines lebenspraktischen Scheiterns, für das sie sich nicht allein verantwortlich fühlt. Die Selbstpositionierung „ich saach", die hier als rhetorisches Mittel verwendet wird, macht die Differenz zwischen ihr und dem Verantwortungszusammenhang deutlich: Frau Becker ist mit dem Blick auf das in der Vergangenheit Gescheiterte immer noch hochgradig emotional betroffen. In der „Wir-Gemeinschaft" wird bisher nur der Eigenanteil von Frau Becker deutlich und die kollektive Lebenspraxis mit Anteilen des Anderen bleibt bisher verborgen. Somit wird mit der Thematisierung der Krisenproblematik gleichermaßen der kollektive Verantwortungszusammenhang „wir" zu einem Bewährungsproblem der kollektiven Lebenspraxis.

In der Folgesequenz setzt sich die Suche nach der Antwort auf die Frage, was man „falsch jemacht" hat, mittels Aufzählen von individuellen Eigenschaften fort. Die Begründungszusammenhänge, die das Scheitern legitimieren und entschuldigen könnten, werden in Bezug auf die „Wir-Gemeinschaft" aufgezählt und in Differenz zu einem Dritten gesetzt, zu dem ein Fürsorge- und Verantwortungsverhältnis in einer Eltern-Kind-Beziehung besteht. Die Positionierung der Eltern, die hier von Frau Becker vorgenommen wird, wird in einem maximalen Kontrast zum Sohn gestellt. Während die Eltern beide relativ klug, ehrgeizig und fleißig sind, ist Marlon: dumm, nicht ehrgeizig und faul. Mit der Sequenz, „wir lehm s ihm doch nich vor" wird wiederholt eine kollektive Verantwortlichkeit für Marlon deutlich. Die Aussage von Frau Becker verweist somit auf eine doppelte Strukturierung und doppelte Krisenhaftigkeit, einerseits als Interaktionskrise mit der zum Kollektiv gehörenden zweiten Person, dem Vater und anderseits in Bezug auf denjenigen, (also Marlon) dem Fürsorge zuteilwerden soll. Die kollektive Bewährungskrise wird auf Grund der Spezifik der Interaktionsdynamik nicht kollektiv bearbeitet und bewältigt, sondern durch Ausblendung des anderen zu einer individuellen Problematik und gibt Aufschluss über die derzeitige Verfasstheit von Frau Becker bezüglich ihres Sohnes.

Auf der Suche nach Antworten, nach der Andersartigkeit ihres Sohnes, ringt die Mutter verzweifelt und quasi resigniert um Lösungen und verweist auf sich selbst als Vorbild, das Marlon adaptieren soll. Marlons Vater, der wochentags als Ingenieur auf Montage arbeitet und somit nicht immer der Mutter als Kommunikationspartner zur Verfügung steht, dynamisiert die Krisenproblematik noch um ein Vielfaches, wie die Aussage von Frau Becker deutlich macht: „mein mann hat gesaacht den ham se verwechselt" (vgl. Elterninterview, S. 24, Z. 9). Für den Vater kanalisiert sich die Ratlosigkeit in eine völlig abstruse Lösung: Marlon wurde vertauscht und ist somit nicht der Sohn der Familie. Den Gedanken konsequent zu Ende gedacht, führt dies zu dem Schluss, dass er seinem Sohn die Blutsverwandtschaft aberkennt. Im Gegensatz zum Vater ist Frau Becker mit den Alltagsproblemen ihres Sohnes konfrontiert und darauf bedacht, ihm Unterstützungsleistungen – in der Schule durch Gespräche mit den Fachlehrern und zu Hause durch konsequentes Auffordern zur Einhaltung der häuslichen Ordnung – zu geben.

Dass eine problembehaftete Eltern-Kind-Beziehung und eine gewisse Schuldistanz sich schon in der Grundschulzeit von Marlon abzeichneten, zeigt sich in der Art und Weise der Thematisierung von Marlon als Problemkind.

> Mutter: [...] ja un wo e kleiner war hat e ehm viel jegokelt er hat uns viel kaputt jemacht (I: hmm) zerschnitten un verbrannt der hat mir gardien verbrannt

In ihrer Hilflosigkeit und Sorge wendet sich Marlons Mutter, die zur Wendezeit einen zeitintensiven Job als Filialleiterin hatte, an eine Psychologin. Dazu deutet Frau Becker einen Zusammenhang mit der Schule an:

> Mutter: [...] der sollte unser äh haus s wohnzimmer mal beschreiben un da saacht e das hat er als 'ganz düsteres klassenzimmer' (betont) , jemalt (I: ja) oder beschrieben (I: ja) oder jemalt oder 'jebaut' (betont) irjendsowas (atmet kurz ein) also der hatte e horror vor schule für die schule war für ihn e albtraum (I: ja) un da (atmet kurz ein) un er hat uns immer als=als mächtiche tiere als löwe und irchend so was mein mann un mich ooch als odder als starke mächtich un eh seine schwestern hatter als vöjel

Dieses Bild des Wohnzimmers wird von Frau Becker auf die Schulangst reduziert und die Frage nach den eigenen Anteilen wird von ihr nicht beantwortet, sondern in die Schule ausgelagert. Sie verkennt dabei, dass die häusliche Umgebung, die Familie, anderen Strukturen als die der Schule unterliegt und einen emotionalen Schonraum für ihren Sohn darstellen könnte. Für Marlon schien die Familie zum verlängerten Arm der Schule zu werden, das elterliche Wohnzimmer als Herrschaftsraum der Eltern zu einem düsteren Ort, in dem Leistungsdruck herrschte. Seine Schwester hingegen konnte – aus seiner Sicht wie ein Vogel – auf Grund ihrer Passförmigkeit in Bezug auf die Familie und ihrer guten Leistungen in der Schule, quasi autonom alle Freiheiten genießen.

Zusammenfassend kann man nach der bisherigen Rekonstruktion sagen, dass es den Eltern von Marlon in erster Linie wichtig erscheint, dass er die familiale Generationsordnung reproduziert, ihre auf Konformität ausgerichtete Bildungsorientierung in Bezug auf die Gemeinde adaptiert. Das heißt, dass er so – wie seine Eltern – fleißig und ordentlich sein soll, damit er in der Außenwahrnehmung ein positives Bild seiner Eltern abbilden kann.

> Mutter: du spiejelst irjendwo dein elternhaus widder (I: na klar ja) un da sollte mer das schon e bissel (atmet kurz ein) ich saach so was solln die leute von eim denken , ich saache sonst denken die nacher (I: (lacht)) was de für eltern hast ich dann immer schon jesaacht

Obwohl Frau Becker hochgradig emotional betroffen über die Schulsituation und das unordentliche Verhalten ihres Sohnes ist, gelingt es ihr nicht, authentisch das Verantwortungsverhältnis zu ihrem Sohn als ein Verhältnis der Nähe und Geborgenheit auszugestalten und somit zu erweitern. Selbst als sie intuitiv erkennt, dass ihre Kinder mehr Zuwendung von ihr brauchen und sie deshalb ihren Job als Filialleiterin in einem Supermarkt aufgibt[34], ändert sich wenig an der fehlenden emotionalen Anerkennung und am Vertrauensverhältnis zu Marlon:

---

34 Dieses Kontextwissen bezieht sich auf eine andere Stelle im Interview mit Frau Becker (vgl. Elterninterview, S.45, Z. 22-32).

Mutter: das=das man als eltern wenn ehmd man n kind hat das ein nichts sagt un immer verschweigt (atmet kurz ein) das mer nich nachkommt ich hawe früher ihm n ranzen ausjekippt ich hawe seine unterlaachen ((haw ich mir anjeguckt)) un habe denn er war ja dann ooch nich so clever das wegzuschmeißen

Auch in dieser Sequenz wird deutlich, dass die Mutter die eigenen Anteile am Schweigen ihres Sohnes nicht erkennt. Sie versucht sich durch affektive Akte, wie z.b. den Schulranzen auszukippen, einen Einblick in die schulischen Belange von Marlon zu verschaffen. Das übergriffige, „heimliche" Durchsuchen seiner Unterlagen untergräbt seine Autonomie in Bezug auf die Schule und signalisiert, dass er auch da nicht das Vertrauen seiner Mutter hat.

Dass die emotionale Anerkennung im Sinne von Honneth für die Sicherung des Vertrauens in sich und in Bezug auf Andere hier eine zentrale Rolle einnimmt, zeigt sich in Marlons psychischer Verfasstheit, denn er ist unsicher, hat wenig Selbstvertrauen und zieht sich in sich selbst zurück.

Passend zum gezeichneten Bild von Marlon kämpft die Mutter für Marlon wie eine Löwin, wenn es um seinen Schulabschluss und die anstehende Lehre geht. Sie spricht mit den Lehrern, die sie teilweise auch aus dem privaten Umfeld kennt, und potentiellen Arbeitgebern, wie das ortsansässige Autohaus, um Marlon eine Perspektive geben zu können. Der Vater bastelt mit ihm am Moped, bittet ihn um seine Hilfe bei Computerbelangen (vgl. Interview S. 13) und hält sich aber ansonsten aus den schulischen Angelegenheiten resigniert heraus.

Die Familie, so kann man nach der Rekonstruktion des Elterngespräches festhalten, passt mit ihren auf den Abschluss der zehnten Klasse zentrierten Bildungsorientierungen zum schulischen Ideal der Gemeindeschule: Hier geht es vorrangig darum, sich unauffällig in die Gemeinde zu integrieren und nicht aus dem Rahmen der Respektabilität heraus zu fallen. Diese Perspektive verstellt – so wurde an verschiedenen Stellen deutlich – den uneingeschränkten Blick auf Marlon in seiner Individualität. Die Sorge über die schlechten schulischen Leistungen und die fehlende Ordnung ist nicht das Einzige, was Frau Becker zu schaffen macht, denn „was solln die leute von eim denken"!

4.4.3 Individuelle Bildungsorientierung eines Ausgegrenzten

Betrachten wir bei der biografischen Erzählung zunächst den Stimulus:

> Interviewerin: (tonstörung) 'und' (gedehnt) erinnre dich ma bitte an die zeit zurück als du noch ganz klein warst und erzähl einmal von anfang an , wie dein leben bis jetzt so verlaufen is (.) also ich werd da erst mal still sein und dir zuhörn
> Marlon: 'mh' (ausatmend) ja (.) äh das war , erste klasse 'noch' (kurz) 'jetzt von der ersten klasse an 'oder'(kurz)' (fragend)
> Interviewerin: 'mh' (kurz) wo de dich an mh zurück erinnern kannst also was dir so einfällt als de noch 'ganz' (leicht betont) klein warst also manche könn sich ja zum beispiel dran erinnern
> Marlon:da hat meine oma noch jelebt (I: ja so genau) lustig , und blödsinn jemacht jetzt wenn man im unterricht irgendwelche rezepte jemacht hat un ma nachjekocht hat so was mit zucker in ner pfanne mhm danach konnt ma die pfanne dann wegschmeißen so was

Marlon beginnt seine biografische Erzählung ohne eine Setzung des Ichs mit der zeitlichen Verortung im Kontext der Institution Schule und unterbricht seine Ausführung mit einer Vergewisserung, ob dies den Erwartungshaltungen der Interviewerin entspricht. Nach einem erneuten Stimulus setzt er seine Erzählung fort. Das, was ihm bis zum Ende der ersten Klasse bedeutsam ist, ist seine Oma, die zu dieser Zeit noch lebte. Mit der Nennung der Großmutter kommt ihr eine noch näher zu spezifizierende Bedeutung zu. Er beschreibt diese Zeit als eine lustige, in der er „blödsinn jemacht" hat. Das „Blödsinnmachen" steht zum einen für unbeschwerte, spielerische Aktivitäten und zum anderen für das Bewusstsein, dass genau diese kindlichen Handlungen in den Deutungen anderer als nicht sinnvoll erachtet wurden. Mit „andere" können hier nur stimmig Mitglieder seiner Familie gemeint sein, die seine außerschulischen Freizeitaktivitäten, wie z.B. Rezepte nachkochen, bewertet haben. Aus dieser Retrospektive übernimmt er die Negativverifizierung seiner Familie und deutet seine eigenen experimentellen Erfahrungen, obwohl er damit eine positive Erfahrungsqualität verknüpft, zu dieser Zeit selbst als nicht wünschenswert. Welche Bedeutung seine Großmutter in diesem Zeitraum spielte, wird auch im weiteren Verlauf des Interviews nicht erkennbar. Die Thematisierung der Kernfamilie erfolgt bisher nur über die Übernahme der Deutungen seiner kindlichen Handlungen als „Blödsinn". Auf die Frage was seinen Eltern in Bezug auf seine Erziehung wichtig ist, antwortet er:

> Marlon: dass man jetzt nich nur frech kommt wie manche andre äh halt oder hilfsbereit so was (I: mhm) hilfsbereit so was also im haus so mit was helfen tut , so unjefähr

Marlon wiederholt an dieser Stelle die elterlichen Erziehungsideale, die die Mutter bereits im Elterngespräch deutlich gemacht hat. Das heißt, dass er zwar den Auftrag seiner Eltern – sich auf den Weg der Tugenden, z.B. mit Gehorsamkeit und Fleiß, zu begeben – kennt, aber diesen inhaltlich nur sporadisch ausgestalten kann. Diese Struktur finden wir auch in der Frage nach der Bedeutsamkeit der schulischen Leistungen wieder:

> Interviewerin: 'und wie wichtig warn die schulischen leistungen für deine eltern von dir' (fragend)
> Marlon: na ja 'auch' (betont, gedehnt) ziemlich und jetzt wegen den prüfungen muss ich mich och anstrengen wegen dem abschluss (I: mhm) und de lähre und so was da helfen se mir och mit beim lähre suchen oder so was , mit adressen weil vom autohaus wo meine mutti immer das auto hinbringt och schon anjeschriebn und jefracht (vgl. Schülerinterview S. 7, Z. 1-8)

Hier wird der schulische Leidensdruck, den er von Außen erfährt, deutlich, er muss sich anstrengen, um den Abschluss der zehnte Klasse zu erreichen: Dass das Erreichen des 10. Klasseabschlusses für ihn weniger bedeutsam scheint, wird auch mit der von ihm verwendeten distanzierten Formulierung „wegen dem abschluss" ersichtlich. Es geht also in erster Linie nicht um seinen Abschluss, den er für sich erreichen möchte, sondern um den von den Eltern erwünschten bzw. geforderten. Denn dieser Realschulabschluss steht vor allem für seine Eltern nicht nur als Türöffner in den Lehrstellenmarkt, sondern auch für die Reproduktion der familialen Bildungstradition. In welchem Bereich diese Lehrstelle sein soll, welche Interessen er dabei verfolgt, oder was eine Alternative sein könnte, die er mit „oder so was" markiert, scheint für Marlon dabei sekundär zu sein und wird von ihm an dieser Stelle nicht weiter thematisiert. Auch die Unterstützung seiner Eltern bei der konkreten Suche nach einer Lehrstelle für ihn kann er nicht konturiert inhaltlich ausgestalten, so dass insgesamt die Lesart des schulischen Leistungsdruckes von Außen bzw. von Seiten seiner Eltern auch in dieser Sequenz ihren Ausdruck findet.

4.4.4 Zusammenfassende Schlussbetrachtung des Falles Marlon Becker

Betrachtet man die schulischen, familialen und biografischen Rekonstruktionsergebnisse insgesamt, dann ist im Fall Marlon Becker der Anpassungs- bzw. Leistungsdruck markant. Innerhalb der schulischen Interaktion gelingt es Frau Matula – mit deutlichen Abstrichen im Leistungsniveau – Marlon wieder in den Unterricht zu integrieren und ihm ein schulisches Erfolgserlebnis zu verschaffen und somit zumindest in dieser Interaktion den schulischen Bewährungsdruck für ihn nicht zu verschärfen. Innerhalb der Familie, so wurde in der Rekonstruktion deutlich, führen die elterlichen Bildungsorientierungen und die daraus resultierenden Reproduktionsaufforderungen für Marlon nicht nur zu emotionaler Anerkennungsverweigerung, sondern zur Ausschlussbedrohung aus der Familie. Der Sohn steht, wenn er den Zehnte-Klassenabschluss nicht schafft, für die Gefahr, aus dem Bereich der Normalität und Respektabilität der Familie und der Gemeinde heraus zufallen und somit für die Abstiegsbedrohung und soziale Scham innerhalb der Gemeinde. Die Orientierung an Konformität und ständischer Statussicherheit von Frau Becker blockieren Marlons Individuationsgewinne, die er für die Herausbildung von Autonomie und eigenen Orientierungen bezüglich seiner Lebensentwürfe dringend benötigt.

Dass heißt, auch Marlon braucht auf Grund seines Herkunftsmilieus andere Orientierungsmöglichkeiten und Rahmungen, die ihm dazu verhelfen, seine jugendlichen Autonomiebestrebungen zu entfalten, eigene Bildungsorientierungen zu generieren und Transformationswünsche zu entwickeln. Doch die schulkulturellen Entwürfe der Sekundarschule sind – ebenfalls wie die Bildungsorientierungen der Familie Becker – wenig auf die für Jugendliche bedeutsamen Bildungsinhalte und Fähigkeiten ausgerichtet. Auch hier geht es vielmehr um das unauffällig Konforme, das Einfügen in das Selbstverständliche, um den integrierten Schüler, die integrierte Schülerin der Gemeinde mit einem Abschluss der zehnten Klasse.

4.5 Anne Sawatzki – Prekarisierung und Transformationsbehinderung

Anne wohnt mit ihrem jüngeren Bruder und ihren Eltern in einem Einfamilienhaus in der Neubausiedlung Gernaus. Sie ist uns in der Feldphase als eine sehr ruhige Schülerin aufgefallen, die sich wenig am Unterrichtsgeschehen beteiligt und auch in den Peerkontakten sehr zurückhaltend und randständig war. So war es schwierig, obwohl eine komplette Woche der gesamte Unterricht der Klasse videografiert wurde, eine konturierte schulische Interaktion mit ihr und einer Lehrerin oder einem Lehrer zu finden.

4.5.1 Die Zurückweisung kreativer Lösungsmöglichkeiten in der schulischen Interaktion

Betrachten wir nun folgende Textsequenz, die wir im Mathematikunterricht zwischen Anne und der Lehrerin Frau Barthel protokolliert haben.

Frau Barthel: also das geht nicht
Schüler/in: hmm
Frau Barthel: 'besser' (betont) (4) 'leute' (betont) , 'anne' (betont)
Anne: na ich hab die dreiecke zusammjefasst zu e 'quadrat' (betont) (2) und dann da hab ich davon das den flächeninhalt dann ausjerechnet und das dann minus , also den , ersten minus das jerechnet (2)
Schüler/in: (('naja' (fragend)))
Frau Barthel: hn wenn de das aber zum 'quadrat' (betont) zusammfasst 'wie viel quadrate musste dann nehm' (fragend) (1)
Anne: eins , mit den maßen neun mal neun (1)
Frau Barthel: ach 'so' (hoch intoniert), 'ja' (kurz) , 'so kann man das' (hoch intoniert) auch machen (1) wenn de=wenn de das als , als=als 'größeres' (betont) quadrat auffasst aber   ansonsten hättest de , dann zwei quadrate mit den abmessungen vier komma fünf zentimeter , 'ja' (betont) , 'hmm' (leicht gedehnt) , n gangbarer weg (1) gut und also , mehrere möglichkeiten ham wer , sie geht über das 'quadrat' (betont) , an sich gehn wer über vier dreiecksflächen , bei denen (husten im raum) die dreiecke rechtwinklige dreiecke sind die da die abmessungen haben vier komma fünf zentimeter , seite a seite b auch noch ma vier komma fünf zentimeter 'wie is der flächeninhalt von so nem rechtwinkligen dreieck' (fragend) (gemurmel, 3 sek.) 'wie ist der flächeninhalt eines rechtwinkligen dreiecks zu berechnen' (betont fragend, schneller, lauter) (1)
Schüler/in: a mal b durch zwei

Der Auftakt von Frau Bartel besteht aus einer schlussfolgernden Bezugnahme auf etwas Vorausgegangenes, mit der festgestellt wird, dass etwas Materielles oder Ideelles nicht geht bzw. nicht funktioniert. Nach einer minimalistischen und wenig konturierten Zustimmung durch einen anderen Sprecher fordert die Lehrerin dazu auf, eine andere und bessere Variante vorzuschlagen. Mit der Einforderung von alternativen Lösungsmöglichkeiten ist diese Interaktion deutlich als eine Vermittlungssituation zu charakterisieren, da hier eine Person (die Lehrerin) ihre Vorstellung und ihr

Wissen um eine bessere Variante und eine angemessenere Lösung
zur Geltung bringt und diese von anderen, die diese bessere Lösung
entdecken sollen, einfordern kann. Damit wird deutlich, dass von
Seiten der Lehrerin klare Erwartungshaltungen bezüglich der funktionierenden, besseren Varianten bestehen, die nun genannt werden
sollen. Mit dem Ausbleiben einer direkten Adressierung der Aufforderung steht diese für alle an der Interaktion Beteiligten. Damit
könnte eine Konkurrenzsituation entstehen, in der nur die oder der
Schnellste den Lösungsvorschlag als erstes formulieren kann. Unter
diesem Zeitdruck erfolgt nun im Anschluss eine Pause von vier
Sekunden, so dass man vermuten kann, dass die gestellte Aufgabe
nicht einfach zu lösen ist und keine Schülerin bzw. kein Schüler
eine bessere Alternative vorschlagen kann, sondern diese eher unsicher sind oder sie nicht nennen, um sich der anschließenden Bewertung durch die Lehrerin zu entziehen.

> Frau Barthel: [...] 'leute' (betont) , 'anne' (betont)

Frau Barthel fordert die Schülerinnen und Schüler im Anschluss
mit Nachdruck nochmals auf, sich der Bewährungssituation zu stellen. Diese appellhafte Aufforderung ist für Vermittlungssituationen
zunächst irritierend, da die Schülerinnen und Schüler nicht in Bezug auf ihre Rollenförmigkeit, nämlich als Schülerinnen und Schüler, angesprochen werden, sondern alltagssprachlich als unbestimmte Gruppe. Weiterhin bekommt der Aufruf an die Schülerinnen und Schüler mit seiner Betonung etwas Vorwurfvolles in dem
Sinne, dass hier in der niedrigsten Beteiligungsbereitschaft etwas
Erwartungswidriges passiert.

Wenn sich auch im Anschluss keine Schülerin oder kein Schüler meldet, dann bleibt der Lehrerin nur übrig, entweder eine Schülerin oder einen Schüler direkt aufzurufen oder die adäquate Lösung selbst vorzustellen, um ein ausgreifendes Stocken des Unterrichts, eine Vermittlungskrise, zu verhindern.

Frau Barthel ruft Anne auf, die damit beauftragt ist, die „bessere" Lösung zu finden und damit zur „Retterin" der Situation zu werden. Ihr alternativer Lösungsvorschlag lautet:

> Anne: na ich hab die dreiecke zusammjefasst zu e 'quadrat' (betont) (2) und dann da hab ich davon das den flächeninhalt dann ausjerechnet und das dann minus , also den , ersten minus das jerechnet (2)
> Schüler/in: 'naja' (fragend)

Auch unter Einbezug von Kontextwissen in Bezug auf die gestellte Aufgabe bleibt die Antwort von Anne zumindest lücken- wenn nicht auch fehlerhaft, weil das, was sie Minus rechnet, von ihr nicht benannt wird. Damit kann Anne zwar die Situation für sich nutzen und ihre Idee zu einer „besseren" Lösung der geometrischen Aufgabe einbringen, allerdings kann sie ihr Vorgehen nicht sinnlogisch, z.B. mit einer Formel, explizieren. Dies lässt vermuten, dass die Lehrerin entweder auch diese Variante verwirft oder Anne im Anschluss auffordert, ihre lückenhafte Darstellung zu konkretisieren.

Betrachtet man dafür den folgenden Anschluss einer anderen Schülerin: ((na ja (fragend)), so wird deutlich, dass nicht die Lehrerin, sondern eine andere Schülerin Zweifel über die Richtigkeit dieser Lösung äußert.

> Frau Barthel: hn wenn de das aber zum 'quadrat' (betont) zusammfasst 'wie viel quadrate musste dann nehm' (fragend) (1)

Nun erfolgt durch Frau Barthel keine direkte Bewertung, sondern eine Nachfrage bezüglich des vorgeschlagenen Lösungsweges. Die Lehrerin problematisiert die Zusammenfassung verschiedener Teile zu einem Quadrat und fordert von Anne eine Konkretisierung sowie eine Begründung des Lösungsweges, indem sie eine Wenn-dann-Relation einführt. Wenn Anne Verschiedenes zu einem Quadrat zusammenfasst, dann muss sie den logischen Zusammenhang explizieren und begründen, wie viele Quadrate sie nehmen muss. Das soll Anne noch einmal überdenken.

Gleichzeitig wird mit dieser Reaktion deutlich, dass Annes Antwort nicht die von ihr erwartete war, wobei sie diese „bessere" Lösung nachzuvollziehen versucht und Anne dabei unterstützt, diesen Lösungsweg weiterzuentwickeln.

Anne: eins , mit den maßen neun mal neun (1)

Anne nennt ohne Irritation und sehr verkürzt die Anzahl der Quadrate sowie dessen Maße, präzisiert damit ihren Lösungsvorschlag. Ob dies nun die gesuchte Antwort war und ob dieser Lösungsvorschlag stimmt, bleibt allerdings offen.

Frau Barthel: ach 'so' (hoch intoniert), 'ja' (kurz) , 'so kann man das' (hoch intoniert) auch machen

Mit dem hoch intonierten „ach so" wird die Überraschung von Frau Barthel deutlich. Es zeigt sich, dass auch diese Antwort von Anne nicht die von ihr erwartete war. In Bezug auf die Vermittlungskultur kann man sagen, dass es sich hier um eine handelt, die alternative und unterschiedliche Lösungsvarianten zulässt. Demzufolge wäre Anne eine Schülerin, die mit ihrem konstruktiven Lösungsvorschlag dem Ideal der Lehrerin entsprechen könnte. Die große Anerkennung von Seiten der Lehrerin bleibt jedoch aus, so dass man vermuten kann, dass der Lösungsvorschlag nicht ihren Erwartungen entspricht, da er beispielsweise zu umständlich ist. Damit ist die von Anne vorgeschlagene Lösung zwar überraschend und unerwartet neu, aber nicht der gesuchte optimale Weg. Diese Lesart lässt die Offenheit für alternative und neu kreierte Lösungsvarianten von Seiten der Vermittlerin in einem anderen Licht erscheinen: Anerkannt werden von Frau Barthel die adäquaten Varianten, die sie bereits antizipiert und die sie erwartet.

Von Interesse ist nun, ob die Lehrerin den Lösungsvorschlag von Anne für die anderen beteiligten Schülerinnen und Schüler nachvollziehbar macht oder ob sie jetzt auf den von ihr favorisierten Weg eingeht.

Frau Barthel: (1) wenn de=wenn de das als , als=als 'größeres' (betont) quadrat auffasst aber ansonsten hättest de , dann zwei quadrate mit den abmessungen vier
komma fünf zentimeter , 'ja' (betont) , 'hmm' (leicht gedehnt) , n gangbarer weg (1)

Frau Barthel spricht Anne indirekt an, versucht ihren Lösungsweg
mit eigenen Worten nachzuvollziehen und kommt zu der Erkennt-
nis, dass dies ein möglicher Weg ist. Auf die Notwendigkeit, dass
Anne bei ihrem Lösungsweg berücksichtigen muss, dass nicht näher bestimmte „minus das" noch explizieren muss, verweist die
Lehrerin aber nicht. Denn nur unter dieser Berücksichtigung ist der
Lösungsweg von Anne auch als richtig nachvollziehbar. Damit
kann man vermuten, dass den anderen Beteiligten dieser weitere
Lösungsweg unerklärt und verborgen bleibt, da dieser nicht für alle
transparent gemacht wird, obwohl dies unproblematisch – auch
unter Beteiligung Annes – möglich gewesen wäre.

Frau Barthel: gut und also , mehrere möglichkeiten ham wer , sie geht über das
'quadrat' (betont) , an sich gehn wer über vier dreiecksflächen , bei denen (husten
im raum) die dreiecke rechtwinklige dreiecke sind die da die abmessungen haben
vier komma fünf zentimeter , seite a seite b auch noch ma vier komma fünf zentimeter

Mit „gut" bekommt die Aussage der Lehrerin etwas Bewertendes
und Abschließendes in Form einer eher minimalen Anerkennung.
Damit geht sie auf den überraschenden Lösungsvorschlag allerdings in einer eher knappen Form ein, ohne ihn in seiner kognitiven
Strukturiertheit freizulegen, um ihn auch für alle anderen transparent zu machen. Mit der Formulierung „an sich gehen wer über vier
dreiecksflächen" wird der von der Lehrerin antizipierte und favorisierte Lösungsweg benannt – ohne als der angemessenere begründet zu werden – und im Anschluss abgefragt:

Frau Barthel: 'wie is der flächeninhalt von so nem rechtwinkligen dreieck' (fragend)
(gemurmel, 3 sek.) 'wie ist der flächeninhalt eines rechtwinkligen dreiecks zu berechnen' (betont fragend, schneller, lauter) (1)

Mit dem Anschluss wird deutlich, dass es hier in dieser Vermittlungssituation nicht um die Entwicklung kreativer mathematischer Reflexionspotentiale geht, sondern um die Einübung routinisierter Lösungen. Damit bekommt die Interaktion eine ambivalente Gestalt: Zum einen wird der alternative Vorschlag von Anne aufgegriffen und zum anderen wird das kognitive Potential der Lösung, mit der zeitlich knappen Behandlung und der minimalen Anerkennung nicht ausgeschöpft und stattdessen auf routinierte Lösungsmöglichkeiten eng geführt. Diese werden von Frau Barthel mit: „wie ist der flächeninhalt eines rechtwinkligen dreiecks zu berechnen" noch einmal abgefragt. Damit müsste der Weg oder die Formel zur Berechnung des Flächeninhaltes im Anschluss genannt werden.

Schüler/in: a mal b durch zwei

Mit dem Sprecherwechsel wird die Formel zur Lösung dieser Aufgabe genannt. Wenn der Lösungsweg von Anne gestimmt hat, dann hat sie aus einer geometrischen Perspektive diese Formel hergeleitet, auch wenn es bei der Darstellung noch Ungereimtheiten gab. Diese Unklarheiten hätten unproblematisch von der Lehrerin erfragt werden können, um den Lösungsweg auch anderen transparent zu machen. Damit schöpft Frau Barthel weder die kreative Potenzialität des von Anne vorgeschlagenen Lösungsentwurfs aus noch kennzeichnet sie die Differenz der Lösungswege. Für die Vermittlung des mathematischen Denkens heißt dies, dass nicht das Neue und Kreative des Denkprozesses anerkannt wird, sondern nur die etablierte Formel. Für alle beteiligten Schülerinnen und Schüler fällt damit die Auseinandersetzung mit alternativen Lösungsansätzen aus, und Anne wird mit ihrem sachlichen Beitrag nicht in dem Maße gewürdigt, wie es an dieser Stelle möglich gewesen wäre. Wenn es sich nun bei Anne um eine Schülerin handeln sollte, die ihre kreativen Potentiale zur Geltung bringen und ihren Lösungsentwurf auch als einen gültigen durchsetzen möchte, dann müsste sich dies im Anschluss zeigen.

> Frau Barthel: a mal b durch zwei , richtich also , vier komma fünf mal vier komma fünf durch 'zwei' (betont) , und jetz müssen wer das ganze aber 'vier mal' (betont, gedehnt) betrachten , 'ja' (betont)

Der von der Lehrerin gewählte Anschluss enthält die Bewertung der Antwort der Schülerin. Die Nennung der Formel ist die Antwort, die die Lehrerin erwartet hat, und Annes kreativer Lösungsentwurf gerät samt seiner Potentiale in den Hintergrund.

Diese Interaktion eröffnet eine Möglichkeit für die Lehrerin, Anne als eher ruhige und zurückhaltende Schülerin wertzuschätzen. Stattdessen wird aber ihr Weg als gangbarer, nicht offiziell anerkannter Weg gekennzeichnet. Dieser Umgang mit kreativen und alternativen Lösungsvorschlägen wird Anne und den Rest der Klasse in Zukunft eher weniger motivieren, eigene und innovative Varianten zur Lösung von Aufgaben zu suchen oder zu äußern. Zudem ist es für Anne – das konnten wir in der Feldphase beobachten – eine große Ausnahme, sich zu melden und sich als Lösungssucherin zu exponieren. Obwohl zu Beginn scheinbar eine Offenheit für verschiedene Lösungsmöglichkeiten besteht, zeigt sich in dieser Szene jedoch, dass eine kreative Bearbeitung der Aufgabe mit Verzicht auf die Verwendung von etablierten Formeln[35] nicht wirklich anerkannt ist. Gerade für Anne, die insgesamt eine eher schulambitionierte Schülerin ist, ihre Potentiale im Unterricht aber wenig zur Geltung bringen kann, wären Angebote von Lehrerinnen und Lehrern bedeutsam, die sich nicht nur auf fest vorgegebene Wissensvarianten beziehen, sondern auch die Suche nach eigenen Wegen motivieren und anerkennen. Dies geschieht in dieser Interaktion jedoch nicht. Vielmehr wird in dieser Szene deut-

---

35 An dieser Stelle zeigt sich deutlich, was die Timms-Studie für den Mathematikunterricht herausgearbeitet hat: In Deutschland gibt es für das Fach Mathematik klare Lösungswege, die den Schülern vermittelt werden. In Japan dagegen ist der Mathematikunterricht darauf ausgerichtet, dass die Schüler selbst Lösungen entwickeln (vgl. Baumert u.a. 1997)

lich, dass die Bildungsorientierungen der Lehrerin in erster Linie auf die Wissensvermittlung und auf die Reproduktion etablierter Rechenoperationen gerichtet sind und somit eigenständige und kreative Leistungen, als transformatorisches Potential, von den Schülerinnen und Schüler nur wenig zur Geltung gebracht werden können.

4.5.2 Individuelle Bildungsorientierung: Die Bildungsutopie als Ausweg

An dieser Stelle werden nun die Ergebnisse der Rekonstruktion des Schülerinterviews[36] unter besonderer Berücksichtigung der auf die Familie bezogenen Erzählungen dargestellt, da wir von Anne keine Einwilligung bekommen haben, eine familiale Szene zu erheben oder ein Elterninterview durchzuführen.

Interviewer: 'ja das auch' (leise) wie du 'weißt' (betont, stimme gehoben) intressiern wir uns so für lebengesch lebensgeschichten von 'schülern' (stimme gehoben) (.) (lautes atmen im hintergrund) 'und' (gedehnt) erinnre dich mal bitte an die 'zeit' (betont) als du noch ganz klein warst (.) und erzähl von da an ruhig ausführlich , wie das leben so bis heute weiterging (.) und ich werd jetz erstmal ruhig sein und dir zu-hörn
Anne: na ich bin mhn 'mit sechs in die schule gekommen' (stimme hebt sich) in , de grundschule am langen feld im neubaugebiet , mhmh da war ich dann ja mehr so au-ßenseiter ich hatte nich unbedingt so viele freunde sondern eher nur eine haupt-freundin 'und so' (stimme gehoben) 'dann' (gedehnt) kommt schon , aber trotzdem war ene jute zeit und so , und erst ab der vierten is denn och der unterrichtsstoff auch schwerer jeworden und so

Im Interview mit Anne erfolgt zunächst eine starke und umfassende Setzung des Seins mit „ich bin" und damit der Auftakt der Kontu-rierung ihres Selbst. Dieser wird jedoch zu Beginn an eine instituti-onelle Rahmung geknüpft, nämlich an den Beginn ihrer schuli-schen Laufbahn und die Einschulung in die Grundschule. Es ist

---

36 Das Protokoll zu dieser Rekonstruktion wurde von Caroline Ziems in ihrer Diplomarbeit, die im Rahmen des Projektes angefertigt wurde, erstellt.

zunächst auffällig, dass der Lebensabschnitt vor der Schulzeit und damit der primäre Sozialisationsraum hier vollständig ausgeblendet wird und dass hier eine Besonderung des Subjekts erfolgt, die eigentlich keine ist, da jede Schülerin und jeder Schüler mit dieser Institution verbunden ist. Der Auftakt verweist auf eine schulisch dominierte Lebensgeschichte, die auch durch die örtliche Spezifizierung signifikanter Anderer – Lehrer oder Schüler – hätte unterlegt werden können. Die Konturierung des Selbst wird jedoch an eine mit dem Etikett ‚Außenseiter' verbundene Marginalisierungserfahrung geknüpft, die den Bereich der Peerbeziehungen anspricht. Diese wird in theoretisierender Form benannt, während zugleich eine Detaillierung durch die Darstellung von konkreten Erfahrungen und Erlebnissen unterbleibt. Es wird deutlich, dass Anne sich mit Normalitätsanforderungen konfrontiert sieht, diese jedoch nicht einzulösen und tragfähige freundschaftliche Beziehungen zu den anderen Klassenkameraden aufzubauen vermag. Die Beziehung zur Hauptfreundin, in der eine signifikante Bezugsperson hätte vermutet werden können, kann nicht von Anne material unterfüttert werden. Insgesamt kommt im Interview das Fehlen verbündeter oder bedeutsamer Bezugspersonen deutlich zum Ausdruck. Damit fungieren andere scheinbar nur als Spiegel für die Erfahrung der eigenen Andersartigkeit, des eigenen Ausgegrenztseins. Vor der Folie des Normalitätsmodells erweist sich die eigene Biografie dann als abweichend. Des Weiteren kommen bis hierhin keine eigenen Bewältigungsstrategien oder Ressourcen zum Tragen, und es gibt auch keine Hinweise auf Transformationsfiguren.

Es stellt sich nun die Frage, weshalb die Konturierung des Selbst erst mit der Schule in Verbindung gebracht wird und die Familie als Entfaltungsraum und als Ort von signifikanten Anderen ausgeblendet und entthematisiert bleibt. Hier kann die riskante These aufgestellt werden, dass es innerhalb der Familie nicht die Möglichkeiten zur Entfaltung des Subjekts gegeben hat und der familiale Nahraum aus diesem Grund in der Konturierung des Selbst keine Erwähnung finden kann. Die Problematik, dauerhafte und tragfähige Beziehungen innerhalb der Gruppe der Gleichaltrigen aufzubauen, verweist damit auch auf den primären Sozialisationsraum, in dem die Grundlagen für Beziehungen zu anderen gelegt werden. Hier sind zwei Varianten denkbar: Zum einen kann es sein, dass die Familie bezüglich der Entwicklung der Fähigkeit zur Aufnahme von Peerbeziehungen wegbricht und damit bereits im familiären Raum keine signifikanten Beziehungen vorhanden sind. Zum anderen kann die familiale Bindung so stark sein, dass sie nicht aus der Familie entlassen wird und damit die Aufnahme außerfamilialer Beziehungen verhindert ist. In Bezug auf die Balance der Bindungs-Autonomie-Spannung innerhalb der Familie wäre damit entweder ein ,zu viel' oder ,zu wenig' an Bindung zu verzeichnen.

Mit dem institutionellen Einstieg und der formalen Zugehörigkeit wird zunächst die Normalitätsdarstellung einer Schülerin vorgenommen, die jedoch mit der Beschreibung als Außenseiter zusammenbricht. Auch die Versuche der Abschwächung und Krisenbearbeitung mit dem Verweis auf die Hauptfreundin und die klischeehafte Normalisierung (,,aber trotzdem war ene jute zeit") misslingen. Damit kann Anne ihren eigenen Normalitätsmaßstäben nicht genügen, was sich auch in ihren scheiternden Normalisierungsversuchen zeigt. Insgesamt fehlt eine konturierte biographische Verortung, in der ,,ich bin" angesiedelt werden könnte. Die Konturierung des Schulbezugs als subjektive Besonderheit kann nicht eingelöst werden, und eine stimmige Auseinandersetzung mit ihrem Außenseiterstatus ist ebenfalls nicht gegeben. Die Tatsache allerdings, dass der Versuch, ihr Selbst zu konturieren, zunächst mit dem Eintritt in die schulische Institution verbunden wird, könnte trotz der Problematik darauf verweisen, dass hier Möglichkeiten der Selbstwahrnehmung-Entfaltung eröffnet worden sind, die zuvor fehlten.

In der folgenden Textstelle thematisiert Anne die familiale Beziehungen. Auf die Frage des Interviewers: „bist du noch für sie ein 'kind' (stimme gehoben) oder denken die schon so ne jugendliche bist", schließt sie wie folgt an:

> Anne: na ja mein vati hat so die einstellung

In einem überlegend nachdenklichen Gestus wird der Vater mit „vati" von Anne eingeführt und somit in eine emotionale Nähe gerückt. Zum einen stellt sich Anne, gemäß der Generationendifferenz in ihrer Rolle als Kind dar („mein vati") und zum anderen wird – obwohl die Frage auf die Eltern abzielt – der Vater hier herausgehoben. Diese Herausgehobenheit kann auf das angesprochene Thema Ablöseprozesse und Altersstatus verweisen, womit dem Vater für die Positionierung Annes zwischen Kind und Jugendlicher ein großer Stellenwert gegeben würde.

> Anne: 'ich bin noch halb , 'kind' (betont) und halb erwachsener' (sehr schnell) ,

Bereits in der Formulierung kommt die Bedeutung des Vaters deutlich zum Ausdruck, denn Anne setzt sich selbst als „Ich" („ich bin...") aus der Perspektive des Vaters. Darin dokumentiert sich einerseits Annes Autonomiebestrebung und andererseits die Macht der väterlichen Perspektive für ihre Selbstsetzung. Mit der Formulierung „noch halb kind und halb erwachsener" wird ihr aus der Perspektive des Vaters ein Zwischenstatus zugeschrieben und sie damit in einem „Weder – Noch" verortet: Sie ist noch „halb kind" und „halb erwachsener", was impliziert, dass sie weder als Kind noch als Erwachsener gesehen wird. Darin wird ihr allerdings kein jugendlicher Status zugewiesen, der ihr eine konkrete Verortung ermöglichen würde. Jugend als ein eigenständiger Zwischenstatus als psychosoziales Moratorium mit erweiterten Autonomie- und Verselbständigungsspielräumen und einer zugleich bestehenden Entlastung von weit reichenden Erwachsenenpflichten und Verantwortlichkeiten wird damit als eigenständige Lebensphase von Seiten des Vaters nicht anerkannt.

> Anne: der denkt dann schon , vor allem weil ich ähm gerne hier japanische zeichen-trickfilme 'gucke' (betont) , da hab ich mich dann auch angefangn für japan zu intressiern , (I: mhmh) von da kam das , dass er denkt des is ja sowieso kinderkacke und so , er denkt halt ich bin noch halb e 'kind' (betont) und ich werde langsam erwachsen (.)

Mit dieser Sequenz kann man die Lesart der Jugend als nicht anerkannter Lebensphase als bestätigt erachten, denn wenn sich Anne japanische Zeichentrickfilme ansieht, wird sie von ihrem Vater zum Kind degradiert und ihre Interessen werden als „kinderkacke" entwertet. Damit scheint sie im väterlichen Blick deutlich stärker und als Kind und weniger autonom wahrgenommen zu werden, denn erwachsen wird sie in der väterlichen Perspektive erst „langsam". Dass diese fehlende Anerkennung und Negation ihrer jugendlichen Ausdrucksgestalt ihre Spuren in der Beziehung zu ihrem Vater hinterlässt, zeigt sich unter anderem auch in ihrem drastischen Wechsel von „mein vati" zu „der denkt". Denn für sie nehmen die japanischen Animes, gerade ein Ausdruck jugendkultureller Unterhaltung und Stilbildung, noch eine weitere Bedeutung an. Aus dem daraus resultierenden Interesse an Japan formuliert sie für sich einen Lebens- und Zukunftsentwurf: Sie möchte Meeresbiologie studieren[37] und später nach Japan auswandern, um am dortigen Institut für Meeresbiologie zu arbeiten.

Da an dieser Stelle offen bleibt, wann Annes Vater sie nun als Erwachsene behandelt, wird dies noch einmal vom Interviewer erfragt:

> Interviewer: 'wann' (betont) wann behandelt dich dein vater zum beispiel als wärst du noch das 'kind' (betont) , und wann behandelt er dich so als wärst du schon ebenbürtig erwachsen
> Anne: na wenn wir jetzt zum beispiel wenn wir ((unverst., 1 sek.)) mit freunden rausgehn oder so dass er dann halt so dumme scherze macht oder so , die find ich

---

37   Dieses Kontextwissen bezieht sich auf eine andere Stelle (S.22) im Interview mit Anne.

dann schon 'gar' (betont) nich mehr lustig oder wenn ich (.) (einatmen) äh fernseh gucke halt wie gesagt japanische animes oder , (I: mhmh) und (.) das er dann halt immer seine dollen bemerkungen ablässt das klei kleine 'baby' (betont) guckt wieder zeichentrickfilme oder so

An dieser Beschämungsszene vor den Freunden Annes wird noch einmal die fehlende Anerkennung von Seiten des Vaters deutlich. Dies erscheint im hier geschilderten Fall besonders dramatisch, weil Anne – wie dargestellt – ohnehin Schwierigkeiten hat, Peerkontakte aufzubauen oder aufrecht zu erhalten. Die Abwertung und Degradierung zum Kind („kinderkacke") erfährt an dieser Stelle eine Steigerung: Wenn sich Anne japanischen Animes anschaut, dann wird sie von ihrem Vater als „kleine(s) baby" bezeichnet und dadurch in einen frühkindlichen Status zurück versetzt. Damit bekommen ihre Freizeitaktivitäten den Status von Anspruchslosigkeit und Banalität, die in den Augen ihres Vaters nicht entwicklungsgemäß sind. Was empfindet der Vater nun als entwicklungsgemäß und wann betrachtet er Anne als Erwachsene?

Anne: [...] was ich so überhaupt nich mag (.) und halt sonst für ne erwachsene hält er mich immer wenn der redet mit mir ((mit)) sachen was er mit meinem bruder nich reden würde probleme wenn jetz irgendwie finanzielle probleme auch aufgetreten sind (I: ja) wenn wir da mal wieder n bisschen über die strenge geschlagen ham oder wenn irgendwo zoff zwischen meinen eltern is denn sacht er das dann halt 'auch' (betont) dass er sich mit meiner mama jestritten hat

Mit der nächsten Sequenz wird Annes ablehnende Haltung gegenüber den Abwertungen ihres Vaters deutlich: Sie wird genau dann als ebenbürtig erwachsen angesehen, wenn es darum geht, Probleme zu besprechen. Hier werden sowohl die Probleme der Verschuldung, die finanziellen Probleme, die durch den Hausbau aufgetreten sind, als auch der Streit der Eltern angesprochen. Wenn es zwischen den Eltern zu einem Streit kommt, spricht ihr Vater sie quasi als ‚Schiedsrichterin' an. Um eine Meinung von außen zu erhalten, werden derartige Probleme in der Regel mit ebenbürtigen Erwachsenen, z. B. mit Freunden, besprochen. In diesem Fall jedoch muss diese Rolle die jugendliche Tochter übernehmen, die damit nur in starke Loyalitätskonflikte gebracht werden kann. Zwar ist der Vater nach ihren Angaben bereit, auch eine der Mutter zugewandte Meinung zu akzeptieren, dennoch scheint hier eine Überforderung im doppelten Sinne vorzuliegen, zum einen, weil sie als jemand angesprochen wird, der sie noch gar nicht ist (eine Erwachsene) und zum anderen, weil sie auch zur Mutter in einer Loyalitätsbeziehung steht. Die Formulierung „meine mama" deutet darauf hin, dass sie sich auch zur Mutter eher in einem Näheverhältnis verortet. Als Tochter ist sie bereits von den Streitigkeiten der Eltern betroffen und soll nun eine distanziert-beratende Position einnehmen.

Mit diesen Sequenzen kann unterlegt werden, dass die Sichtweisen „halb kind und halb erwachsener" auseinander fallen und jeweils in unpassenden Situationen zum Tragen kommen. Darüber hinaus wird erkennbar, dass der Status der Jugendlichen vakant bleibt. Jugendliche Tendenzen werden zum einen als kindlich verkannt und zum anderen dadurch, dass sie als Erwachsene angesprochen ist, überformt, so dass dieser Status völlig verloren zu gehen scheint und eine Spiegelung ihres jugendlichen Selbst von Seiten des Vaters unterbleibt.

Mit diesen Rekonstruktionsergebnissen lässt sich die Strukturhypothese bestätigen: Anne hat Schwierigkeiten, ihr Selbst im Hier und Jetzt zu konturieren, weil es in der Familie auf Grund von fehlender Anerkennung ihres jugendlichen Selbst und durch eine emotionale Überforderung keinen familialen Nahraum dafür gibt. Ihre Autonomiebestrebungen kann sie somit nur auf die imaginären Zukunftsentwürfe (Meeresbiologin in Japan) und die Statustransformation richten. Der Wunsch nach Statustransformation signalisiert die Suche nach einem umfassenderen autonomen Lebenskonzept. Mit ihrem Wunsch, nach Japan auszuwandern, siedelt sie ihre Zukunft nicht nur in einer maximalen räumlichen Distanz, sondern auch in einem grundlegend anderen Kulturkreis an. Diese Vorstellungen scheinen damit den Wunsch nach maximaler Transformation und einer gewollten „Entfremdung" zu implizieren. Bereits mit der Verwirklichung ihres Studienzieles würde sich eine regionale Distanzierung vom Heimatort ihrer Familie verbinden. Damit würde es ihr möglich werden, die bisherige regionale Gebundenheit zu überwinden und sich neue (Handlungs-) Räume zu erschließen. Mit einer Auswanderung würde dies eine maximale Erweiterung erfahren. Es stellt sich die Frage, worin sich ihr umfassendes Transformationsstreben gründet: Zum einen weisen bereits die Eltern mit ihrem Umzug und der Neuverortung in Gernau eine Transformationsfigur im Kleinen auf, so dass Anne hier anschließen kann. Zum anderen bedeutet diese über die elterlichen Umzugsentscheidungen entstandene Neuverortung für Anne aber eher eine Verortung in der Fremde: Sie bleibt in Gernau die Zugezogene, findet keine Peerintegration und erfährt sich als Außenseiterin, die nicht dazu gehört. Auch die Schwierigkeit, sich in ihrer Selbstsetzung zu verorten, verweist auf ihre Fremdheits- und Deplatzierungserfahrungen. Wenn sie keinen Beheimatungsort besitzt und ihr vielmehr der Status der Fremden zugewiesen wird, dann ist sie auf die Fremde als Heimat verwiesen. Dass für Anne in diesem weit ausgreifenden Transformationswunsch Hürden aufgestellt sind, die nicht nur, aber doch stark mit künftigen Bildungsabschlüssen und Bildungslaufbahnentscheidungen einhergehen, zeigt sich in der nächsten Sequenz deutlich:

Interviewer: jaja (.) 'und was meinst du 'wie wichtig is deinen eltern die schulischen leistungen von dir' (fragend)
Anne: ähm , sehr wichtich , weil , die sind jetz nich so dass sie jetzt so sagen würden du musst jetzt die einsen bringen oder so
Interviewer: mhmh
Anne: sie wolln halt voll unterstützen was ich mal später machen möchte und so , und (.) äh (.) 'wissen' (betont) wie wichtig jetz heutzutage jute noten sind woa zu wenig lehrstellen und so was und (.) findn dann schon jut dass ich meine mama hat zwar überlegt ob das
Interviewer: jaja
Anne: nun gut is gymnasium zu machen weil das dann noch mal drei jahre sind elf zwölf und dreizehnte klasse und wegen studium was ja auch noch
Interviewer: jaja

Anne: mal so lange is und so was (.) ob dann nich schon eher ne lehrstelle und so
aber als se dann jesehn hab dass aus unsrer klasse noch nich ein einziger ne lehrstelle gekriegt hat (I: mhmh) aus dreiundzwanzig mann in den andern klassen siehts
auch nich besser aus , (I: jaja) äh dann und denn könn noch so viele gebo angebote
drinne stehn man kriegt ja trotzdem kaum eine (I: mhm) ((dann dacht ich mir dann
halt)) is doch schon jut so dass des so machst

Die Vorstellungen der Eltern bezüglich der beruflichen Zukunft
ihrer Tochter sind zunächst auf eine Ausbildung und damit auf eine
Lehrstelle orientiert. Damit kann auf eine eher reproduktive Bildungsorientierung der Eltern für ihre Tochter geschlossen werden
(beide Eltern haben einen Facharbeiterabschluss). Die Formulierung „sie wolln halt voll unterstützen was ich mal später machen
möchte" bricht mit der Aussage, dass die Eltern in Anbetracht der
Lehrstellenlage wissen, wie wichtig es ist gute Noten zu bekommen. Gute Noten der Tochter scheinen damit zunächst im Hinblick
auf die Möglichkeit – einen Ausbildungsplatz zu bekommen – von
Bedeutung für die Eltern zu sein, aber nicht als Vorraussetzung für
den Besuch eines Gymnasiums. Diese Irritation wird der Sprecherin intuitiv bewusst und es folgt eine nähere Erläuterung dazu, dass
es zunächst auf Seiten der Mutter Bedenken gegeben hat. Gegen
ein Studium sprechen hier die langen Ausbildungszeiten und damit
wahrscheinlich auch implizit der lange Zeitraum, der eine wirt-
schaftliche Eigenständigkeit der Tochter verhindert und eine Heirat
und Familiengründung verzögert. Der von Anne favorisierte Bil-
dungsgang und das daran gebundene aktive Handlungsschema stehen den pragmatischen Bezügen und Vorstellungen der Eltern
kontrastierend gegenüber. Als aber die ungünstigen äußeren Bedingungen und die knappen Ressourcen auf dem Lehrstellenmarkt
über die vergeblichen Bewerbungsversuche ihrer Mitschüler ins
Blickfeld geraten, ist die Mutter bereit, die Bildungsaspirationen
ihrer Tochter zu akzeptieren. Damit tragen die äußeren Bedingungen zu einem Umdenken der Mutter bezüglich der Bildungsorientierungen der Tochter bei. Hierin wird deutlich, dass die Entwicklungen des Arbeits- und Lehrstellenmarktes, die die zukünftigen Be-

rufsmöglichkeiten vieler Jugendlicher massiv einschränken, für Anne quasi eine glückliche Fügung in dem Sinne darstellen, als sie damit ein überzeugendes Argument gegenüber den eher reproduktiv orientierten elterlichen Vorstellungen anbringen kann. Deutlich wird in dieser Sequenz, dass es sich mit Annes individueller Bildungsorientierung nicht um den familiären Auftrag einer Statustransformation handelt, sondern dass diese von einem subjektinhärenten Antriebsmoment gespeist wird. Diese Bildungsaspiration ist damit durch autonome Tendenzen gekennzeichnet. Es handelt sich nicht um eine reproduktive Übernahme, sondern um transformative Vorstellungen von der eigenen Zukunft.

Die Familie ist angesichts der Rahmenbedingungen auf dem Lehrstellenmarkt bereit, Annes Bildungsaspiration zu akzeptieren. Darüber hinaus können die Eltern auf Grund ihrer eigenen Bildungsorientierungen, ihrer krisenhaften Paarbeziehung und den massiven finanziellen Problemen, ihr keine weiteren Unterstützungsleistungen bieten. Somit ist Anne in der Verwirklichung ihrer Ziele auf sich selbst verwiesen und steht damit unter dem hohen Druck, sowohl bezogen auf Selektion und Abschlüsse in der Institution Schule als auch gegenüber der elterlichen Skepsis, ihre Leistung unter Beweis zu stellen, und die Anstrengung zeigen zu müssen, die eine Umsetzung ihrer Ziele möglich erscheinen lassen.

Dass sie allerdings auf Anregungen und Unterstützung angewiesen ist und diese auch dankbar von jedem annehmen würde, zeigt sich in der folgenden Sequenz, in der Anne beschreibt, warum sie Meeresbiologin werden möchte:

Anne: [...] ich hab dann immer ma drüber gelesen in (I: jaja) der bücherei bücher ausgeliehen und die , gelesen über die tiere und auch dokumentationen direkt mal über waale jesehn (I: mhmh) und da hab ich angefangen mich für meeressäugetiere so zu intressiern , und da hab ich dann immer gesagt ich will waalforscherin werden und so (I: ja) und dann hat mir dann irgendwer mal jesagt da machste dann 'meeresbiologie' (betont)

Zusammenfassend kann man nach der Rekonstruktion des Interviews in Bezug auf Annes individuelle Bildungsorientierung festhalten, dass diese als Bewältigungsstrategie, als ein Ausweg aus der reproduktiven Enge ihres Status als Außenseiterin fungieren, die sie homolog in der Schule und in ihrer Familie erfährt.

4.5.3 Zusammenfassende Schlussbetrachtung des Falles Anne Sawatzki

Die fehlenden familialen Ressourcen und Unterstützungshaltungen bezüglich Annes Bildungsorientierungen machen die Notwendigkeit von Unterstützungsleistungen von außen deutlich. An diese Leerstelle könnten die Schule, Lehrerinnen und Lehrer als signifikant Andere und Bildungsanwälte treten, um ihr ein entsprechendes Anregungsmilieu zu bieten und sie in ihren Transformationsbestrebungen zu bestärken. Jedoch konnte durch die Rekonstruktion der schulischen Interaktion gezeigt werden, dass am Beispiel dieser Lehrerin die kreativen eigensinnigen Lösungswege von Anne nicht wirklich anerkannt werden. Gefordert ist letztlich der Nachvollzug, die Reproduktion des Vorgegebenen und nicht die transformatorische Suche nach Neuem. Auch die starke Zurückhaltung und die geringe aktive Beteiligung Annes im Unterricht verdeutlichen, dass sie innerhalb der Schule nur wenig Unterstützung erfährt.

Aus Annes Interesse für Tiere, insbesondere für Wale, ist mit Hilfe einer anderen Person, die Idee geboren worden, Meeresbiologin zu werden. Dieser wenig konturierte Wunsch[38] – wie ihn wahrscheinlich viele Kinder und Jugendliche haben – erscheint an keiner Stelle im Interview ausdifferenziert dargestellt. Vordergründig, so wurde in der Rekonstruktion deutlich, steht dieser Wunsch für

---

38   An dieser Stelle zeigt sich darüber hinaus, wie dankbar Anne auf Grund ihres Herkunftsmilieus Anregungen Anderer aufnimmt und sich zu Eigen macht. Die Idee „Meeresbiologin in Japan" erscheint damit als ein austauschbares Vehikel, das ihr hilft, aus der Enge der Familie und der Gemeinde auszubrechen.

eine maximale Distanzierung zum Elternhaus, das heißt: weg von den Eltern, dem Haus, dem Dorf und dem Land, in dem sie lebt. Mittels dieser antizipierten maximalen Distanzierung ist Anne nicht nur die autonome Setzung des Selbst möglich, sondern sie kann mit dem „Kulturkreiswechsel" ihren Außenseiterstatus per se kultivieren. Japan wird für Anne somit zum sinnstiftenden Entfaltungsraum und zur Bewältigungsstrategie ihres Außenseiterstatus.

Die Schule mit ihrer über Noten und Abschlüsse operierenden Türöffnerfunktion gewinnt damit eine hohe biografische Bedeutung für Anne und ist ein expliziter Hinweis auf die Hervorbringung ihrer individuellen Bildungsorientierungen. Denn sie braucht gute Noten und weiterführende Abschlüsse, um auf ein Gymnasium wechseln und sich damit die Studienperspektive eröffnen zu können. Genau hier ruht ein grundlegendes Problem für die biographischen und transformatorischen Entwürfe von Anne: Denn trotz ihrer ambitionierten Haltung gegenüber der Schule weist sie bisher nicht die Leistungen auf, die sie braucht, um an ein Gymnasium wechseln zu können. Und auch wenn sie diesen Bildungsaufstieg realisieren könnte – was Förderung und Unterstützung voraussetzt, die schulisch wie familiär eher entfällt – würde sie für die Realisierung dieses „exotischen" Studienwunsches noch ein exzellentes Abiturzeugnis benötigen.

4.6 Nina Müller: Transformationsmöglichkeiten zwischen Verkennung und Statussicherung

Nina Müller ist eine Schülerin, die sich im oberen Leistungsfeld der Klasse befindet und sich aktiv in den Unterricht durch ihre Mitarbeit einbringt. Obwohl sie nicht zu den stimmstarken Schülerinnen ihrer Klasse gehört, hatten wir den Eindruck, dass sie von der gesamten Klasse akzeptiert wird.

Gemeinsam mit ihren Eltern und ihrer Schwester lebt sie in einem renovierungsbedürftigen Haus zur Miete, das sich in der ehemaligen Zechensiedlung am Rande von Gernau befindet. Ihre Eltern haben vor der Wende beide als Facharbeiter in der hiesigen Landwirtschaft gearbeitet und sind – nachdem sie dann für kurze Zeit verschiedene ABM-Stellen hatten – zum Zeitpunkt der Erhebung arbeitslos, so dass das familiale Einkommen sehr gering ist. Somit kommt es schon vor, dass sich ihre Eltern das Taschengeld von ihren Kindern – das sie von den Großeltern bekommen haben – borgen, um den Lebensunterhalt zu finanzieren.

4.6.1 Die Behinderung von Transformationspotentialen in der schulischen Interaktion

Die folgende Szene ist eine Interaktion aus dem Mathematikunterricht zwischen Nina und Frau Barthel, der Mathematiklehrerin:

> Frau Barthel: er hat 17,04 also rund 17 prozent abzüge das is richtich wie habt ihr das ausgerechnet . wie muss man hier rechnen . nina
> Nina: man muss ähm den gesamtwert minus äh also den ähm was er ausgezahlt ,bekam' (fragend)
> Frau Barthel: was ist der gesamtwert was ist das was er ausgezahlt bekam . .
> Nina: was er eigentlich kriegt also die 270 euro
> Frau Barthel: die kriegt er eigentlich
> Nina: na minus die 224 euro
> Frau Bartel: die kriegt er auch eigentlich … also das was man verdient is das was man eigentlich bekommt , nun muss man für alles mögliche abzüge bezahln wie krankenversicherung rentenversicherung und und und und deswegen bekommt er nich das ganze geld ausgezahlt sondern nur anteilmäßig bekommt er dieses=dieses geld an=ausgezahlt andere verwendete begriffe sind auch brutto und netto brutto is das was er verdient und netto is das was er tatsächlich ausgezahlt bekommt ,ja' (fragend) so , und nina jetzt mal weiter . ((husten))
> Nina: und da kommt 46 euro raus und dann
> Frau Barthel.: richtig
> Nina: durch den prozentwert nee prozentsatz ausrechnen nämlich hundert durch g mal netto rechnen und das sind dann hundert durch 270 euro mal 46 euro das sind 17 prozent

> Frau Barthel: netto is das was er kriegt das sind die 224 euro und die 46 euro das
> sind die abzüge also du musst ‚rechnen' (fragend) ‚hundert mal' (fragend)
> Nina: 46 euro
> Frau Barthel: mal 46 durch
> Nina: 270 euro
> Frau Barthel: 270 euro dann kommst du auf einen prozentsatz von 17 prozent oder
> wie kann man auch rechnen .. es ham ja nich alle diesen weg genommen, ähm anja

Frau Barthel wiederholt das Ergebnis einer Sachaufgabe und bewertet diese als richtig. Im Anschluss daran fragt sie nach dem Weg der Rechenoperation, die sie zunächst der gesamten Klasse stellt. In der sich zügig anschließenden Wiederholung ihrer Frage wird nun nicht nur eine konkrete Schülerin angesprochen, sondern es wird zudem auch das Bedingungsgefüge für die Antwort deutlich. Obwohl zu Beginn mit „wie habt ihr das gerechnet" eine Pluralität an Lösungsmöglichkeiten angelegt ist, wird diese mit der Formulierung „wie muss man hier rechnen" schnell geschlossen. Damit wird deutlich, dass es aus der Sicht der Lehrerin nur einen richtigen Lösungsweg dafür geben kann, den man anwenden muss, um zum richtigen Ergebnis zu gelangen. Das heißt, es sind hier nicht die unterschiedlichen Herangehensweisen an die Rechenaufgabe gefordert, sondern es wird der „Königsweg" als alternativlose Lösung abgefragt. Nina, die entweder von der Lehrerin aufgefordert wird, weil sie vermutet, dass sie die Lösung kennt, da sie sich vielleicht selbst gemeldet hat, oder die wieder in den Unterricht integriert werden soll, wird von der Lehrerin ausgewählt, den richtigen Weg zu benennen.

Nina schließt nach zwei Sekunden Pause mit ihrer Antwort direkt an das von Frau Barthel aufgestellte Bedingungsgefüge „wie muss man", mit „man muss" stimmig an. Damit signalisiert sie, dass sie bereit ist, die Sachaufgabe zu lösen und der Erwartungshaltung der Lehrerin zu entsprechen. Doch in ihrem schnellen Anschluss wird mit dem überlegenden Stocken „ähm" deutlich, dass sie den Lösungsweg nicht klar benennen kann. Die Bewährungsdynamik spitzt sich für Nina mit der Unsicherheit, über die Richtigkeit ihres Lösungsweges besonders für den Fall zu, wenn sie sich selbst gemeldet hat. Denn eine alternative Lösung wird von der Lehrerin nicht akzeptiert, sie ist aufgefordert den einzig richtigen Weg zu benennen. Mit der Vergewisserung, die der Rückfrage an die Lehrerin innewohnt, versucht sie dem drohenden Scheitern in dieser Interaktion zu entkommen.

Frau Barthel nimmt, ohne weiter individualisierend auf die Unsicherheit einzugehen, die Antwort von Nina auf, löst den Rechenweg in seine Bestandteile auf und formuliert ihre Frage, ohne Nina oder die anderen Schülerinnen und Schüler direkt anzusprechen, diesbezüglich neu: „was ist der gesamtwert was ist das was er ausgezahlt bekam . . (2 Sek.)". Auf die Unsicherheit von Nina erfolgt mit der sehr verknappt gestellten Frage von Frau Barthel nur eine minimale Bezugnahme. Entlastend für Nina könnte die „Nichtadressierung" der Frage sein, dass nun eine andere Schülerin oder ein anderer Schüler die Antwort weiß und sich zu Wort meldet. Aber nach einer Pause von zwei Sekunden schließt Nina mit einer Reformulierung der Frage an und nennt als Ergebnis: „was er eigentlich kriegt also die 270 euro".

Nachdem nun das Ergebnis genannt wurde, ist an dieser Stelle eine Bewertung der Aufgabe – als richtig oder falsch – durch die Lehrerin erwartbar. Betrachtet man dazu den Anschluss von Frau Barthel „die kriegt er eigentlich", dann wird mit „eigentlich" deutlich, dass dies nur bedingt das richtige Ergebnis ist. Ein weiterer Hinweis auf die nicht zufrieden stellende Antwort von Nina ist auch der verkürzte Sprachduktus der Lehrerin, der nur wenig Anerkennung für diese Leistung beinhaltet. Dieser nichteindeutige Anschluss von Frau Barthel erscheint an dieser Stelle irritierend, denn es kann zum einen nur ein richtiges Ergebnis auf die Frage geben und zum anderen könnte sie Nina direkt auf ihren Fehler hinweisen.

Stimmiger erscheint die Lesart, dass die Lehrerin mit ihrer Frage: „was ist der gesamtwert was, ist das was er ausgezahlt bekam" zwei unterschiedliche Ergebnisse abfragt und der „gesamtwert" von dem „was ist das was er ausgezahlt bekam" differiert. Aus dieser grammatikalisch nicht korrekten Perspektive steht „die kriegt er eigentlich" für den Gesamtwert, und die Nennung des zweiten Wertes steht von Nina noch aus. Dies bestätigt sich im Fortgang der Interaktion, in der Nina nun verkürzt die Ermittlung des zweiten Wertes mit: „na minus die 224 euro" als „das was er ausgezahlt bekam" benennt.

Damit wäre in dieser Lesart die Frage von Frau Barthel durch Nina beantwortet und eine Bewertung von Seiten der Lehrerin wiederum erwartbar.

Diese schließt aber wie folgt an: „die kriegt er auch eigentlich ...". Auch dieser Anschluss erscheint in seiner verkürzten Form zunächst irritierend, da er zwar vermittelt, dass dies die richtige Antwort ist, aber nur minimale Anerkennung in Bezug auf die erbrachte Leistung für Nina beinhaltet. Mit der Formulierung „kriegt er auch eigentlich" wird deutlich, dass es nicht der Betrag ist, der als „Auszahlungsbetrag" von Frau Barthel gesucht wurde. Mit der Verwendung von den Sachbegriffen, wie Netto- und Bruttobetrag, hätte die Lehrerin an dieser Stelle nicht nur eindeutiger auf die Antwort von Nina eingehen können, sondern auch ein besseres Verständnis für die Nachvollziehbarkeit des Rechenweges für die anderen Schüler herstellen können. Mit dieser Nachvollziehbarkeit wäre auch der lebenspraktische Bezug (das Verstehen von Abzügen von ihrem zukünftigen Lehrlingsgehalt), der der Sachaufgabe innewohnt, für die Schüler hergestellt und sie könnten mit Hilfe dieser mathematischen Operation Einsicht in eine konkrete Sachsituation gewinnen.

> Frau Barthel: (....) also das was man verdient is das was man eigentlich bekommt ,

Nach einer vier Sekunden anhaltenden Pause setzt Frau Barthel fort: „also das was man verdient is das was man eigentlich bekommt". Der Anschluss, das heißt die Aussage, erscheint nicht sinnlogisch, denn das, was man verdient, ist nicht das, was man bekommt. Mit dem Verzicht auf die Verwendung der Begriffe „Brutto" und „Netto" reproduziert sie mit diesem Anschluss die Nichteindeutigkeit ihrer vorherigen Aussage. Eindeutig wäre die Einteilung in Brutto- und Nettogehalt, um die jeweiligen Abzüge des Gehaltes deutlich zu machen.

> Frau Barthel: nun muss man für alles mögliche abzüge bezahln wie krankenversicherung rentenversicherung und und und und

Im Anschluss nimmt die Lehrerin auf ihre Aussage „die kriegt er auch eigentlich" indirekt Bezug und löst die Unklarheiten dahingehend auf, dass sie die Abzüge von einem Gehalt benennt. Darüber hinaus schwingt bei Frau Barthel mit dieser Formulierung die eigene Unzufriedenheit über die scheinbar endlosen Abzüge mit, die mit „und und und" deutlich werden. Diese persönlichen Befindlichkeiten blitzen zwar kurz in dieser Interaktion auf, tragen aber nicht zu einer Diffundierung von Persönlichem und Fachlichem im Unterricht bei. Dies zeigt sich auch im zügigen Anschluss, mit dem die Lehrerin sich auf die sachlichen Inhalte der Aufgabe bezieht.

> Frau Barthel: deswegen bekommt er nich das ganze geld ausgezahlt sondern nur anteilmäßig bekommt er dieses=dieses geld an=ausgezahlt andere verwendete begriffe sind auch brutto und netto brutto is das was er verdient und netto is das was er tatsächlich ausgezahlt bekommt ‚ja' (fragend) so , und nina jetzt mal weiter . ((husten))

Mit der Zäsursetzung „so" markiert die Lehrerin, dass die vorangegangenen Ausführungen beendet sind und fordert Nina auf, den Sprecherwechsel vorzunehmen. Mit dieser Aufforderung von Nina entlässt die Lehrerin sie nicht aus der Pflicht, die Aufgabe zu ihrer Zufriedenheit zu lösen. Dass Nina bereit ist, sich darauf einlassen, zeigt der von ihr gewählte Anschluss:

> Nina: und da kommt 46 euro raus und dann
> Frau Barthel.: richtich

Nina: durch den prozentwert nee prozentsatz ausrechnen nämlich hunderd durch g mal netto rechnen und das sind dann hundert durch 270 euro mal 46 euro das sind 17 prozent
Frau Barthel: netto is das was er kriegt das sind die 224 euro und die 46 euro das sind die abzüge also du musst ‚rechnen' (fragend) ‚hundert mal' (fragend)
Nina: 46 euro
Frau Barthel: mal 46 durch
Nina: 270 euro
Frau Barthel: 270 euro dann kommst du auf einen prozentsatz von 17 prozent oder wie kann man auch rechnen .. es ham ja nich alle diesen weg genommen , ähm anja

Nachdem Nina, ohne in ganzen Sätzen zu reden und die dazugehörigen Begriffe zu verwenden, das Ergebnis benennt, wird sie in ihren Ausführungen durch die Lehrerin kurz bestätigt. Die Anerkennung in Bezug auf die Richtigkeit des Ergebnisses führt dazu, dass Nina weiter ihren Rechenweg, den sie zur Lösung der Aufgabe angewandt hat, darstellt. Im Anschluss wäre erwartbar, dass Frau Barthel dies ebenfalls bestätigt oder den von ihr favorisierten, richtigen Lösungsweg benennt. Der gewählte Anschluss zeigt, dass der von Nina angewandte Rechenweg nicht der Königsweg der Lehrerin ist. An dieser Stelle wäre eine Bewertung des „falschen" Lösungsweges durch Frau Barthel erwartbar. Doch stattdessen erfolgt eine sachbezogene Korrektur von Seiten der Lehrerin. Ohne dabei die Leistung von Nina zu entwerten, führt sie die Schülerin mittels „Lückentext" zum richtigen Lösungsweg und lässt Nina und der gesamten Klasse das Gefühl, die Aufgabe selbst gelöst zu haben. Nachdem Nina das richtige Ergebnis genannt hat, öffnet Frau Barthel im Folgenden wieder die Pluralität der Lösungsmöglichkeiten und fordert eine andere Schülerin auf.

Das hier vorliegende Arbeitsbündnis zwischen Frau Barthel und Nina ist strukturell als ein sachhaltiges und auf Rollenförmigkeit beschränktes zu bezeichnen. Obwohl die Lösung der Sachaufgabe einen handlungspraktischen Bezug für die Schüler in der Zukunft haben kann, wird dieser von der Lehrerin inhaltlich nicht ausgestaltet. Nicht die kognitiven Herausforderungen – die der Vielfalt von Lösungsmöglichkeiten innewohnen – werden von Frau

Barthel in den Blick genommen, sondern der von ihr favorisierte
Lösungsweg. Somit bleibt der Unterricht trotz seiner kreativen Potentiale für eigene kognitive Leistungen für die Schüler auf der von
der Lehrerin dominierten Haltung, d.h. die Akzeptanz von einem
Lösungsweg, bezogen. Selbst für Schüler wie Nina, die trotz unkla-
rer Aufgabenstellung durch die Lehrerin sich positiv auf Frau Barthel und die Aufgabenstellung bezieht, bleiben somit individua-
tionsgenerierende Herausforderungen – wie z.b. eigene Lösungsmöglichkeiten zu finden – verwehrt. Dennoch signalisiert Nina, die
durch ihren Aufruf von der Lehrerin exponiert wird, ihre Bereitschaft, die Aufgabe zu lösen und auf das Arbeitsbündnis mit der
Lehrerin einzugehen. Auf die Unsicherheit der Schülerin, ob sie
den gewünschten Anforderungen genügen kann, nimmt Frau Barthel nur insofern auf einer sachhaltigen Ebene Bezug, als dass die
Aufrechterhaltung der Unterrichtsinteraktion nicht gefährdet wird.
Die Anerkennung durch die Lehrerin – für die Nennung des teilweise richtigen Ergebnisses und des Lösungsweges – wird Nina
nur in der Form zu teil, dass sie eine positive Aufwertung trotz falschen Lösungsweges erfährt. Obwohl es sinnlogisch mehrere An-
satzpunkte für kognitive Herausforderungen für Nina in dieser Interaktion gegeben hat, verzichtet Frau Barthel auf eine Förderung
von Nina bezüglich ihrer individuellen und sprachlichen Kompetenzen. Das heißt, innerhalb dieser Lehrer-Schüler-Interaktion sind
die Potentiale für einen Kompetenzzuwachs oder Individuations-
gewinn für Nina nicht ausgeschöpft und der Unterricht verbleibt
trotz der alltagsweltlichen Bezüge in der enggeführten Sachlogik
des Mathematikunterrichtes. Die lehrerdominierte Kanalisierung
auf einen richtigen Lösungsweg verhindert die Entfaltung von kreativen Potentialen und die Eigenständigkeit der Schülerinnen und
Schüler. In dem konkreten Fall hier heißt das, Nina erfährt zwar
von der Lehrerin eine stützende, aber keine kognitive Förderung.
    Auch wenn eine deutlichere Exponierung der Schülerin in die-
ser Interaktion für den individuellen Kompetenzzuwachs von Nina

zuträglich gewesen wäre und die spezifische Besonderung von Nina der Lehrerin nur in einer minimalen und reduziert rollenförmigen Form gelingt, führt dies nicht zum Scheitern oder zur Aufkündigung des Arbeitsbündnisses. Der Unterricht verbleibt trotz der Verunklarung innerhalb der Aufgabenstellung durch die Lehrerin in seiner Sachbezogenheit und Rollenförmigkeit, so dass ein Arbeitsbündnis mit der gesamten Klasse auf der Grundlage der universalistischen Gleichbehandlung möglich ist. Letzteres zeigt sich besonders daran, dass Frau Barthel nach der Interaktion mit Nina eine weitere Schülerin auffordert und diese ohne Irritationen mit ihrem Beitrag anschließt.

Insgesamt lässt sich anhand dieser Rekonstruktion eine reproduktive Bildungsorientierung der Lehrerin herausarbeiten, die in Bezug auf die schulkulturell dominante Bildungsorientierung in einem guten Passungsverhältnis steht. Auch wenn sich der „Reproduktionsauftrag" der Lehrerin an die Schüler nicht – im Unterschied zu der schulischen – auf die Integration und Statussicherung der Gemeinde bezieht, sondern auf die Übernahme standardisierter mathematischer Formeln, ist eine strukturelle Homologie in dieser Bildungsorientierung zu den der schulisch Dominanten ersichtlich. Denn auch hier werden eigenständige Leistungen von Schülerinnen und Schülern zu Gunsten der Adaption etablierter Formeln zurückgedrängt, und kreative Lösungsvorschläge werden somit zu Außenseiterperspektiven, die nicht anerkannt werden. Das heißt, auch wenn wir in dieser Interaktion eine Lehrerhaltung rekonstruieren konnten, die sich von dem schulischen ‚Integrationsentwurf' durch ihre Leistungsorientierung absetzt, beinhaltet diese wenig transformatorische Potentiale für die Schülerinnen und Schüler in ihrem Unterricht.

4.6.2 Krise durch Aufstiegsbedrohung – Zur Abendbrotszene der Familie Müller

Die hier interpretierte Szene wurde von der Familie Müller als Tonbandaufzeichnung selbst aufgenommen, da sie einer Videographisierung nicht zugestimmt haben. Das Abendbrotessen, an dem Ninas Vater, ihre Mutter, Nina und ihre Schwester teilgenommen haben, ist dadurch gerahmt, dass während der gesamten Aufnahme der Fernseher mit seinem Vorabendprogramm läuft.

> Caroline (fernsehgeräusche) na faky (.) '((unverst., 2 sek.))'
> Mutter: mhm
> Fernseher: ‚also professor raben geel' (fernsehgeräusch) ((..))
> Vater: 'faky' (mit vollem mund)
> Nina: eh ene seite kann ich schon es is nur noch drei seiten die ich lernen muss
> Caroline: (lacht kurz)
> Vater: 'drei seiten bis morgen früh' (fragend)
> Fernseher ‛das is schon ne zicke‛
> Nina: 'das schaff ich nachher schon noch' (leise) das hab ich schon so nen bischen intus weest
> Mutter: naja denke dran
> Nina: mhm (..) faky 'die isst tomate das frisst du nich' (betont langsam gesprochen) globs mir doch
> Caroline: aber das frisst die gern (.) mhm
> Mutter: feinschmecker (.)
> Caroline: mhm (fernseher)

Während im Hintergrund unverständlich der Fernseher läuft, lenkt Ninas Schwester ihre Aufmerksamkeit – und die der anderen – auf Faky. Worauf sich das bestätigende „mhm" der Mutter bezieht, lässt sich nicht vollständig auflösen, da die Möglichkeit eines Doppelarrangements der Interaktionsteilnehmer mit dem Fernseher zu jeder Zeit gegeben ist.

Das heißt, entweder bestätigt die Mutter kurz die Ansprache von Faky durch Caroline oder sie bezieht sich auf den anderen Interaktionszusammenhang, auf den Fernseher, der parallel läuft. Diese permanente Möglichkeit des Heraustretens aus dem Interaktionszusammenhang des Abendbrotes markiert, dass hier kein prob-

lemorientiertes oder brisantes Familiengespräch am Tisch verhandelt werden soll. Zumindest erschwert die bestehende Konkurrenzsituation zwischen den Interaktionsteilnehmern und dem Fernseher den einzelnen Familienmitgliedern nicht nur die fokussierte,
hedonistische Teilhabe am Abendessen, sondern sie erhöht die
Hemmschwelle enorm, Gesprächsinhalte zu thematisieren, die in
der Familie besprochen werden sollen. Es ist zu vermuten, dass das
Abendessen – vielleicht genau wie der Fernseher – eben nebenbei
läuft. Der Anschluss des Vaters mit dem kurzen Aufruf des Haus-
tieres scheint dies nicht nur zu bestätigen, sondern macht auch den
Aufmerksamkeitsfokus – den zuvor schon Caroline gesetzt hat –
auf Faky deutlich. Die Aufmerksamkeit, die der Katze[39] von zwei
Familienmitgliedern zu teil wird, kann darin begründet liegen, dass
Faky sich nicht angemessen verhält und mit dem Aufruf davon
abgehalten werden soll, weil sie sich vielleicht Wurst oder ähnliches vom Tisch holt. Das Lachen der Schwester erscheint dazu
stimmig: die Katze macht irgendetwas, was sie nicht tun soll und
dies belustigt wiederum Caroline.

An dieses Kichern schließt nun Nina mit: „eh ene seite kann
ich schon" an.

Mit der zäsursetzenden Formulierung „eh" unternimmt Nina
den Versuch, sich die Aufmerksamkeit der Familienmitglieder am
Tisch zu erringen. Sie übernimmt den Redebeitrag, um entweder
auch etwas zur Katze zu sagen, oder – und dies erscheint an dieser
Stelle stimmiger – nun ein eigenes Thema zur Sprache zu bringen.
Mit dem weiteren Anschluss „ene seite kann ich schon" bestätigt
sich letztere Variante: Sie berichtet über eine eigene Leistung, die
sie bisher erbracht hat. Worauf sich diese bezieht und was mit der
anderen Seite ist, bleibt an dieser Stelle noch offen und muss im
Anschluss thematisiert werden.

Nina: es is nur noch drei seiten die ich lernen muss

---

39 An dieser Stelle greife ich auf Kontextwissen zurück: Das Haustier Faky ist eine Katze.

„es is nur noch" die andere Seite, die gekonnt werden muss, oder „es is nur noch" wenig Zeit, so könnte man an dieser Stelle vermuten. Aber im Fortlauf wird deutlich, dass es „noch drei seiten" sind, die Nina lernen muss. Diese Aussage passt auf den ersten Blick nicht zu der vorherigen Formulierung „es is nur noch", da dies grammatikalisch richtig „es sind nur noch" heißen müsste. Des Weiteren schwingt mit der Verwendung „nur noch" eine Beiläufigkeit und Bagatellisierung mit, die in Anbetracht der noch zu bewältigenden Aufgabe des Lernens nur dann stimmig erscheint, wenn Nina ein Wissen darüber hat, dass sie dies mühelos erledigen kann. Mit der Aussage entwirft sich Nina als eine intelligente Schülerin mit schneller Auffassungsgabe, der es leicht fällt, in kurzer Zeit drei Seiten zu lernen. Dass heißt, Nina, die auf die inhaltliche Ausgestaltung ihres Vorhabens das Thema anspricht, benötigt keine Unterstützung beim Lernen von Seiten der Eltern, sondern möchte von ihrer Familie Aufmerksamkeit und die Anerkennung ihrer Leistungsfähigkeit, sich in kurzer Zeit Lerninhalte aneignen zu können.

Ob dieser Wunsch nach Aufmerksamkeit und Anerkennung von den Eltern und der Schwester Caroline eingelöst wird, muss sich im Anschluss zeigen. Das kurze Lachen der Schwester von Nina scheint dies zunächst nicht zu bestätigen.

Caroline: (lacht kurz)
Vater: 'drei seiten bis morgen früh' (fragend)
Fernseher:'das is schon ne zicke` (stimme aus dem fernseher)

Während der Fernseher weiter läuft, bezieht sich der Vater auf Ninas Aussage und bekundet seine Skepsis gegenüber dem Vorhaben und deren müheloses Erledigen von Seiten seiner Tochter, ohne jedoch dabei auf die Inkonsistenzen, die mit der Formulierung „nur noch drei seiten" aufscheinen, einzugehen. Auch die Tatsache, dass Nina das Lernen von drei Seiten nicht weiter spezifiziert hat, wird nicht Gegenstand der Nachfrage vom Vater. Er nimmt die von ihr

verdinglichte Sicht auf Bildung: 'drei seiten bis morgen früh' auf
und äußert seine Zweifel darüber. Ein Interesse, wie Nina das Projekt in so kurzer Zeit umsetzen möchte oder für welches Fach sie
noch diese drei Seiten lernen muss, scheint für den Vater sekundär
zu sein. Wenn die Eltern ein Interesse am erfolgreichen, schulischen Lernen ihrer Tochter hätten, wäre diese Stelle der folgerich-
tige Ort, dies zu hinterfragen oder zumindest Nina dafür zu loben,
um ihre Tochter damit zu unterstützen.

Da der Fernseher weiter läuft, ist nicht davon auszugehen, dass
das Lernen ein hochbrisantes Thema für den Vater bzw. für die
Eltern ist. Vielmehr zeigt die ungläubige Nachfrage des Vaters,
eine gewisse Distanz gegenüber dem Projekt, noch drei Seiten lernen zu müssen.

> Nina: 'das schaff ich nachher schon noch' (leise) das hab ich schon so nen bisschen
> intus weest

Den Beitrag aus dem Fernseher ignorierend bezieht sich Nina auf
die Skepsis des Vaters und versucht diese – wenn auch unsicher –
zu entkräften. Die starke Behauptung „das schaff ich", die zunächst
das eigene Vertrauen auf eine gelungene Umsetzung suggeriert,
wird mit der Aussage „schon noch" und mit „so nen bisschen in-
tus" brüchig. Die Brüchigkeit besteht darin, dass Nina zu Beginn
eine gelingende und eigenständige Lernleistung vorgibt, die unter
der familialen Bewährungsdynamik von ihr selbst herabgesetzt
wird. Die Nachfrage mit „weest" verdeutlicht, dass Nina ein Wissen darüber hat, dass dies nicht der Fall ist und der Vater bezie-
hungsweise die Eltern keine Kenntnis über die bisher erbrachten
Lernleistungen von Nina haben. Die Bewährung für Nina besteht
somit darin, mit dem Wissen, das ihre Eltern nur minimales Interesse für die schulischen Belange ihrer Töchter haben, dennoch das
Thema Lernen während des Abendbrotes anzusprechen, um dafür
Anerkennung von den Familienmitgliedern für ihre Lernleistung zu
bekommen. Die Konkurrenz um Aufmerksamkeit, die mit dem lau-

fenden Fernseher und dem Haustier gegeben ist, dynamisiert Ninas
Bewährungsdruck zusätzlich.

> Mutter: naja denke dran

Mit der zurückgenommenen Zustimmung des „naja" von Frau Müller schwingt neben dem minimalen Zutrauen des Gelingens von
Ninas Vorhaben eine Beiläufigkeit mit, die im Anschluss mit einer
Ermahnung an eine interne Absprache gekoppelt wird. Das heißt,
es muss in der Vergangenheit bereits eine Vereinbarung darüber
stattgefunden haben, an die jetzt erinnert werden soll. Worin diese
besteht oder worauf sich diese Übereinkünfte zwischen Nina und
der Mutter beziehen, wird nicht weiter expliziert. Mit der abs-
trakten Ermahnung der Mutter wird eine Analogie zum unsicheren
Umgang des Vaters mit Bildung deutlich. Auch Frau Müller geht
weder auf die Lernfähigkeit ihrer Tochter anerkennend ein noch
auf Lerninhalte und die Art und Weise der Aneignung. Zudem wird
in der Reaktion der Mutter deutlich, dass Nina selbst für den Erfolg
oder Misserfolg verantwortlich ist und gemacht wird bzw. die Konsequenzen dafür zu tragen hat. Eine Anerkennung der bisher erbrachten Leistungen, konkrete Hilfestellungen oder eine Unterstützung in Form von Motivationen, wie z.B. „das schaffst du", bekommt Nina von ihren Eltern an dieser Stelle nicht.

> Nina: mhm (..) faky 'die isst tomate das frisst du nich' (betont langsam gesprochen)
> globs mir doch
> Caroline: aber das frisst die gern (.) mhm
> Mutter: feinschmecker (.)
> Caroline: mhm (fernsehgeräuche)

Mit der nächsten Sequenz zeigt sich, dass Nina sich nach einer kurzen Zustimmung wieder auf das für die Eltern sichere Terrain „faky" bezieht und die Thematisierung des schulischen Lernens – mit
der Delegation an ihre Eigenverantwortlichkeit – für sie abgeschlossen zu sein scheint. An dieser Stelle wäre es ebenso stimmig
gewesen, wenn sich Nina auf Grund des elterlichen Desinteresses

an ihren erbrachten und zu erbringenden schulischen Leistungen resigniert aus der Familieninteraktion zurück gezogen hätte. Doch stattdessen performt sie fast theatralisch den Dialog mit der Katze und flüchtet sich damit in die Belanglosigkeit. Interessant dabei ist, dass diese scheinbare Belanglosigkeit – die Essgewohnheiten der Katze – mehr Bedeutung zu erfahren scheint, als Ninas Thematisierung von Schule. Denn im Gegensatz zu Nina erfährt die Katze mit der Bezeichnung als Feinschmeckerin eine positive Spezifizierung.

Die hier rekonstruierte Szene steht für eine Möglichkeit des Umgangs im familialen Kontext mit Anerkennungswünschen in Bezug auf Schule von Seiten der Schülerinnen und Schüler. Nina – die stets um gute schulische Leistungen bemüht ist – gelingt es hier nicht, ihre Eltern für die Anerkennung ihrer schulischen Leistung zu gewinnen und materiale Unterstützung von ihnen zu erlangen. Die minimalen Bezugnahmen der Eltern auf Ninas Thematisierung ihrer schulischen Erfolge stehen dabei nicht nur für ein reduziertes Interesse bzw. für eine Distanz am Schulerfolg ihrer Tochter, sondern auch für eine gewisse Hilflosigkeit im Umgang mit Bildung.

Dass intensive Gespräche über den Schulalltag der beiden Töchter nicht zur Routine der Familie gehören, zeigt auch das Staccato der familialen Kommunikation, das noch durch die Möglichkeit der Ablenkung, die mit dem laufendem Fernseher und der Bezugnahme auf Faky gegeben ist, zusätzlich unterstrichen wird. Selbst für Nina zukunftsrelevante Themen – wie der Schulerfolg – werden vor diesem Hintergrund zur Nebensache. Insgesamt artikuliert sich hier in dieser Interaktion eine Kommunikationskrise der Familie, die darin begründet liegt, dass die Familie über wenig Ressourcen im Umgang mit der Einforderung von Unterstützungsleistungen in Bezug auf Schule von Seiten ihrer Kinder verfügt. Stattdessen stehen der Fernseher und das Haustier für die permanente Möglichkeit des Ausstieges aus der familialen Kommunikation. Dass heißt, nicht nur die ungeteilte Aufmerksamkeit der Eltern bleibt Nina verwehrt, sondern auch die von ihr benötigten und latent angesprochenen Unterstützungsleistungen in Form von Anerkennung. Damit bleibt sie bei der Bewältigung schulischer Fragen auf sich gestellt.

Dieses Ergebnis habe ich noch einmal mit den Aussagen im Elterninterview, das mit der Mutter durchgeführt wurde, geprüft:

> Frau Müller: na bei uns ist das eine 'offene beziehung' (betont) also . ich sache ma , bei uns wird nüscht verheimlicht also mhm es sind alle offen und ehrlich ((wies)) in der schule jetz auch wenns ma ´n problem gibt und dann das mer zu hause 'privat' (betont) diskutiert (vgl. Elterninterview, S. 2)

Nachdem Frau Müller zur Beziehung ihrer Tochter befragt wird, beginnt sie diese als „offene beziehung" zu beschreiben, die eine Gleichberechtigung vorgibt, die auf Grund der Generationsdifferenz, der elterlichen Fürsorge- und Aufsichtspflicht gegenüber ihren Kindern, faktisch nicht gegeben ist. Die tugendhafte Offenheit und Ehrlichkeit aller wird von ihr als Vorraussetzung für die Gespräche, die in dem geschützten Familienraum bei Problemen stattfinden, gekennzeichnet. Gleichzeitig läuft diese Offenheit der gesamten Familienmitglieder auch Gefahr, z.B. bei existenziellen Nöten der Eltern, die Kinder tendenziell damit zu überfordern. Des Weiteren wird mit der Beschreibung des Idealbilds der Familie deutlich, dass Frau Müller ein Wissen über das sozial erwünschte Handeln hat und sie diese Begrifflichkeiten, wie z.B. „offene beziehung", „diskutieren" aufgreift, ohne sie dabei inhaltlich füllen zu können. Das heißt, Frau Müller formuliert hier quasi hülsenhaft hohe Ansprüche in Bezug auf ihre Familie, aber die geringen sozialen und kulturellen Ressourcen bezüglich ihres Bildungskapitals führen dazu, dass sie diese Ansprüche material nicht einlösen kann.

An den wenigen Stellen im Interview, an denen Ninas Mutter die Schule thematisiert, wurde deutlich, dass die Eltern dem „neuen" Schulsystem oftmals orientierungs- bzw. hilflos gegenüberstehen:

„es wird ja immer schlümm- saach mer schwieriger in der schule ja ja der ((stoff))plan wird schwieriger der umgang wird schwieriger , es=es es verändert sich ja alles es is ja nich mehr so wie bei uns früher" (vgl. Elterninterview S. 13)

Die guten schulischen Leistungen ihrer Töchter: „ich hab das glück jetz bei mein kindern das se sehr gut sin" (vgl. Elterninterview, S. 27) erscheinen für die Mutter als glückliche Fügung, als ein Segen, sich nicht weiter mit dem Thema Schule auseinandersetzen zu müssen.

Den Lehrerinnen und Lehrern der Schule räumt sie ein Höchstmaß an Respekt ein und fordert dies auch von ihren Kindern, wenn diese sich negativ über sie äußern:

„nina die hat mir och gleich mal , das eene ma jesaacht oah der kerl is doch bekloppt ich saach na- (2 Sek. unverständlich) ich saache (schluckt hörbar) die ham ihrn beruf dafür mussten se ooch viel leisten , mhm damit euch das damit ihr das irchend , später mal , so beigebracht wird [...]. meine tochter hat nie recht jekriecht wenn die 'heme' kam die hat nie recht recht gekricht mitn lehrern , ich saache ((ast , na)) (1 wort unverständlich) [...] erst mal kucken , und dann erstma nachdenken (2 Sek. unverständlich) verkehrt , un ob de überhaupt was saachen kannst" (vgl. Elterninterview, S. 10)

Vielmehr erscheinen die Lehrerinnen und Lehrer für die Mutter als eine Instanz, die nicht einfach zu hinterfragen ist. An einer anderen Stelle im Interview betont Frau Müller: „bis jetz ham mer wirklich glück jehabt , mitn lehrern" (vgl. Elterninterview, S. 10). Die von ihr gewählte Begründungsfigur dafür ist die, dass es Lehrer gibt, die sich für die Kinder einsetzen und die Eltern bei versetzungsgefährdeten Schülerinnen und Schülern rechtzeitig informieren (vgl. Elterninterview, S. 10). Vor dem Hintergrund, dass keine von ihren beiden Töchtern jemals versetzungsgefährdet war, wird hier erneut deutlich, dass die Reflektionsfähigkeit der Mutter bezüglich ihrer eigenen Anteile und die der Lehrerinnen und Lehrer am Schulerfolg ihrer Kinder begrenzt ist. Aus dieser Perspektive bekommen das „Glückgehabthaben" mit den Lehrern und das Glück der guten Leistungen ihrer Kinder quasi den Status einer günstigen Fügung des Schicksals.

Auf Grund dieser Schicksalsergebenheit und der sich daraus ergebenden Nivellierung der eigenen Einflussmöglichkeiten von Seiten der Mutter auf die Bildung ihrer Kinder bekommt die Schule für Nina einen besonderen Stellenwert. Die Lehrerinnen und Lehrer könnten in Form von signifikanten Anderen zu den Bildungs- bzw. Transformationsanwälten werden, die Nina auf Grund der elterlichen Bildungsdistanz und des familialen Ausfalls von Unterstützung und Förderung ihrer individuellen Bildungsprozesse dringend benötigt.

4.6.3 Individuelle Bildungsorientierung: Das Gymnasium als Notlösung zum Statuserhalt

Interviewerin: also wie du weißt interessieren wir uns für lebensgeschichten von jugendlichen ((räuspern)) und ich möchte dich mal bitte bitten dich an die zeit zurück zu erinnern als du noch ganz klein warst, und mir ruhig von da aus ausführlich erzähln wie dein leben bisher weiter gegangen ist und ich würd jetzt erst mal ruhig sein mich zurücknehmen und , dir zuhören
Nina: also ich bin in ((worndorf)) aufgewachsen in bahnstadt geboren ähm bin dort ein jahr jeblieben mhm war bei meinen großeltern mit meiner mit meinen eltern die habn dort jeheiratet wir sind dann nach gernau gezogen und wohn auch jetzt noch dort, erst haben wir. ähm bei der feuerwehr jewohnt und denn sin wa noch mal umjezogen über meine andere oma und dann zum zechenhof. ,und' (gedehnt, überlegend) als ich bei meiner oma noch gewohnt habe über ihr, äh bin ich mit fünf jahren ausm fenster gesprungen

Nina beginnt ihre biografische Erzählung mit der geografischen Verortung ihrer Person von ihrer Geburt bis zum Zeitpunkt des Interviews. Mit der von ihr gewählten Chronologie (erst aufgewachsen, dann geboren) werden in ihrer Darstellung Inkonsistenzen bezüglich ihres Aufwachsens und der Rolle der Eltern in ihren primären Sozialisationserfahrungen deutlich. Denn die Verwendung der Formulierung „aufgewachsen" erscheint nur im Zusammenhang stimmig, wenn sie von ihrer gesamten Kindheit spricht. Aus den folgenden Sequenzen wird aber deutlich, dass sie mit einem Jahr ihren Geburtsort verlassen hat und dass sie dann mit fünf

Jahren bereits in Gernau über ihrer Oma gewohnt hat. Die Eltern scheinen dabei, außer dass sie in „bahnstadt" geheiratet haben, für sie in ihrer Beschreibung dieser Zeit eher eine untergeordnete Rolle zu spielen. Bedeutsam für sie ist, dass sie mit fünf Jahren aus dem Fenster gesprungen ist. Die Erzählung dieser selbst bestimmten Handlung nutzt sie, um sich schon seit frühester Kindheit als autonome Person zu entwerfen, die ihre eigenen Entscheidungen trifft und diese ohne Scheu umsetzt: „ich wollte zu meiner oma=ich hab zu meiner mama jesagt kannst ruhig zuschließen wirst schon sehen was passiert ich hat es irjendwie schon im kopp drinjehabt" (vgl. Interview, S. 1).

Auf die Frage, wie wichtig Ninas Eltern ihre schulischen Leistungen sind, schließt sie wie folgt an:

> Nina: äh sie sachen immer ich lerne für mich ich muss sehn wie ich mein wech mache aber sollen halt nicht so schlecht sein also wo ich damals jetzt in der grundschule jesacht habe hier einmaleins ‚will ich nicht lernen' (mit gesenkter stimme) (Seite 18, Z. 19-24)
> Interviewerin: mh
> Nina: hams se jesacht das ‚brauchst du immer'(mit erhobener stimme), und so wars och
> Interviewerin: mh
> Nina: einmal jelernt un immer jekonnt, na n bissl gucken se schon drof also, sachn zwar jetze wenn mal ne schlechte note kommt beim nächsten mal wirds besser (S. 18, Z.19-35)

Mit dieser Aussage bestätigen sich erneut die Annahmen zum geringen schulischen Interesse der Eltern von Nina: Bis auf abstrakte Orientierungen „brauchst du immer" und den Hinweis, dass die Noten „halt nicht so schlecht" sein sollen, gibt es wenig materiale Unterstützung und Anregung in Bezug auf ihre Bildungskarriere. Die elterlichen Bildungsorientierungen sind geprägt durch die Ausrichtung am Mittelmaß. Das „halt nicht so schlecht" sein verhindert bei Nina zudem ein Austreten aus der familialen Bildungstradition des 10. Klasseabschlusses, obwohl sie die kognitiven Fähigkeiten für ein höheren Abschluss hat. Zudem werden Nina von Seiten der Eltern keine materialen Bewältigungsstrategien oder Unterstützungsleistungen für die Problemlösung „schlechte Noten" angeboten, vielmehr bleibt sie auf sich selbst gestellt, das nächste Mal ein besseres Ergebnis zu erreichen.

Das Ausfallen eines familialen Bildungsanwaltes und die finanziell belastete Situation der Eltern minimieren die Rolle der Schule auf die Vergabe von Abschlusszertifikaten und beeinflussen Ninas Zukunftsentwürfe: Sie möchte so schnell wie möglich eine Lehrstelle finden und Geld verdienen.

> Nina: „na sobald wie möglich nich ich will erst mal ordentlichen abschluß jetz ich meen den hab ich ja jetz schon eigentlich och schon in der tasche nur die zwee mündlichen prüfungen dann äh meine lährstelle oder ja meine lähre ordentlich abschließen und dann ne richtje arbeit habn das ich ä bisschen geld of de kante weil kinda sin ja nich grade billig […] 'wenn ich das jeschafft habe un weess jetz kann ich mein kind was bieten mh dann würd ich mir n kind anschaffen" (betont)(S. 30, Z.3-13)

Auf die Frage, auf welche Lehrstellen sie sich beworben hat, antwortet sie wie folgt:

> Nina: ich wollte eigentlich tierarzthelferin werden aber bundesweit ‚zwei' lehrstellen (betont) (S. 7, Z. 30-31)

Ihren Traumberuf zu erlernen und Tierarzthelferin zu werden (vgl. Interview S. 7, Z. 31) hat sie mit dem von ihr gewählten Weg – Sekundarschulabschluss – nicht erreicht. Dass diese Qualifikation bei den (vor allem bei Mädchen) begehrten Lehrstellen nicht konkurrenzfähig ist, verkennt sie: „ich will erst mal ordentlichen abschluß jetz ich meen den hab ich ja jetz schon eigentlich och schon in der tasche" (vgl. Interview, S. 30, Z. 3-4) und begründet ihr Scheitern diesbezüglich mit der knappen Anzahl an Lehrstellen in diesem Segment. Um ihren Zukunftsentwurf zu realisieren, bewirbt sie sich nun um verschiedene, typisch weibliche Ausbildungsplätze „ich hab mich ja auf drei berufe versteift das war frisörin tierarzthelferin und bürokauffrau" (S.7, Z. 8).

Auf Grund der vielen Absagen auf ihre Bewerbungen besucht sie die Berufsberatung in Schönberg. Der Berufsberater[40] könnte nun die entscheidende Rolle des Bildungsanwaltes für Nina einnehmen:

> Nina: jetzt äh wurde mir zwar angeboten ich bin jetzt widder bei bewerbungen schreiben
> Interviewerin: ja ((schulklingel))
> Nina: nach schönberg und der herr höhne mit dem ich mich in verbindung gesetzt habe der ist ((der ist bei der 1)) der hat gesagt es jibt da noch ä=al=ne alternative und zwar abitur machen und wenn ich jetzt nüscht krieje muss ich jetzt nach palkau und mache mein abitur als bürokauffrau (S. 6-7, Z.30-05)

Auch in dieser Sequenz wird der Bewährungsdruck, die vordergründige Suche – das Bestreben von Nina eine Lehrstelle zu finden – deutlich. Dies zeigt sich noch einmal besonders deutlich in der Form, wie sie die ihr aufgezeigte Perspektive – Berufsausbildung mit Abitur zu machen – aufnimmt. Das Abitur erscheint ihr dabei nicht als eine sich neu eröffnete Chance, einen besseren Schulabschluss zu erlangen, sondern vielmehr als notwendiges Übel, um ihre Berufsausbildung zur Bürokauffrau zu bekommen[41].

Falls sie diesen Ausbildungsplatz auch nicht bekommen sollte, bleibt aus ihrer Sicht – außer der Arbeitslosigkeit – nichts anderes übrig, als dann doch das Abitur zu machen:

Auch an dieser Stelle wird deutlich, dass hier die Eltern als bildungsbiografische Berater ausfallen, denn sie könnten – mit dem vom Berufsberater aufgezeigten Weg – ihre Tochter dahingehend unterstützen, indem sie Nina ermuntern, weiter die Schule zu besuchen, um das Abitur zu machen.

> Nina: na ich hab jesacht wenns nicht klappt dann komm ich mit aufs wolf gymnasium ((lacht)) (S. 8, Z.15)

---

40 Nina hat dies zwar nicht in dieser Form explizit benannt, aber Herr Höhne erscheint an dieser Stelle nur in der Rolle des Berufsberaters stimmig.
41 Die Aussage von Nina „abitur als bürokauffrau" zeigt, dass Nina in Bezug auf Ausbildungsmöglichkeiten nur geringe Kenntnisse hat, denn die hier vermeintliche Alternative „Berufsausbildung mit Abitur" gibt es - in dem Bundesland in dem sie lebt - nicht.

Dass heißt, „wenns nicht klappt" so wird sie mit ihrer Schwester – die zurzeit noch die Grundschule im Ort besucht – im nächsten Jahr auf das Gymnasium in Schönberg gehen. An dieser Stelle erscheint es zunächst verwunderlich, dass die kleinere Schwester von Nina das Gymnasium besuchen wird.

> Nina: ja also ich hätt es ja auch nutzen können und jetzt ha ich zu caro jesacht machs, hast bessre chancen wenn man jetzt sieht im berufsleben da hast de noch paar jährchen mehr um dich da druf vorzubereiten (S.6, Z. 6-9)
> Interviewerin: mh
> Nina: die chance sollt se nutzen

Mit der Aussage von Nina wird deutlich, dass es nicht die Lehrerinnen und Lehrer aus der Grundschule oder die Eltern waren, die die Schwester in ihrer Schulkarriere beraten haben. Nina ist – mit ihrer eigenen, d.h. auf Lehrstellen fokussierten Begrenzung – zur Bildungsanwältin ihrer Schwester geworden und hat sie ermuntert, das Gymnasium zu besuchen, um sich besser – als sie es konnte – auf das Berufsleben vorzubereiten. Die Rolle der Eltern bei der Entscheidung ihrer jüngeren Schwester für die bildungsbiografische Entscheidung „Gymnasium" bleibt von Nina unbeleuchtet. So kann man davon ausgehen, dass Caroline wie auch Nina nur auf minimale Unterstützungsleistungen ihrer Mutter[42] bzw. der Eltern zurückgreifen kann, wenn es um die eigene Bildungskarriere geht.

4.6.4 Zusammenfassende Schlussbetrachtung des Falles Nina Müller

Auch in diesem Fallportrait wurde deutlich, dass die elterliche Herkunft von Nina eher dem schuldistanzierten Milieu zuzuordnen ist.

---

42   Die Mutter hat für sie beim Arbeitsamt nach freien Lehrstellen gefragt und ihr gegebenenfalls die dazugehörigen Adressen mitgebracht: N: „also wenn de mutti jetzt zum beispiel aufs arbeitsamt jeht guckt se och in=dn computer da rein frächt nach bringt ne adressen mit also die kümmern sich da och mit ." (vgl. Interview S. 8, Z.29-31)

Trotz der hohen Lern- bzw. Bildungsbereitschaft von Nina ist das
Zentrale aus den Rekonstruktionsergebnissen der Familie, Schule
und Biographie, die fatale Dopplung von Reproduktionsorientierung und Transformationsblockierung in Familie und Schule. Nina,
die auf Grund der geringen familialen Ressourcen in Bezug auf
Bildungskapital und der schwach ausgeprägten Bildungsorientierungen der Eltern auf Lehrerinnen und Lehrer angewiesen ist, die
ihr Orientierung und Unterstützung in Bezug auf ihre Bildungskarriere geben, trifft diese in der Sekundarschule nicht. Dies führt dazu, dass Nina trotz ihrer sehr guten schulischen Leistungen das von
den Eltern und der Schule präferierte Bezugsmilieu reproduziert
und ihre kognitiven Ressourcen nicht ausschöpft. In Bezug auf ihre
individuellen Bildungsorientierungen lässt sich zusammenfassend
festhalten, dass diese – kongruent zu dem schulkulturellen Entwurf
– explizit auf die Vergabe von Abschlusszertifikaten, auf den Anschluss der zehnten Klasse ausgerichtet sind, die es ihr ermöglichen
sollen, eine Lehrstelle zu bekommen und den zukünftigen Lebensunterhalt zu finanzieren. Die Möglichkeit, das Gymnasium zu besuchen, steht für sie nicht als Ergebnis ihres Schulerfolges oder als
Möglichkeit, die eigene Bildungskarriere zu gestalten, sondern der
Besuch der weiterführenden Schule stellt für sie quasi eine „Notlösung" dar. Eine Auseinandersetzung mit der biografischen Bedeutsamkeit ihres Schulerfolges findet bei Nina nicht statt. Auch hierfür
wären signifikante Andere in Form von Eltern, Lehrerinnen und
Lehrern für Nina bedeutsam, die ihre vorhandene Lernbereitschaft
positiv bestärken, sie in der Entwicklung eigener Sinnentwürfe unterstützen und letztendlich dazu verhelfen, ihren Schulerfolg als
Chance auf eine transformatorische Erweiterung ihrer Bildungsop-
tionen zu betrachten.

Doch das familiale und schulische Ausfallen der Bildungsanwaltschaft, das Einfordern von Anpassungsleistung und die Orientierung an Statuserhalt, blockieren Ninas Transformationsmöglichkeiten und bestärken ihre Milieu- und geschlechtsspezifischen Bil-

dungsorientierungen, die um Anerkennung von Hierarchien und um Statussicherung zentriert sind.

5 Kontrastierung der Fälle

Während in den vorausgegangenen Falldarstellungen die Rekonstruktionen zum Zusammenspiel der schulischen, familialen und individuellen Bildungsorientierungen der Jugendlichen im Zentrum der Betrachtung standen, wird in diesem Kapitel die Perspektive der Kontrastierung eingenommen, um von den Einzelfallrekonstruktionen zu Strukturvarianten von jugendlichen Bildungsorientierungen im Verhältnis schulischer und familialer Bildungsorientierungen zu gelangen, die wiederum in Beziehung zu milieuspezifischen Orientierungen zu setzten sind. Daraus ergeben sich folgende Kontrastierungsdimensionen:

5.1 Passung der dominanten schulkulturellen Bildungsorientierung zum familialen Bezugsmilieu

5.2 Individuelle Bildungsorientierung der Jugendlichen im Verhältnis zu den schulischen und familialen Bildungsorientierungen in der Spannung von Transformation und Reproduktion

Die grundlegenden theoretischen Bezüge, die im Hintergrund dieser Kontrastierung zum Tragen kommen, ist wie bereits im Kapitel 2.2 dargestellt, zum einen die Theorie der Schulkultur, die für die Herausarbeitung der institutionellen, d.h. schulkulturell dominanten Bildungsorientierung in meiner Studie einen zentralen Bezugshorizont einnimmt (vgl. Helsper/Böhme/Kramer/Lingkost 2001). Denn die Schulkultur als symbolische Ordnung der Sekundarschule, mit ihren spezifischen konstituierenden Sinnstrukturen und institutionellen Entwürfen, ist Ausgangspunkt der Analyse von den konkreten schulischen Bildungsorientierungen der Einzelschule. Auf Grundlage der Entwürfe der Schulleiterin zur Begrüßung der neuen

Schülerinnen und Schüler in der Sekundarschule können diese in der Spannung vom Realen, Symbolischen und Imaginären[43] rekonstruiert werden. Zum anderen stellt das Milieukonzept von Vester (vgl. Vester/Hoffmann/Zierke 1995) einen weiteren Theoriebezug, der für die Kontrastierung der institutionellen Bildungsorientierung mit dem familialen Bezugsmilieu an dieser Stelle zu Grunde liegt, dar. Da dieser „im Anschluss an Bourdieu nicht nur die vertikale Schichtung im sozialen Feld entlang ökonomischer Differenzen aufgreift, sondern zusätzlich in der Horizontalen zwischen verschiedenen grundlegenden Haltungen im sozialen Raum unterscheidet, die in der Spannung zwischen avantgardistischen, hoch modernisierten und eher bewahrenden Haltungen aufgespannt sind und sich damit entlang der Linie der Transformation und Reproduktion des Sozialen unterschiedlich verorten" (vgl. Helsper 2009, S. 275, Vester u.a. 1995, 2001, Bremer/Lange-Vester 2006).

Aus dieser Perspektive sind damit die rekonstruierten familialen Bildungsorientierungen eingelagert in die milieuspezifischen Bildungsorientierungen, die aufgrund des von der Schule präferierten Bezugsmilieus strukturell sichtbar werden.

5.1 Passung der dominanten schulkulturellen Bildungsorientierung der Sekundarschule zum familialen Bezugsmilieu

Um das Passungsverhältnis der schulkulturell dominanten Bildungsorientierung[44] zum familialen Bezugsmilieu zu betrachten, ist

---

43 Eine detaillierte Begriffsbestimmung des Realen, Symbolischen und Imaginären nehmen Helsper/ Böhme/Kramer/Lingkost in ihrer Publikation „Schulkultur und Schulmythos", 2001, S. 24ff vor und wird an dieser Stelle von mir nicht ausführlich dargestellt.

44 Die Bestimmung als schulkulturell dominante Bildungsorientierung soll hier – in Differenz zur Definition der institutionellen Bildungsorientierung – darauf verweisen, dass es in der Sekundarschule durchaus schulische Vertreterinnen und Vertreter gibt, die einen anderen, zur Institution gegenläufigen Entwurf der Bildungsorientierung besitzen, aber nicht die Stimmstärke, die zu einer Reformulierung der dominanten Bildungsorientierung der (Sekundar-) Schulkultur führen. Die

es meines Erachtens notwendig, zum einen noch einmal die relevanten Ergebnisse aus der Rekonstruktion der Schulleiterinrede zusammen zufassen. Zum anderen werden in einem nächsten Schritt die rekonstruierten familialen Bildungsorientierungen als Ausdrucksgestalt ihrer Milieuzugehörigkeit kontrastiert.

Betrachten wir zunächst die schulkulturell dominanten Bildungsorientierungen, die sich in der Rede der Schulleiterin rekonstruieren ließen:

In der Rekonstruktion zur Begrüßung der neuen Schüler wurde deutlich, dass der dominante Entwurf der Schule sich auf das formal Organisatorische beschränkt, das in erster Linie darin besteht, Schule der Gemeinde zu sein. Der Schulleiterin gelingt es in der Begrüßung der neuen Schüler weder die Schulnovizen stimmig zu begrüßen noch einen konturierten Entwurf pädagogischer Generationsbeziehungen für die Schülerinnen, Schüler, deren Eltern und für die Lehrerinnen und Lehrer auszugestalten. Vielmehr diffundiert die Begrüßungsfeier durch die Verbindung mehrerer schulischer Veranstaltungen (Begrüßung der neuen Schüler, Elternversammlung und Tag der offenen Tür) zur Gemeindeveranstaltung, die für alle Interessierte geöffnet ist. Durch diese Gemeinschaftskonstruktion gerät die Herausgehobenheit des Anlasses und die damit verbundene Besonderung der Schüler aus dem Blick.

Gerade in derartigen Eröffnungssituationen, Kontexten, sind pädagogische Sinnstiftungen für die Schülerinnen und Schüler und deren Familien unentbehrlich. Denn sie geben nicht nur Auskunft über das pädagogische Konzept, sondern sie enthüllen auch die Anspruchs– und Erwartungshaltungen der Schule gegenüber den neuen Schülerinnen und Schülern und deren Familienbezug. Der von der Schulleiterin präsentierte wichtige Grundsatz, der einen Entwurf für gelungene Bildung und Erziehung für die Schüler erwarten ließ, beschränkt sich auf formale organisatorische Regelun-

---

Bezeichnung „institutionelle Bildungsorientierung" halte ich demnach für missverständlich dahingehend, dass diese nur in ihrem funktionalen Bildungsauftrag von Schule verstanden werden könnten.

gen, das heißt darauf, dass das Schulende der Fahrschüler gut auf die Busfahrpläne abgestimmt ist (vgl. Kap.4.1).

In diese schulkulturelle Organisationsgestalt reiht sich das von ihr entworfene Bild der idealen Schülerin und des idealen Schülers ein: Sie sollen fleißig lernen, die Autorität der Lehrerinnen und Lehrer anerkennen und sich damit möglichst unkritisch in die schulische Ordnung einfügen.

> Schulleiterin: ich hoffe, das ihr die freude am lernen in der sekundarschule nicht verliert, das ihr weiterhin gern zur schule geht, fleißig lernt, auf all das hört auf ratschläge und hinweise eurer neuen=eurer neuen lehrer (vgl. SR. S. 7, Z. 19-21)

Das heißt, an dieser Schule werden die Schülerinnen und Schüler nicht dazu aufgefordert, eine kritisch reflexive Haltung einzunehmen, sondern sie sollen, so die Hoffnung der Schulleiterin, die Haltungen und Einstellungen ihrer neuen Lehrer übernehmen und qua Generationsdifferenz anerkennen. In Bezug auf die Ansprüche gegenüber der Elternschaft hat die Rekonstruktion der Rede der Schulleiterin gezeigt, dass diese ebenfalls nur unscharf konturiert sind:

> „und von ihnen liebe eltern, würd ich mir einfach wünschen, das wir gut miteinander zusammenarbeiten, das sie wenn sie sorgen oder probleme haben, das sie zunächst zu klassenleiter gehen, und wenn die probleme dann nicht zu lösen sind hab ich immer ein offenes ohr für sie, und das sie solche sorgen nicht lange mit sich herumschleppen, das sie kommen und wir die gemeinsam aus der welt schaffen und ich glaube, dann wird ihre schulzeit=die schulzeit ihrer kinder auch in der sekundarschule erfolgreich sein" (vgl. SR. S. 7, Z. 22-27)

Auch in der Nennung der organisationsförmigen Abfolge der Ansprechpartner bei Problemen der Eltern (die nicht nur auf die Schule bezogen sein müssen) zeigt sich, dass nicht die Bildungsinhalte in dieser Schule einen zentralen Stellenwert einnehmen, sondern die Gemeinschaft, die die Probleme aus der Welt schaffen kann. Des Weiteren wurde in dieser Sequenz deutlich, dass, wenn die Eltern diese organisatorische Abfolge befolgen, sie nicht nur auch eine erfolgreiche Zeit in der Sekundarschule haben, sondern die

Familien darüber hinaus ebenfalls in die Schulgemeinde aufgenommen werden. An keiner Stelle der Begrüßungsrede, die auch Elternversammlung und Tag der offenen Tür war, wurde ein Entwurf gelungener Bildung und Erziehung für die neuen Schüler und die dazugehörigen Familien durch die Schulleiterin expliziert. Stattdessen sind die wenig konturierten schulkulturellen Bildungsorientierungen um die ländliche Zugehörigkeit und um die Integration in die Gemeinde zentriert.

> Schulleiterin: ich freue mich das sie so zahlreich erschienen sind=das zeigt uns lehrern immer, das doch ein grosses interesse daran besteht was auf ihre kinder zukommt, äh ((im folgendem schuljahr)) überhaupt an den schulischen belangen die mit ˋeltern schülern lehrern nurˋ (langsam, betont) in zusammenarbeit zu lösen sind, ˋvielesˋ (betont) wird neu sein für euch liebe schülerinnen und schüler im kommenden schuljahr (türknarren), für sie auch liebe eltern aber es wird sich in grenzen halten das schulische umfeld für die gernauer wie gesagt das ändert sich ´nicht´ (betont) (vgl. SR.: S. 2. Z 19-25)

Die Entwürfe der idealen Schülerinnen und Schüler beziehen sich auf eine Generationsdifferenz, die quasi naturwüchsig auf Grund der Altersdifferenz zwischen Schülerinnen und Schülern und den Lehrerinnen und Lehrern und der Rollenverteilung (Lehrende und Lernende) gegeben ist und die stark auf Anerkennung von Autoritäten, Hierarchien und Reproduktion der schulischen Ordnung ausgerichtet ist. Der von der Schulleiterin verbürgte schulkulturelle Entwurf des idealen familialen Bezugmilieus bezieht sich zum einen auf die naturwüchsig gegebene Generationsdifferenz zwischen den Eltern und den Schülerinnen und Schülern, die über ein traditionelles Verständnis des Versorgens der Kinder nicht hinaus geht. Zum anderen bezieht sich dieser auf Familien, die zwar ein minimales Interesse an den schulischen Belangen ihrer Kinder haben, aber deren Bildungsorientierungen nicht auf Transformation ausgerichtet sind, sondern auf Kontinuität und Erhalt der Gemeinde. Dementsprechend fällt auch das Versprechen der Schulleiterin gegenüber den familialen Milieus aus, das ‚Neue' wird sich in Grenzen halten. Selbst Familien und deren Kinder, deren schulisches Interesse sehr gering ist – dies wird in der Formulierung „sie so zahlreich erschienen" und nicht etwa alle Familien und deren Kinder, die neu in die Schule aufgenommen werden – sind in der Sekundarschule willkommen.

Damit vermittelt die Sekundarschule ein Normalitätsmodell, das in den Bildungsentwürfen des traditionellen kleinbürgerlichen Arbeitnehmermilieus[45] (vgl. Vester 2001, S. 518ff) aufgeht. Das heißt, die Schule spricht mit ihren wenig konturierten und um die Gemeinde zentrierten Bildungsorientierungen eher reproduktionsorientierte Milieus an, die keine starken Bildungsambitionen haben und nicht an Transformation interessiert sind. Das ‚bedrohlich Neue' und somit auch die Transformationspotentiale, die die Statuspassage des Übergangs von der Grund- zur Sekundarschule beinhalten, wird von der Schulleiterin minimiert, ja man könnte fast sagen, nivelliert. Als besonders passförmig müssen sich demnach die familialen Milieus erweisen, deren Bildungsorientierungen sich mit den schulischen Entwürfen decken und deren Haltungen ebenso an Normalität, Sicherheit und Konformität zentriert sind. Denn das Versprechen der Schule beinhaltet neben der unauffälligen Integration der Gemeindekinder und dem Abschluss der zehnten Klasse die Sicherung des Erhaltes der Gemeinde. Die begrenzten Bildungsorientierungen der Schule weisen damit höhere Bildungsambitionen von den Familien und Schülerinnen und Schülern ausdrücklich zurück, und Aufstiegs- und Transformationsorientierungen werden damit deutlich eingeschränkt (vgl. Vester 2005, S. 59f, Helsper/Kramer/Hummrich/Busse 2009, S. 284). Dazu stehen nicht nur die alternativen, kritisch-reflexiven Milieus des oberen Raumes

---

45 Die konventionelle Statusorientierung des „Kleinbürgerlichen Arbeitnehmermilieu spezifiziert Vester folgendermaßen: „Es wird besonderer Wert auf den äußeren Eindruck gelegt. Eventuelle Makel sollen nicht zu sehr auffallen, man will sich nicht gern exponieren. Dies setzt auch einem aggressiven Aufstiegsstreben Grenzen. Man gibt sich mit seinem Platz in der sozialen Ordnung zufrieden und will >>das Beste aus den Dingen machen<<. Traditionelle Werte wie Disziplin, Ordnung, Pflichterfüllung und Verlässlichkeit werden mit einem >Blick nach oben< hochgehalten." (vgl. Vester 2001, S. 518)

im maximalen Kontrast, sondern auch die aufstiegsorientierten Milieus des mittleren und des unteren sozialen Raumes. Für die Schülerinnen und Schüler dieser Schule heißt das, dass diejenigen Schülerinnen und Schüler, die anderweitige Bildungsorientierungen besitzen, die Sekundarschule entweder bereits für das Gymnasium oder mit einem Hauptschulabschluss verlassen haben.

Innerhalb des Forschungskontextes zu pädagogischen Generationsbeziehungen (vgl. Helsper/Kramer/Hummrich/Busse 2009, S. 284) haben wir für die Sekundarschule nachfolgendes Milieu-Institutions-Schema (Abb.: 3) entworfen.

Diese Abbildung der sozialen Milieus in Ostdeutschland verdeutlicht neben der Platzierung der zentralen Bezugsmilieus –. die primären homologen Milieus[46] – der ländlichen Sekundarschule Gernau, auch die sekundären und antagonistischen Abstoßungsmilieus der Schule. Das heißt, es wird hiermit deutlich, welche Milieus sich besonders passförmig zu den schulischen Entwürfen gestalten und welche dazu eher in Kontrast stehen. Als primäre homologe Bezugsmilieus der Sekundarschule – die zur Reproduktion ihrer institutionellen Entwürfe beitragen – kann hier das „kleinbürgerliche Arbeitnehmermilieu" und als sekundäres das „traditionelle Arbeiter- und Bauernmilieu" bestimmt werden, die Nähen zum „traditionslosen Arbeitnehmermilieu" aufweisen. Gleichzeitig wird mit der Grenzziehung zu den „Abstoßungsmilieus", deutlich, dass alle Milieus, deren Haltungen bildungs- und leistungsorientiert sind, sich an Originalität, Eigenständigkeit und Autonomie orientieren, also habituelle Haltungen verkörpern, wie es Vester für das „bürgerlich humanistische" und für das „liberal-intellektuellen" Milieu

---

46   Diese Bestimmung bezieht sich auf die Grundannahmen des Projektes „pädagogische Generationsbeziehungen in Familie und Schule", dass „es zur jeweiligen Schule erstens mehr oder weniger deutlich ausgeprägte *primäre homologe Milieus* gibt, zweitens auch *sekundäre Bezugsmilieus*, die zwar eine Nähe zur Schule besitzen, aber zugleich mehr oder weniger starke Transformations- und Konversationsbereitschaft aufweisen müssen, und schließlich drittens *antagonistische Abstoßungsmilieus*, die hinsichtlich des idealen sekundären Schülerhabitus der jeweiligen Schule die größte Diskrepanz aufweisen und für die Schule das Fremde bilden" (vgl. Helsper/Kramer/ Hummrich/Busse 2009, S. 276).

bestimmt, in antagonistischer Differenz zum primären Bezugsmilieu der Sekundarschule stehen.

Abb. 3: Soziale Milieus in Ostdeutschland

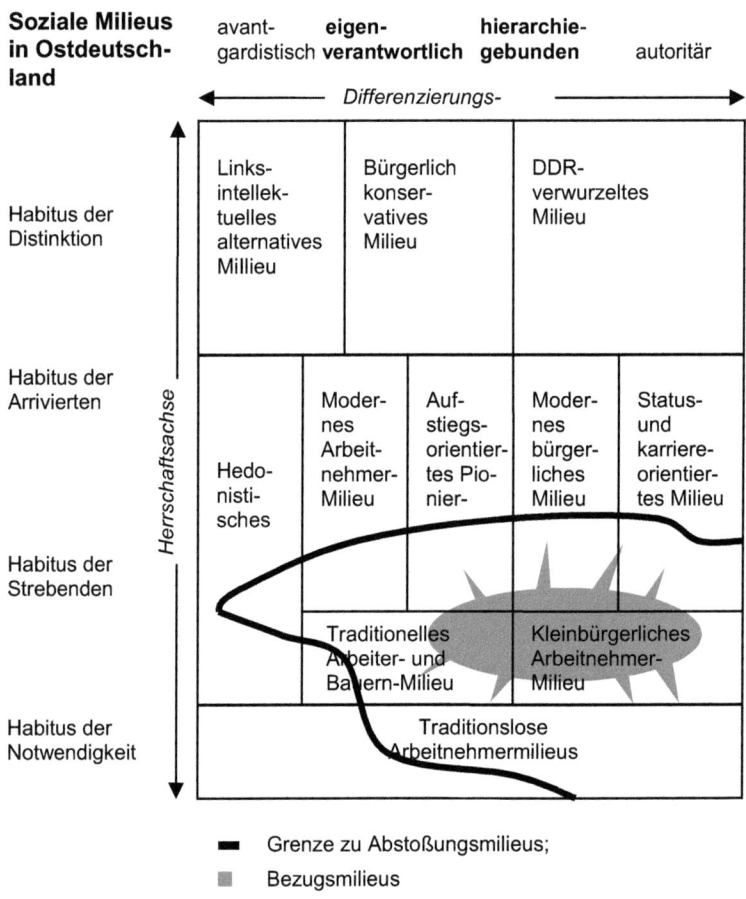

Quelle: Helsper, Kramer/Hummrich/Busse 2009, S. 284

Betrachtet man nun die Passung der schulischen Bildungsorientierungen zum familialen Bezugsmilieu in den rekonstruierten Fällen, so kann man festhalten, dass vier von fünf Fällen in Bezug auf ihre Familienmilieus eine starke Passförmigkeit zur Institution aufweisen. Die Passförmigkeit der Familien zu dieser Schule gestaltet sich:

a) über das Maß der Einbindung der Familien in die Gemeinde
b) über die Schulaffinität und
c) über deren Reproduktionsorientierung.

a)   Maß der Einbindung der Familien in die Gemeinde

Auch wenn diese Untersuchung keine Gemeindestudie im herkömmlichen Sinne darstellt, werden hier die inhärenten Strukturen einer Gemeindeordnung sichtbar, die sich auch in den Bezügen der Jugendlichen auf Gernau präsentieren. So wird im Fall Yvonne (mit der Thematisierung des „Dorftratsches" über die Lebensweisen der Mutter) und auch im Fall Marlon („was solln die leute von eim denken") besonders deutlich, dass eine soziale Kontrolle der Gemeinde darüber besteht, was gewünschte oder tolerierte Lebensentwürfe sind, welche eher marginalisiert und in eine Außenseiterposition gebracht werden, weil diese nicht die breite Akzeptanz der Dorfgemeinschaft erfahren. Bis auf den Fall Anne ließen sich in allen Fällen nicht nur eine Unterwerfung und Akzeptanz der „Gemeindeordnung" rekonstruieren, sondern darüber hinaus auch ein hohes Maß an Identifikation mit dieser, welche sich in den gegenwärtigen und zukünftigen räumlichen Verortungen der Jugendlichen zeigt. So kann in Bezug auf die Gemeindeverortung der untersuchten Familien, für diese Fälle folgendes festgehalten werden: Weder Yvonne mit ihrer Mutter, die im gemeindeintegrierten Neubaugebiet wohnt, noch Sörens Familie, die ein altes Haus in der

Gemeinde hat oder Marlon, dessen Elternhaus über Generationen hinweg vererbt wird, noch Ninas Eltern, die wie sie in der Gemeinde verbleiben wollen, sind bestrebt, die ländliche Gemeinde zu verlassen.

Das heißt, dass bis auf Annes Eltern – die mit ihren beiden Kindern erst in die neue Einfamilienhaussiedlung gezogen sind[47] und keine engeren sozialen Kontakte in Gernau haben – konnte in allen Fällen ein starker regionaler Bezug der Familien herausgearbeitet werden, der zum Entwurf der Schule als Gemeindeschule und deren Erhalt passt.

b)   Schulaffinität des familialen Bezugsmilieus

In Bezug auf die Affinität der Familien zur Schule konnte in allen Fällen eine zurückgenommene Bildungsorientierung der Familien rekonstruiert werden, worin eine Homologie zur DDR-Bildungstradition – in der der Abschluss der 10. Klasse ein allgemein anerkannter, guter Abschluss war – zum Ausdruck kommt. Das zeigt sich nicht zuletzt auch daran, dass wir keine familialen Konstellationen in dieser Schule finden konnten, in der der Sekundarschulbesuch des Kindes als problematisch betrachtet wurde und in der höhere Abschlüsse von Seiten der Familie aktiv antizipiert wurden. Die starke Institutions-Milieu-Passung, d.h. die homogene Elternschaft[48] und deren verhaltene Anforderungen an die Schule verhindert, damit gleichzeitig, dass die Schule unter Druck gerät, ihr schulisches Konzept zu überarbeiten bzw. dieses überhaupt pädagogisch zu profilieren.

---

47   Dieser Umzug von einer Mietwohnung in ein Eigenheim ist als Indiz der elterlichen Aufstiegshoffnung zu lesen, deren Umsetzung an Hand der Problemaufschichtung, d.h. durch das geringe ökonomische Kapital der Familie und der Paarprobleme der Eltern vom Scheitern bedroht ist.

48   Diese starke Institution-Milieu-Passung ist eine spezifische Besonderheit dieser ländlichen Sekundarschule und lässt sich wahrscheinlich nicht, z.B. in Bezug auf städtische Sekundarschulen, mit einer heterogeneren Schüler- und Elternschaft, generalisieren.

c) Orientierung der familialen Bezugsmilieus an Reproduktion und Transformation

Die Passung der familialen Bildungsorientierung zum schulischen Entwurf der Bildungsorientierung zeigt in allen fünf Fällen eine Tendenz zur Homologie der schulischen und familialen Reproduktionsorientierung, die in den familialen Antizipationen von Bildungsmöglichkeiten und der Bewertung der schulischen Abschlüsse graduell unterschiedlich gelagert ist: Während es der Familie von Sören wichtig ist, dass ihr Sohn einen Schulabschluss der 10. Klasse erhält, um mehr Chancen auf dem Lehrstellenmarkt zu haben, damit er einmal selbst seinen Lebensunterhalt verdienen kann, liegt das Interesse der Familie Becker darin, dass Marlon traditionell den familialen Bildungsstand der 10. Klasse reproduziert, um das Ansehen der Familie in der Gemeinde nicht zu gefährden. Bei Yvonne sind die Reproduktionsorientierungen der Mutter stark in die Bindungsproblematik zur Tochter eingelagert. Für ihre Tochter wünscht sie sich einen guten 10. Klasseabschluss, der es ihr ermöglicht, eine Lehrstelle zu bekommen und später, ähnlich wie sie selbst beispielsweise als Krankenschwester den eigenen Lebensunterhalt zu verdienen. Würde Yvonne ihre Mutter mit höheren Bildungsambitionen konfrontieren, dann käme dies einem Affront in Form von Abgrenzung und Besonderung gleich. Auch im Fall Nina zeigt sich, dass die elterlichen Bildungsorientierungen in den Entwürfen des idealen familialen Bezugsmilieus der Schule aufgehen: Dies zeigt sich besonders in der mütterlichen, fast „autoritätshörigen" Haltung gegenüber den Lehrerinnen und Lehrern der Schule und ihrer Erleichterung, dass ihre beiden Töchter keine Probleme haben, den schulischen Anforderungen zu genügen. Auch in dieser Familie geht es vorrangig um die unauffällige Integration in die Gemeinde. Der zehnte Klasseabschluss fungiert hier mit dem familialen Bildungshabitus der Notwendigkeit, als erstrebenswerter Türöffner in die Lehr- bzw. Berufswelt, und deren Eintritt steht für die angestrebte Statussicherung.

Anne steht hier am ehesten für den Fall, dass ein elterliches Herkunftsmilieu Möglichkeiten für Transformationen bereitstellt. Bei ihr eröffnet die „Gemeindeferne" ihrer Familie am ehesten den Möglichkeitsraum für Transformationen in Bezug auf Bildung, die aber durch die restriktiven Bedingungen, wie die finanziellen und partnerschaftlichen Probleme der Eltern, behindert werden. Dennoch ist Annes Mutter bereit, ihre auf den zehnten Klasseabschluss ausgerichteten Bildungsorientierungen zu modifizieren und Anne den Besuch eines Gymnasiums zu gestatten. Dies geschieht jedoch nicht aus einer transformatorischen Haltung, einer Bildungsambition heraus, sondern aus Anpassung an die regionale Gegebenheit der nicht zufrieden stellenden Lehrstellensituation für ihre Tochter. Damit weist auch diese familiale Bildungsorientierung eine Nähe zum Fall der familialen Bildungsorientierung von Nina auf, indem sich der familiale Bildungshabitus der Notwendigkeit rekonstruieren ließ.

Zusammenfassend kann für die Passung von der schulkulturellen Bildungsorientierung zu dem familialen Bezugsmilieu festgehalten werden, dass in den Fällen Yvonne, Sören, Marlon und auch Nina eine starke Passung in Bezug auf Milieu und Institution vorliegt, die sich zum einen auf den starken regionalen Bezug der Familien und Schülerinnen und Schüler und zum anderen auf die verkennende Reproduktionsverpflichtung bezüglich der schwachen familialen und schulischen Bildungsorientierungen bezieht. Für Anne gilt dies jedoch nicht: In ihrem Fall kann man von einem eingeschränkten Passungsverhältnis sprechen, weil der regionale Bezug der Familie nicht so stark und bei Anne kaum vorhanden ist, sie zudem Tendenzen einer habituellen Bildungsorientierung des strebenden Milieus (vgl. Vester 2004, S. 41f) aufweist, in dem das Gymnasium angesichts verstellter Ausbildungsmöglichkeiten als Alternative in Betracht gezogen wird.

Diese Kontrastierungsergebnisse in Bezug auf die familialen Bezugsmilieus der Sekundarschule stützen die von Vester erarbeiteten milieuspezifischen Strategien der Statussicherung für die „respektablen" Volks- und Arbeitnehmermilieus in der ständisch-kleinbürgerlichen Traditionslinie. In diesem Milieu „geht es um eine gesicherte soziale Rangposition, die durch Strategien der Einordnung in persönliche Autoritätshierarchien, Pflichterfüllung und Konformität mit den geltenden Normen erreicht werden soll, also eine Art Patron-Klientel-Nexus nach dem Grundsatz „Treue gegen Treue". Bildungserwerb ist eher ein abgeleiteter Wert, mit der begrenzenden Funktion, den Zugang zu einem „ordentlichen" Beruf und äußeren Ansehen zu legitimieren" (vgl. Vester 2004, S. 43). Die Arbeit besitzt demnach nicht den Stellenwert der Selbstverwirklichung, sondern dient vielmehr der Statussicherung und der sozialen Einordnung (vgl. auch Vester 2001, S. 519).

Des Weiteren wird mit der Kontrastierungsdimension der Passung der dominanten schulischen Bildungsorientierung zu der des familialen Bezugsmilieus deutlich, dass die homologen Reproduktionsansprüche innerhalb der Schule und der Familien an die Jugendlichen um die unauffällige Integration in die Gemeinde zentriert sind und schulische Leistungen dann in den Hintergrund treten, wenn es um die Bewahrung der Tradition geht. Selbst in den für die Schülerinnen und Schüler bedeutsamen Statuspassagen werden von der Schulleiterin die Transformationspotentiale, die ein derartiger Schulwechsel für die Individuations- und Bildungsprozesse der Jugendlichen eröffnen kann, als das bedrohlich Neue markiert, das sich aber in der Schule „in Grenzen halten" wird. Strukturell gesehen ist „damit die Schule im Kern nicht mehr Institution der Moderne mit der Betonung transformatorischer Potentiale, sondern gegenmodernistische Instanz der Begrenzung" (vgl. Helsper/Kramer/Hummrich/Busse 2009, S. 326). Diese Abwehrhaltung in Bezug auf transformatorische Bildungsprozesse lässt sich ebenso in dem familialen Bezugsmilieu der Sekundarschule

finden. Diese hohe Affinität zwischen der schulischen und familialen Bildungsorientierung beschneidet die Möglichkeitsräume für
die Jugendlichen, in dessen Spielraum sie eigene Bildungsorientierungen generieren können, die über die Vorstellung eines „konform
angepassten Gemeindemitglieds" hinausgehen oder vielleicht den
Weggang aus der ländlichen Gemeinde provozieren. Damit wird
die transformatorische Zukunft der Heranwachsenden der Gemein-
dehaltung geopfert (vgl. Kramer/Helsper/Hummrich/Busse 2009, S.
414).

Wie sich die Jugendlichen in – ihrer adoleszenten Ablöse-
krise[49] – auf die familiale und schulische Generationsordnung und
deren habitualisierten, tradierenden und reproduktiven Bildungsorientierungen beziehen, soll nun Gegenstand der zweiten Kontrastierungsdimension sein.

5.2 Individuelle Bildungsorientierungen der Jugendlichen im Verhältnis zu den schulischen und familialen Bildungsorientierungen in der Spannung von Transformation und Reproduktion

In diesem Kapitel steht die Kontrastierung der individuellen Bildungsorientierungen der Jugendlichen und deren biografische Auseinandersetzung mit den schulischen, milieuspezifischen und inner-
familialen Bildungsorientierungen im Mittelpunkt.

Die zentrale Frage, die sich stellt, ist die, wie sich die Generierung der individuellen Bildungsorientierung vor dem Hintergrund

---

49   Hier beziehe ich mich auf die strukturtheoretischen Bestimmung der „Adoleszenzkrise"
von Oevermann, der in der Unterscheidung universeller ontogenetischer Krisen eines Individuums
diese als die Krise „der Ablösung von der Herkunftsfamilie" beschreibt, an deren Ende die Phase des
Übergangs von der Kindheit zum Erwachsen-Sein steht (vgl. Oevermann 2001, S. 109). „Denn mit
der Bewältigung der Adoleszenzkrise muss man im Selbstbild und Identitätsentwurf sich darin festgelegt haben, welchen Part man als Staatsbürger und in den übergeordneten Vergemeinschaftungen,
denen man angehört, übernehmen will, welchen Anteil der Selbstverwirklichung man mit der Hinga-
be an die öffentlichen Belange füllt" (ebd., S. 111).

der rekonstruierten schulkulturell dominanten und der konkreten familialen Bildungsorientierung als Ausdrucksgestalt der milieu-spezifischen Bildungsorientierung in den jeweiligen Fällen präsentiert. Dafür werde ich zum einen die aus der Rekonstruktion der schulischen Interaktionen und die aus den Schülerbiografien rekonstruierten Zukunftsentwürfe gewonnenen Ergebnisse, als Niederschlag der Auseinandersetzung und der Generierung individueller Bildungsorientierungen, kontrastieren. Zum anderen werde ich diese konkreten Bildungsorientierungen des Falles zu den schulkulturell dominanten und den jeweils familialen Bildungsorientierungen in der Spannung von Reproduktion und Transformation vermitteln, um dann im Kapital 5.3 die Strukturvarianten in Form einer Typologie individueller Bildungsorientierungen bestimmen zu können.

Innerhalb der Fallstudie zur Sekundarschule mit ihrem familialen Bezugsmilieu lässt sich eine starke Homologie in Bezug auf die Reproduktionsorientierung rekonstruieren, die sich unter den Bedingungen der An- und Einpassung in die Gemeinde, das Einhalten der naturwüchsig gegebenen Generationsdifferenz und einer konformen unkritischen Lebenshaltung vollzieht. Diese herausgearbeitete Kernstruktur der dominanten Bildungsorientierung der Schulkultur der Sekundarschule und die der jeweiligen Familien stellen den Ermöglichungs- und Begrenzungsraum für die Ausgestaltung der individuellen Bildungsorientierungen für die Jugendlichen dar. Vor dem Hintergrund dieser Matrix gestalten sich ihre fallkonkreten Individuations- und Bildungsprozesse, die sich als Ausdrucksgestalt ihrer habituellen Haltung in den individuellen Bildungsorientierungen präsentieren.

In der biografischen Rekonstruktion wurde deutlich, dass Sören durch das harmonische Zusammenspiel von Familie und Schule die gegebene Ermöglichungsstruktur kaum für seine Individuation nutzen kann, da ihm der Zugang zu eigenständigen Welt- und Sachbezügen interaktiv verstellt wird. Bei ihm bewirkt die doppelte Reproduktionsstruktur in Familie und Schule die Blockierung der Entfaltung eigener bildungsbiografischer Bezüge, die ihm in seinem Verselbstständigungsprozess voranbringen könnten. Dieses Ausfallen der familialen und schulischen Bezüge führt dazu, dass er in seinem prekären Herkunftsmilieu gefangen bleibt (vgl. auch Helsper/Kramer/Hummrich/Busse 2009, S. 329) und die Versuche[50], in Opposition zum institutionellen Habitus zu treten, auf Grund der homologen Anregungsarmut und Beschämungspotentiale in Familie und Schule misslingen. Vor diesem Hintergrund gelingt es ihm nicht, eigene Bildungsorientierungen zu entwickeln, und seine Transformationswünsche verbleiben im Status imaginärer und für ihn unerreichbare Zukunftsentwürfe, die er mit „Bill Gates" zum Ausdruck bringt. Das Fehlen konkreter Transformationsvorstellungen in Form von individuellen Bildungsorientierungen passt sich harmonisch in die schulkulturell dominante Bildungsorientierung der reproduktiv bindenden Gemeindeorientierung und in die konventionell angepasste familiale Bildungsorientierung von Sören ein, und deren zentrales Ziel, des angepassten, konformen Gemeindebürgers scheint mit Sören in seiner Reproduktionsbereitschaft erreicht zu sein.

Diese Reproduktionsbereitschaft und Anpassungsleistung in Bezug auf die schulische Integration in die Gemeinde und die Bindung an die Familie bzw. Mutter findet sich auch im Fall Yvonne wieder, jedoch grenzt sich dieser vom Fall Sören zum einen insofern ab, als ihre Familiendynamik[51], ihre familiale Konstellationen

---

50 In der Rekonstruktion der schulischen Interaktion zwischen Sören und der Englischlehrerin zeigte sich, dass Sören aus der Beschämungsszene heraus versucht, die Stigmatisierung zurückzuweisen, d.h. seine Autonomie in Opposition zur Schule frei- und umzusetzen und damit zum „Rebell wider Willen" wird.

51 Mit dem Begriff der Familiendynamik beziehe ich mich hierbei auf das aus der systemischen Perspektive konzipierte Heidelberger familientherapeutische Konzept, das die Familiendynamik unter dem Gesichtspunkt des Zusammenspiels zentripetaler (bindender) und zentrifugaler (ausstoßender) Kräfte betrachtet (vgl. Stierlin 1989). „Von besonderer Bedeutung ist der Beziehungsmodus der Delegation, bei welchem Aufträge oft über Generationen *von den Eltern an die Kinder* weitergereicht werden, Aufträge, welche die Entwicklung der Kinder stimulieren können, indem sie ihrem Leben Sinn, Ziel und Richtung geben, die die Entfaltung der Kinder aber auch lähmen und sie

mit der Verkehrung der Generationsdifferenz, eine andere ist und nicht zum schulisch präferierten Bezugsmilieu in Bezug auf die Einhaltung der naturwüchsig gegebenen Generationsdifferenz gehört. Zum anderen erfährt sie nicht – wie Sören – die umfassende Anerkennung ihres jugendlichen Selbst von ihrer Mutter und muss sich daher kompensatorisch andere Anerkennungsräume, wie die Peers es für sie darstellen, erschließen. Dennoch kann man für diesen Fall ein gutes Passungsverhältnis konstatieren, da die habituellen Haltungen die Bildungsorientierungen der Mutter wiederum denen der Schule entsprechen. Damit steht auch dieser Fall für eine doppelte Reproduktion, die sich in Yvonnes Bildungsorientierungen (Abschluss zehnte Klasse, Lehrstelle, Job zur Finanzierung ihres in Gernau integrierten Gemeindelebens) und ihren Integrations- und Anerkennungsbemühungen besonders bei den Peers niederschlägt.

Auch wenn im Fall Anne Parallelen zu Yvonne in der Verkehrung der familialen Generationsdifferenz und der funktionalen Verwendung ihrer Person (Ratgeberin des Vaters bei partnerschaftlichen Problemen) vorliegen und somit eine ganz ähnliche, problematische Familiendynamik sichtbar geworden ist, unterscheidet sich der Fall Yvonne in Bezug auf die Reproduktionsorientierung grundlegend. Denn zum einen wird Anne und deren Familie durch den Umzug in die neu entstandene Eigenheimsiedlung Gernaus – als „Neuhinzugezogene" – zu den Außenseitern der Gemeinde und zum anderen markiert das neue Haus die Aufstiegsorientierung der Eltern, die nicht zum idealen schulischen Bezugsmilieu passt. Diese Aufstiegshoffnung der Familie kann zwar auf Grund des geringen ökonomischen Kapitals und durch die Paar-

---

in Konflikte verstricken können, etwa bei divergierenden Erwartungen der Eltern an das Kind, oder wenn die Erfüllung des Auftrages gleichzeitig die persönliche Entfaltung oder soziale Integration behindert" (vgl. Willi 1999, S. 176,). Aus dieser Perspektive wird die Familie als familiäres System als Organisation der in Familien wirksamen Kräfte betrachtet, wobei auch der „Einfluss der Organisation auf die Dynamik der Kräfte, aber auch der Einfluss der Dynamik auf deren Organisation" (vgl. ebd.) beachtet wird (vgl. auch Hofer 2002).

probleme der Eltern nicht umgesetzt werden, aber Anne behält diese in ihrer Bildungsorientierung bei. Da diese erhöhten Bildungsambitionen und ihre Gemeindeferne konträr zu der schulischen Bildungsorientierung der Reproduktion der Gemeinde liegen und die Familie durch ihre Problemaufschichtung Anne auch nicht den Möglichkeitsraum zur Überführung ihrer Transformationswünsche in reale Transformationsmöglichkeiten bieten kann, verbleiben ihre Bildungsorientierungen – trotz guter schulischer Leistungen – auf dem Status eines imaginären Entwurfes.

Zentral – und das macht Anne zu einen Eckfall innerhalb dieser Studie – ist, dass es sich bei Annes individueller Bildungsorientierung nicht um den familialen Auftrag einer Statustransformation handelt, sondern dass diese von einem subjektinhärenten Antriebsmoment gespeist wird und durch autonome Tendenzen und einem strebenden Habitus gekennzeichnet ist. Es handelt sich hierbei nicht, wie im Fall von Yvonne und Sören, um eine reproduktive Übernahme, sondern um transformative Vorstellungen von der eigenen Zukunft. Des Weiteren zeigt der Fall Anne besonders markant, wie durch die spezifische Familiendynamik, die sich in der Verkehrung der Generationsdifferenz und in der fehlenden Anerkennung ihrer Person präsentiert, ihre Transformationspotentiale – zusätzlich zur schulischen und familialen Reproduktionsorientierung – blockiert werden.

Der Fall Nina weist Nähen zum Fall Sören dahingehend auf, dass es um die Anerkennungsverhältnisse innerhalb der Familie und um die Ressourcenarmut in Bezug auf die Anregung von Bildungsprozessen geht. In beiden Fällen führt die konkrete Familiendynamik nicht zu einer zusätzlichen Verstärkung oder Steigerung der eigenen und bereits vorhandenen Reproduktionsorientierung.

Ninas Vorstellungen von der eigenen Zukunft und ihre individuellen Bildungsorientierungen, die auf Reproduktion, Konformität und Statussicherung ausgerichtet sind, erweisen sich – im Gegensatz zu Anne – in Bezug auf die schulischen und familialen Bildungsorientierungen als passförmig. Diese begrenzten Ressourcen der Familie in Bezug auf Bildungskapital und Ninas milieuspezifischen Bildungsorientierungen blockieren, gepaart mit dem Verzicht der Schule auf eine pädagogische Spezifizierung, trotz ihrer sehr guten Leistungen ihre Transformationspotentiale. Dennoch wird ihre Reproduktionsbereitschaft (den 10. Klasseabschluss zu erreichen, um eine Lehrstelle und später einen Job zu finden) durch die realen Strukturbedingungen der ländlichen Gemeinde[52] aufgestört. Das heißt, es gibt zu wenige Lehrstellen in dieser Region und sie muss auf Grund dieser Tatsache ihre Zukunftspläne transformieren. Damit wird Nina die unhinterfragte Reproduktion der schulischen und familialen Bildungsorientierungen erschwert und ihre Bildungsorientierungen geraten unter Transformationsdruck. Der Besuch des Gymnasiums wird von ihr nicht – im Gegensatz zu Anne – als Transformationsmöglichkeit gesehen, sondern wird von ihr als Notlösung betrachtet, die in ihrer Verkennung[53] Nina dazu verhilft, an den alten, an Konformität und Statussicherung zentrierten Reproduktionsorientierungen festzuhalten.

Auch im Fall Marlon wird der Transformationsdruck seiner individuellen Bildungsorientierungen auf der strukturellen Ebene sichtbar. Konnte auf der Ebene der schulischen und familialen Bildungsorientierung ein harmonisches Passungsverhältnis rekonstruiert werden, werden diese auf der Interaktionsebene in Bezug auf die individuellen Bildungsorientierungen inkonsistent. Denn während er auf Grund der integrativ-reproduktiven Bildungsorientierung der Schule in die Schulgemeinde integriert werden kann, ist er innerhalb der Familie der „Ausgestoßene", der „verwechselte"

---

[52] An dieser Stelle zeigt sich erneut, dass die Sekundarschule mit ihrem auf die Reproduktion und Erhaltung der Gemeinde zentrierten Entwurf, nicht auf die Strukturprobleme der strukturschwachen Region, auf der Ebene des Realen, eingeht.

[53] Die Verkennung von Nina besteht darin, dass allein schon der Besuch des Gymnasiums – als erste in der Familie – eine Transformation darstellt, denn zum einen muss sie dafür die Gemeinde verlassen, und zum anderen stellt der erworbene Abschluss eine Distinktion zu ihren schulischen und familialen Bezugsmilieu dar, die ihre bisherigen Reproduktionsorientierungen relativieren könnten.

Sohn, der den familialen Bildungsorientierungen nicht genügen kann. Dieser Ausstoßungsmodus und die „Reorganisation" der Familie legt eine Familiendynamik im Umgang mit den Schulproblemen des Sohnes offen, die zusätzlich die an Reproduktion- und Konformität orientierten familialen Bildungsorientierungen bedroht. Darüber hinaus erschwert die von der Familie vermittelte Gefahr des sozialen Abstieges – durch das Nichterreichen des zehnte Klasseabschlusses von Marlon und die damit verbundenen Befürchtungen der Mutter, damit aus den Grenzen der Respektabilität des Gemeindemilieus heraus zu fallen – gleichermaßen seine Integration in die Gemeinde. Das heißt, auch wenn er innerhalb seiner individuellen Bildungsorientierungen die Bereitschaft markiert, der schulischen und familialen Reproduktionsaufforderung nachzukommen, ist diese Anpassungsleistung vor dem Hintergrund der fehlenden emotionalen Anerkennung durch die Familie erschwert und seine familialen Möglichkeitsräume zur Entwicklung eigenständiger Welt- und Sachbezüge sind damit äußerst begrenzt. Da sich diese Begrenzung auch in der Schule rekonstruieren ließ, trifft er auch dort keine Bildungsanwälte in Form von signifikanten Anderen, und er bleibt somit in der Entfaltung lebenspraktischer Autonomie auf sich gestellt.

Zusammenfassend kann festgehalten werden, dass, auch wenn sich für die Fälle Yvonne, Sören, Nina und für Marlon auf der Ebene des Passungsverhältnisses der schulkulturell dominanten und der familialen Bildungsorientierungen eine Passung rekonstruieren ließ, diese Passung in den fallspezifischen individuellen Bildungsorientierungen der Jugendlichen inkonsistent werden können. Diese Inkonsistenzen führen strukturell zu einer Reproduktionsbehinderung und somit zu einem Transformationsdruck – wie es die Fälle Marlon und Nina präsentieren – eigene Bildungsorientierungen vor dem Hintergrund des schulischen und familialen Möglichkeitsraums zu generieren und diese entweder in die Nähe oder in Distanz zu dem familialen Herkunftsmilieus zu platzieren.

Der Fall Anne steht auf Grund ihrer Gemeindeferne und ihrer individuellen Bildungsorientierung im maximalen Kontrast zu den anderen Fällen. Jedoch haben alle Fälle gemeinsam, dass mit den schulkulturell dominanten Bildungsorientierungen die individuellen Leistungen der Schülerinnen und Schüler nicht in Transformationsmöglichkeiten umgewandelt werden und alternative Lebenskonzepte als Bedrohung der Gemeinde abgewehrt werden. Damit stehen diese Orientierungen nicht für die Entwicklung und Förderung individueller Leistungen, für die Eröffnung von Individuations- und Bildungsprozesse der Schülerinnen und Schüler, sondern transformationsnegierend für den Selbsterhalt der Gemeinde.

5.3 Typologie individueller Bildungsorientierungen der Jugendlichen zwischen Reproduktion und Transformation

In der Kontrastierung der Passungskonstellation der schulischen, familialen Bildungsorientierungen wurde deutlich, dass trotz homologer Anspruchshaltungen von Familie und Schule, unter der Bezugnahme auf die milieuspezifischen habituellen Haltungen und die jeweilige Familiendynamik, es zu unterschiedlichen Ausformungen der individuellen Bildungsorientierungen kommen kann. Diese unterschiedlichen habituellen Orientierungen der Jugendlichen in Bezug auf Bildung werden im Folgenden – vor dem Hintergrund ihrer von Schule und Familie eröffneten Möglichkeitsräume – in der Spanne von Transformation und Reproduktion zu Typen verdichtet. Um diese zu veranschaulichen, habe ich die Fälle in ein Vierfelderschema eingetragen, dessen Positionierung sich vertikal nach der individuellen Bildungsorientierung (schwach oder stark ausgeprägt) und horizontal nach der Transformations- und Reproduktionsorientierung (+ oder –) der Jugendlichen richtet.

Doch bevor ich zu der schematischen Darstellung der Fälle und Entfaltung bzw. Beschreibung der Typen komme, ist es meines

Erachtens wichtig – um Missverständnisse zu vermeiden – ‚die Positionierung der Sekundarschule in Bezug auf Reproduktions- und Transformationsorientierungen in Kontrast zu anderen Schulen[54] darzustellen.

Abb. 4: Relationierung der Individuations- und Transformationsspielräume der Schulen (vgl. Helsper/Kramer/Hummrich/Busse 2009, S. 327)

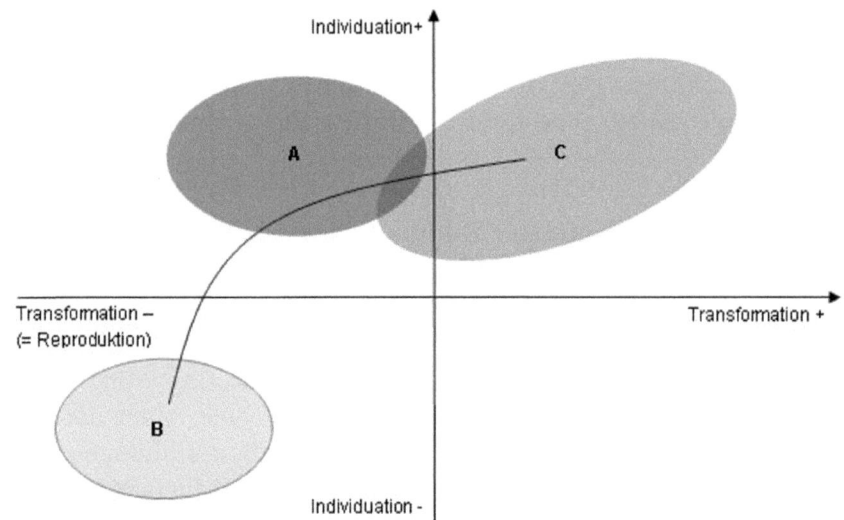

A, B, C=Schulen

▢ Individuations- und Transformationsspielräume der Schulen; +: hoch; -: niedrig

---

Diese Abbildung verdeutlicht, dass es bei dem großstädtischen Gymnasium (A) und der westdeutschen Gesamtschule (C) zu Überschneidungsbereichen in den Individuations- und Transformationsspielräumen der Schulen kommt. Die ländliche Sekundarschule (B) hingegen steht – mit ihrem reproduktionsorientierten, bindenden Entwurf – dazu in einem maximalen Kontrast und ist demnach im dritten Quadranten angesiedelt (vgl. Helsper/Kramer/Hummrich/ Busse 2009, S. 327).

Betrachtet man nun die Fälle der hier vorliegenden Studie[55] in Bezug auf die individuellen Bildungsorientierungen der Jugendlichen – als Ergebnis des Zusammenspiels schulischer und familialer Bildungsorientierungen – ‚so lassen sich vier Typen heraus kristallisieren, die im folgenden Schema veranschaulicht werden können. Der erste Typus, den ich als den „der imaginären Transformationshoffnung" bestimmt habe, ist dadurch gekennzeichnet, dass dieser zum einen die höchsten Bildungsorientierungen – innerhalb des Samples – aufweist und am stärksten auf der Transformationsachse[56] angesiedelt ist, und zum anderen, dass die Transformationspotentiale durch die fehlende schulische und familiale Unterstützung blockiert werden. Während die Schule mit ihrem an die Gemeinde bindenden Reproduktionsanspruch verhindert, individuelle und kreative Leistungen in Transformationsmöglichkeiten umzuwandeln, führt die Familiendynamik in Form der Verkehrung der Generationsdifferenz zur funktionalen Verwendung, als Bearbeitungsstrategie der elterlichen Probleme, in diesem Typus dazu, dass die aus den familialen Aufstiegsbestrebungen resultierenden Potentiale ebenfalls blockiert werden. Das heißt, auch wenn in diesem

---

55 Auch wenn sich alle Fälle auf Grund ihrer Reproduktionsorientierungen im dritten Quadranten (vgl. Abb. 2) platzieren, so lassen sich dennoch feine Differenzen in Bezug auf die individuellen Bildungsorientierungen der Jugendlichen, in der Spanne von Reproduktion und Transformation, herausarbeiten.

56 Wie bereits in Abb. 4 mit der Relationierung der Individuations- und Transformationsspielräume der Schulen verdeutlicht, lassen sich diese verstärkten Transformationsorientierungen nur in Bezug auf die Sekundarschule mit ihrer bindenden Reproduktionsorientierung und insgesamt schwach ausgeprägten Bildungsorientierungen halten.

Typus – wie ihn Anne innerhalb des Samples vertritt – aufgrund ihres Herkunftsmilieus, der erhöhten individuellen Bildungsorientierungen und den damit verbundenen Statustransformationshoffnungen die größten Transformationspotentiale vorliegen, treffen diese weder schulisch noch familial auf Ermöglichungsstrukturen und verbleiben somit im Status der imaginären Transformationshoffnung.

Abb 5 : Individuelle Bildungsorientierungen der Jugendlichen zwischen Transformation und Reproduktion

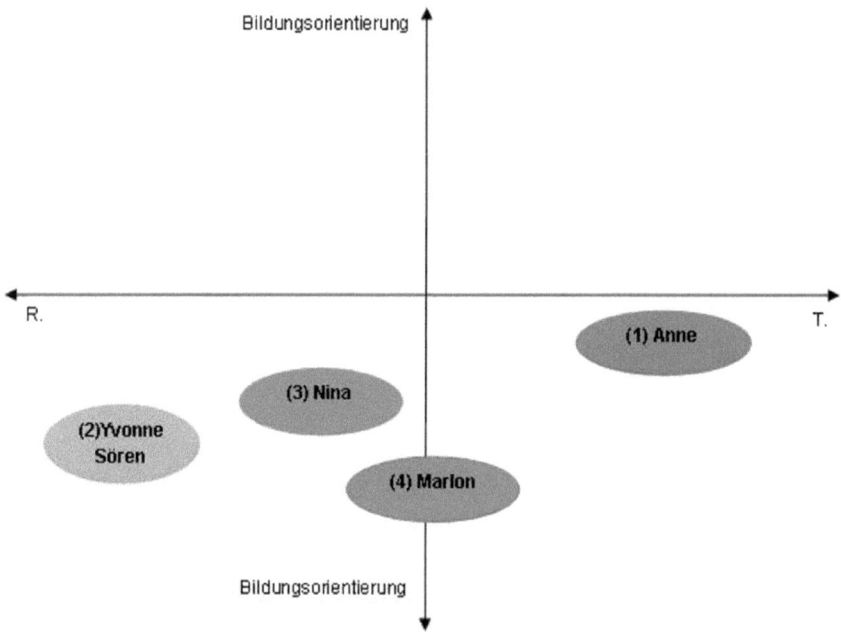

R. = Reproduktion = T. = Transformation -
Typus 1: der imaginären Transformationshoffnung
Typus 2: der Transformationsblockade
Typus 3: der auferlegte Transformationsdruck
Typus 4: der bedrohten Reproduktionsorientierung

Der zweite Typus „der Transformationsblockade" unterscheidet sich vom ersten Typus dahingehend, dass durch die homologe Reproduktionsrahmung in Familie und Schule die Möglichkeitsräume für die Entfaltung individueller und an Transformation orientierten Bildungsorientierungen blockiert werden. Die Fälle Yvonne und Sören – die für diesen Typus stehen – markieren zudem, dass die gegensätzlichen schulischen Leistungen der Schülerin und des Schülers zwar den Grad der Transformationspotentiale der Jugendlichen kennzeichnen, aber nicht mit einer für ihre Individuation gelungenen Überführung in individuelle Transformations- und Bildungsprozesse gleichzusetzen sind. Auch wenn sich die Familienmilieus in diesem Typus im Hinblick auf ihre Ressourcen in Bezug auf das Bildungskapital deutlich unterscheiden, weisen sie eine homologe, auf die Gemeinde ausgerichtete Reproduktionsorientierung auf, die sich fallspezifisch ausformt und in den Familiendynamiken der Fälle sichtbar werden. Diese unterscheiden sich dahingehend, dass der bindende Reproduktionsauftrag der Mutter von Yvonne sich in den eigenen Ausgrenzungserfahrungen innerhalb der Gemeinde gründet und damit eine Familiendynamik – der Verkehrung der Generationsdifferenz – freisetzt, die Yvonne nur Anerkennung gewährt, wenn sie der familialen Reproduktionsaufforderung nachkommt. Die familiale Reproduktionsorientierung von Sören dagegen basiert auf der milieuspezifischen Anpassungsleistung, die auf Grund der Marginalisierungs- und Stigmatisierungserfahrungen für die Stabilisierung und Statussicherung des familialen Milieus notwendig ist. Die ständige Gefahr aus den Grenzen der Respektabilität dieses Milieus und der Gemeinde heraus zu fallen, wird mit der Bewältigungsstrategie der Solidarität[57], die sich in der

---

[57] Die solidarischen Haltungen sind der Familie als Strukturmoment eingeschrieben und verweisen in diesem Fall in ihrer Betonung der Solidarität zwischen den Familienmitgliedern zusätzlich darauf, dass innerhalb dieses Familienmilieus die Transformation erschwert ist. Denn diese impliziert gleichzeitig das Heraustreten aus der Gemeinschaft und würde in der schärfsten Variante für den Verrat an der Familie stehen.

Familiendynamik mit der – konventionellen Generationsbeziehung – und auch in den Anerkennungsverhältnissen zeigt, bearbeitet. Zusammengefasst kann man für den Typus „der Transformationsblockade" festhalten, dass – trotz der unterschiedlichen Familiendynamiken – dieser durch das Strukturmoment der homologen Reproduktionsorientierungen in Familie und Schule gekennzeichnet ist, welche die Möglichkeitsräume für die Selbst- und Bildungsprozesse für die Jugendlichen minimieren und interaktiv verstellen. Damit ist, auch mit den fallspezifisch unterschiedlich ausgeformten Familiendynamiken und den Milieubezügen, die Entfaltung der individuellen und auf Transformation ausgerichteten Bildungsorientierungen blockiert und lässt sich demnach zu einem Typus verdichten.

Der dritte Typus „der auferlegte Transformationsdruck" ist ebenfalls mit dem Strukturmerkmal der homologen Reproduktionsorientierung in Familie und Schule gekennzeichnet, jedoch gestaltet sich hier die individuelle Bildungsorientierung dieses Typs, vor dem Hintergrund des Familienmilieus und der spezifischen Familiendynamik, noch einmal anders aus. Denn trotz der Bereitschaft dieses Typs – wie ihn Nina im Sample vertritt –, die schulischen und familialen Bildungsorientierungen zu reproduzieren, gerät diese um Anpassung und Statussicherung zentrierte individuelle Bildungsorientierung, auf Grund der auf der realen Ebene rekonstruierten Strukturproblematik[58] der Schule, unter Transformationsdruck. Dieser wird durch das an Reproduktion und Statussicherung orientierte Familienmilieu und der bindenden Familiendynamik, die in die „konventionelle Generationsbeziehung" eingelagert ist, ebenfalls verstärkt. Denn die familiale Bewältigungsstrategie – sich von den schulischen Bildungsprozessen zu distanzieren –, um den

---

58   Als Strukturproblem der Sekundarschule haben wir im Projekt „Pädagogische Generationsbeziehungen" auf der Ebene der Generationsordnung den defensiven entmodernisierten Entwurf der Schule rekonstruiert, in dem die Jugendlichen an die reproduktive Erhaltung der Gemeinde und an die strukturschwache Region gebunden werden und somit die Individuations- und Transformationsmöglichkeiten der Jugendlichen begrenzt sind. (vgl. Helsper/Kramer/Hummrich/Busse 2009).

strukturellen Transformationsdruck zurück zu weisen, minimiert damit ebenso wie die Schule die Individuations- und Bildungsmöglichkeiten dieses Typs. Vor dem Hintergrund der schulischen und familialen an die Gemeinde bindenden Reproduktionsorientierungen und der begrenzten Anschlussmöglichkeiten für Jugendliche aus dem unteren und mittleren Bildungssektor kann eine reproduktionsorientierte Bildungsorientierung nicht material eingelöst werden. Damit ist der Typ „der auferlegte Transformationsdruck" innerhalb des schulischen und familialen begrenzten Möglichkeitsraumes in Bezug auf die Entfaltung eigener Bildungsorientierungen auf sich selbst gestellt.

Der vierte Typus „der bedrohten Reproduktionsorientierung" ist ebenso durch eine homologe Reproduktionsrahmung in der Familie und der Schule gekennzeichnet. Die Spezifik dieses Typs – wie ihn Marlon vertritt – gründet hier auf einer spezifischen Familiendynamik, die durch einen inhärenten Ausstoßungsmodus gekennzeichnet ist, der sich in einer fundamentalen Anerkennungsverweigerung konkretisiert. Auf der Grundlage der fehlenden Anerkennung können die familialen Bildungsorientierungen nicht übernommen werden und die eröffneten Möglichkeitsräume in der Familie, werden in Bezug auf die Entfaltung eigener Sach-, Welt- und Selbstbezüge in diesem Typus begrenzt. Damit verhindert die Familie selbst, was sie ihrem Kind zum Vorwurf macht: die Reproduktion der familialen Bildungsorientierung. Auch wenn die Schule den Ausfall der fehlenden familialen Anerkennung nicht ersetzen kann, nimmt sie in diesem Zusammenhang eine kompensatorische Funktion dahingehend ein, dass sie auf Grund ihrer bindenden und um die Gemeinde zentrierten Bildungsorientierung die Jugendlichen integriert und damit eine mögliche Abstiegstransformation für diesen Typus der „bedrohten Reproduktionsorientierung" verhindert. Vor dem Hintergrund kann jedoch die individuelle Bildungsorientierung dieses Typs nur wenig konturiert werden und verbleibt im Modus der gemeindeorientierten Begrenzung, die sich in der schulischen Bildungsorientierung artikuliert.

Reflektiert man abschließend die hier entfalteten Typen als Strukturvarianten der individuellen Bildungsorientierung von Jugendlichen, dann sind diese alle durch eine ähnliche Reproduktionsrahmung in Familie und Schule gekennzeichnet. Trotz dieser – auf den ersten Blick – homologen Anspruchshaltungen an die Jugendlichen, verdeutlicht diese Typologie, dass sich unter der Bezugnahme auf die milieuspezifischen habituellen Haltungen und den spezifischen Familiendynamiken, die in den Generationsbeziehungen eingelagert sind, unterschiedlichen Ausformungen der individuellen Bildungsorientierungen – in der Spanne von Reproduktion und Transformation – herausarbeiten lassen. Diese feinen Differenzen präsentieren sich in den Typen des vorliegenden Samples als reduzierte, verhinderte oder blockierte Transformationsmöglichkeiten bzw. als homologe Reproduktion. Letztere kann als Variante der wechselseitigen Bestätigung der Reproduktionsorientierung in Familie und Schule beschrieben werden, wie sie sich im Typus 2, „der Transformationsblockade" (Sören, Yvonne), niederschlägt. Als individuelle Bildungsorientierung drückt sich hier eine Übernahme familialer und schulischer Haltungen aus.

Im Gegensatz dazu impliziert die Familie-Schule-Homologie im Typus 4, der bedrohten Reproduktionsorientierung (Marlon), aufgrund der Familiendynamik verweigerte Anerkennung eine Haltung, in der die Bildungsorientierung der Familie selbst bedroht ist. Die Entfaltung einer individuellen Bildungsorientierung ist selbst im Modus der Reproduktion hochgradig erschwert und bleibt wenig konturiert.

Schließlich stellen sich die Typen 1 „der imaginären Transformationshoffnung (Anne) und 3 „der auferlegte Transformationsdruck" (Nina) als weitere Ausdrucksgestalten der reproduktiven Orientierungen in Familie und Schule dar. Dabei zeigt sich in der funktionalen Verwendung bei Typus 1 (Anne) eine Nähe zu Typus

4 „der bedrohten Reproduktionsorientierung" (Marlon), da die emotionalen Anerkennungsbeziehungen in der Familie ausfallen. Während Typus 1 dies in imaginäre Transformationshoffnungen umsetzen kann, die sich aus der gescheiterten Umsetzung der Transformations- und Aufstiegshoffnung der Familie speisen, gelingt dies in Typus 4 nicht. Der Typus 1 (Anne) kann daher eine individuelle Bildungsorientierung entwerfen, die zwar utopisch ist, aber die momentane Problembelastung eigenständig kompensiert und damit nicht in eine fundamentale Krise des Selbst führt. Während also in Typus 4, Schule wesentliche Kompensationsleistungen erbringt, zieht Typus 1 diese aus eigenen Autonomiebestrebungen.

Der Typus 3 „auferlegter Transformationsdruck" (Nina) weist Nähen zu Typus 2 „der Transformationsblockade" (Sören, Yvonne) auf, da eine ähnliche Reproduktionsorientierung auch für die eigene Bildungsorientierung imaginiert wird. Jedoch blockieren die bindenden Orientierungen in der Familie in Typus 2 die Transformationsmöglichkeiten, die in Typus 3 wiederum freigesetzt werden. Diese Freisetzung wird jedoch nicht als ermöglichende Bildungsorientierung mit Blick auf deren Transformationspotentiale erfahren, sondern als heteronom gerahmter Zwang zur Transformation durch Bildungsaufstieg.

Mit diesen Ergebnissen zur Transformationsbeschränkung und den eher reproduktiv im elterlichen Milieu verbleibenden Bildungsorientierungen kann an Studien angeschlossen werden, die zeigen, dass die unteren Segmente des Bildungssystems nach „oben" wenig geöffnet sind. Die Förder- und Stützmöglichkeiten für Jugendliche sind in der Schule eingeschränkt und verengen sich umso mehr, je eher die familialen Bindungen auf Reproduktionsorientierung gerichtet sind. Nun lässt sich aber vor dem Hintergrund dieser Typologie eine gedankenexperimentelle Weiterführung entwerfen, die auch Fälle beinhaltet, welche stärker auf Transformation ausgerichtet sind. Solche Fälle könnten sein:

Typus 5[59]: „gestützte Transformationsorientierung", in der ähnlich wie Typus 1 eine familiale Transformationsorientierung besteht, die jedoch nicht durch eine Problemaufschichtung der Familie und einer bindenden Familiendynamik oder „Verkehrung der Generationsdifferenz" verstellt ist. Damit könnten für diesen Typus die auf Transformation ausgerichteten familialen Bildungsorientierungen als habituelle Haltungen den Jugendlichen vermittelt werden. Die Schule mit ihren bindenden reproduktiven Bildungsorientierungen würde demnach auch die Transformationspotentiale und Möglichkeitsräume für transformative Selbst- Bildungsprozesse dieses Typs begrenzen, jedoch würde diese Beschränkung durch die familialen Bildungsorientierungen nicht – wie im Typ 2 – zu „der Transformationsblockade" führen, sondern auf Grund der elterlichen Unterstützungsleistungen die individuellen Bildungsorientierungen dieses Typus steigern und könnte damit die auf Reproduktion reduzierten schulischen Bildungsorientierungen emotional und habituell kompensieren.

Auf der Grundlage dieser vorliegenden Schule-Familie-Heteronomie in Bezug auf die gegenläufigen Bildungsorientierungen muss sich demnach eine individuelle und auf Transformation ausgerichtete Bildungsorientierung entfalten, die noch stärker – als es der Typ 1 (Anne) vertritt – im maximalen Kontrast zu der reproduktiv bindenden Bildungsorientierung der Schule und zum Typ 2 „der Transformationsblockade" (Sören, Yvonne) steht. Schematisch wäre der Typus der „gestützten Transformation" – in der 3. Abbildung – im 2. Quadranten auf der Transformationsachse angesiedelt und würde sich durch eine, in Abgrenzung zu den anderen Fällen dieses Samples, hohe Bildungsorientierung ausweisen.

Gedankenexperimentell lässt sich an dieser Stelle noch ein Typ 6 für die individuellen Bildungsorientierungen – im Zusammen-

---

59   Dieser Typus konnte innerhalb meines Fallspektrums nicht herausgearbeitet werden, jedoch liegt die Vermutung nahe, dass sich dieser Typus, der diese „Schule-Familie-Heteronomie" aufweist, sich hinter den wenigen Fällen der Familien verbirgt, die auf Grund ihrer spannungsreichen Beziehung zur Schule den Jugendlichen eine Teilnahme an der Untersuchung untersagt haben.

spiel von Familie und Schule entwerfen – und zwar den „der reproduktiven Transformationsorientierung".

Ein solcher Typus weist sich durch eine hohe und auf Transformation ausgerichtete familiale Bildungsorientierung aus, die von dem Jugendlichen reproduziert werden soll und geht in der Figur des „missratenen Sohnes" oder der „missratenen Tochter", wie ihn etwa Schmeiser 2004 dargestellt hat, auf. Für diesen Typus wäre zentral, dass es innerhalb der jugendlichen Bildungsprozesse eine „Abwärtstransformation" – zum Beispiel vom Gymnasium auf die Sekundarschule – gegeben hat, die aber auf Grund von „Erholungseffekten" und familialer Stützung zu einer individuellen Bildungsorientierung führt, die auf Wiedereinholung des familialen Status und Reproduktion der familialen Bildungsorientierung gerichtet ist. Demnach hätte man damit einen Typus vorliegen, der eine hohe und auf Reproduktion gerichtete Bildungsorientierung aufweist. Diese bezieht sich jedoch nur auf den familialen Status, denn gegenüber der Schule bedeutet eine so geartete hohe und reproduktive Bildungsorientierung, dass sie auf Transformation ausgerichtet ist. Damit stellt sich diese strukturelle Schule-Familie-Heterologie als differente Wahrnehmung der Reproduktionsorientierung dar. Die individuellen Bildungsorientierungen dieses Typus, die in die familial gerahmte Bildungsorientierung überführt werden können, sind somit durch Inkonsistenzen gekennzeichnet, die dieser Typus fallspezifisch bearbeiten muss.

Schematisch wäre dieser Typ „der reproduktiven Transformationsorientierung" in der Mitte zwischen dem ersten und zweiten Quadranten zu verorten.

Die Abbildung 5 lässt sich unter Einbeziehung der gedankenexperimentell entworfenen und in meinem Sample nicht vertretenen Typen wie folgt ergänzen:

Abb. 6: Typen individueller Bildungsorientierung im Zusammenspiel von Familie und
Schule

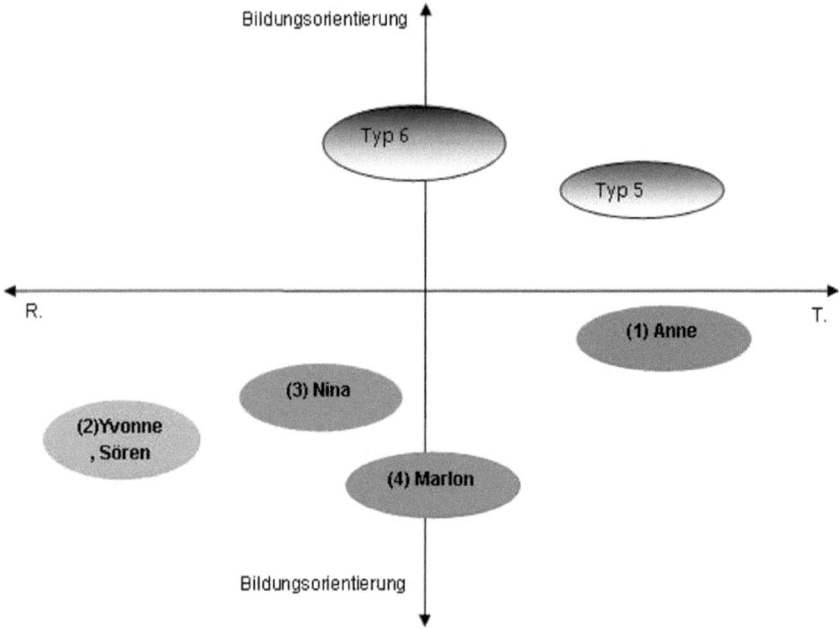

R. = Reproduktion = Transformation -
T.= Transformation = Reproduktion –

6 Theoretisierende Schlussbetrachtung: Bildungsorientierungen unter Bedingungen der sozialen Ungleichheit

Ziel der vorliegenden theoretisierenden Schlussbetrachtung ist nicht der Entwurf einer neuen Theorie sozialer Ungleichheit, welche das Konzept der ‚Bildungsorientierung' einbezieht. Vielmehr geht es in dem abschließenden Kapitel darum, Anknüpfungspunkte und Abgrenzungen gegenüber einschlägigen Studien zu sozialer Ungleichheit und Bildungsorientierungen zu markieren, und damit die Möglichkeiten einer Studie aufzuzeigen, welche qualitativ empirisch soziale Ungleichheit in den Blick nimmt. Es geht also darum, die mit den Falldarstellungen und ihren Kontrastierungen vorgestellten Ergebnisse in den theoretischen Rahmen der Ungleichheitsdebatte einzurücken und zugleich zu versuchen, die hier herausgearbeitete Blockierung transformatorischer Bildungsorientierung theoretisierend zu erklären. Abschließend kann dann nach den Chancen und Risiken von Sekundarschulen in einer strukturschwachen Region gefragt werden und es können Möglichkeiten für Anschlussstudien entworfen werden.

Mit der Wahl eines strukturtheoretischen Zugangs wurde, wie in Kapitel 3 dargestellt, die Möglichkeit eröffnet, Mikro- und Mesoebene des Handelns in Familie und Schule hinsichtlich der latenten Sinnstrukturen und zentralen Strukturprobleme zu bestimmen und diese zur konkreten Lebenspraxis der Schülerinnen und Schüler zu vermitteln. Die hier herausgearbeiteten Verhältnisbestimmungen lassen auf der Grundlage der Theoretisierung weiterführende Rückschlüsse zur Bedeutung der Makroperspektive zu, die im Folgenden exemplarisch mit Bezug auf die soziale Strukturkategorie Geschlecht diskutiert wird. Sie differenziert aber zugleich Ergebnisse einer rational-choice-basierten Bildungsforschung aus, die nur sehr allgemeine Annahmen über die Prozesse des Entstehens von individuellen Bildungsorientierungen machen kann. Die damit erfolgenden abstrahierenden Schlussfolgerungen sind damit, so könnten quantitativ angelegte Studien argumentieren, durch eine vergleichsweise ‚schmale Datenbasis' fundiert (vgl. dazu auch Idel 2008). Die Aussagen, die damit zur Sekundarschule getroffen werden, lassen sich als ‚riskante Strukturhypothesen' verstehen, die selbstverständlich durch andere – möglicherweise profilierte und auf Förderung und Stützung ausgerichtete – Sekundarschulen konterkariert werden. Die theoretisierenden Schlussfolgerungen lassen sich damit als Grundlage für weitere Forschungen zur Sekundarschule im Speziellen, zum Zusammenhang von Milieu und sozialer Ungleichheit im Allgemeinen – mit der Hoffnung darauf, Aufmerksamkeitsfokussierungen zu formulieren – verstehen.

6.1 Geschlechtsspezifische Benachteiligungsstrukturen in der Sekundarschule?

Gegenstand der vorliegenden Arbeit ist, die Prozesse der Reproduktion sozialer Ungleichheiten, wie sie sich in den Bildungsorientierungen Jugendlicher niederschlagen, im Zusammenspiel von Schule, Familie und Milieu zu betrachten. In diesem Kapitel gehe ich der Frage nach, ob neben der hier schon ausführlich diskutierten Bedeutung des Milieus und der Region bei der Reproduktion sozialer Ungleichheit auch andere Bedingungsfaktoren (wie Ethnizität und Geschlecht) eine Rolle spielen. Ethnizität kann jedoch in diesem Zusammenhang nicht diskutiert werden, da in der Sekundarschule, die hier vorgestellt wurde, keine Migrantenjugendlichen waren. Anschlussfähig ist jedoch die Frage, inwiefern die milieuspezifischen Benachteiligungsstrukturen, die hier zum Ausdruck kommen, mit der Strukturkategorie Geschlecht zusammenspielen. Hier wird an einen Diskurs angeschlossen, der im Nachgang der PISA-Studien geführt wurde: ob die Jungen nicht im Vergleich zu den Mädchen die ‚neuen Verlierer' des Bildungssystems seien (vgl.

Stanat/Kunter 2001, Diefenbach/Klein 2001). Im Folgenden geht es daher darum, zunächst die grundlegenden Bezüge zur Thematik „Bildungsbenachteiligung von Jungen" aufzuzeigen und vor dem Hintergrund der hier dargestellten Fälle zu diskutieren. Abschließend soll mit einer kurzen Diskussion der Intersektionalitätsdebatte ein Ausblick auf die Möglichkeiten der Einbeziehung sozialer Ungleichheitskategorien in die qualitative Forschungslogik erfolgen.

Die Benachteiligung von Jungen galt in den letzten Jahren in den Medien und wissenschaftlichen Kontroversen als eine hilfreiche Größe für die Erklärung der ungleichen Chancenverteilung im Bildungssystem.[60] Es geht hierbei nicht um die etablierte Debatte der Benachteiligung von Mädchen und jungen Frauen im Bildungssystem (Becker 2004), sondern es werden – auf unterschiedlichen Ebenen – imaginäre Mandate von und für Jungen und Männer ausgesprochen. Nicht nur das Dossier im Spiegel mit dem Titel: "Jungenkatastrophe. Schlaue Mädchen – dumme Jungen. Sieger und Verlierer in der Schule." (vgl. ebd.) erreichte eine enorme Bandbreite an Aufmerksamkeit in der Öffentlichkeit, sondern auch Buchtitel wie: "Kleine Helden in Not" von Schnack/Neutzling (6.Auflg. 2006) wurden zum Bestseller und lösten eine Welle von Diskussionen aus.

Das heißt, während in den vergangenen Diskursen es eher um die Benachteiligung von Mädchen im deutschen Bildungssystem ging, wird nun – nicht erst seit der Veröffentlichung der Ergebnisse der PISA-Studie, die besagt, dass Jungen in allen Jahrgängen häufiger als Mädchen sitzen bleiben[61] (vgl. auch Kampshoff 2001), im Bereich der Lesekompetenz Schwächen aufweisen – der Ruf laut, Benachteiligungen von Jungen aus eher bildungsfernen Milieus in

---

60   Bereits Goffman verwies in seinem Aufsatz "Interaktion und Geschlecht" auf dieses Phänomen: "Dass das Geschlecht zur Lösung >>organisatorischer Probleme<< herangezogen wird, hat seinen Grund darin, dass die Aufgliederung der Gesellschaft nach Geschlecht und Fortpflanzungslinien ein einfaches Instrument zur Herstellung von sozialer Ordnung bietet (vgl. Goffman 1994, S. 42).

61   Eine ausführliche Analyse der PISA-Ergebnisse, in Bezug auf die geschlechtsspezifischen Differenzen beim "Sitzenbleiben", liefert hierzu: Krohne/Meier/Tillmann 2004.

der Schule zu erkennen und diesen entgegen zu wirken. Denn das "katholische Arbeitermädchen vom Land" (Peisert 1967) hat sich auf Grund der Bildungsexpansion und der Bewältigungsstrategie „Bildungsaspirationen" vom Stigma weitestgehend befreit (vgl. Brendel S. 260, Geißler 2008). Die Kumulation von sozialer Ungleichheit in Form von Bildungsbenachteiligung lässt sich nunmehr eher in die Formel des "Jungen aus bildungsfernen Milieus vom Land" fassen[62], so der Konsens zwischen Medien und Wissenschaft.

Quantitative Studien bestätigen dies: Mit Blick auf das statistische Jahrbuch 2006 kann heute ein schlechteres Bildungsniveau von Jungen gegenüber Mädchen konstatiert werden (vgl. ebd. S.131). Daraus geht hervor, dass Jungen häufiger ihre Sekundarschulausbildung ohne oder mit Hauptschulabschluss und seltener mit einem Realschulabschluss oder Hochschulreife im Vergleich zu den Mädchen beenden. Das heißt, die Mädchen durchlaufen die Schule heute schneller als Jungen und erzielen dabei noch die anspruchsvolleren Abschlüsse[63] (vgl. auch Bellenberg 1999, S. 276).

Während bei den Mädchen die Effekte der Bildungsexpansion sich positiv auf Bildungsbeteiligung und Bildungserfolg beziehen lassen, fallen diese aus einer quantitativen Perspektive – in Bezug auf soziale Ungleichheit zwischen den Geschlechtern – zu Ungunsten der Jungen in dem System schulischer Bildung aus. Die Unterschiede zwischen den Geschlechtern zeigen sich bereits mit

---

62   Zu ergänzen an dieser Stelle ist, dass ein Migrationshintergrund eines Jugendlichen aus der unteren sozialen Schicht, die Konstellation der "ungünstigen" Bedingungsfaktoren noch um ein Vielfaches verschärfen würde und demnach als Nachfolge für das "katholische Arbeitermädchen" gilt (vgl. Geißler 2008, S. 85).
63   Die Chancen in der segmentierten Arbeitsgesellschaft tangieren diese Tatsache nur wenig (vgl. Böhnisch, S. 246). Denn der Verdrängungswettbewerb zwischen Männern und Frauen in der Arbeitsgesellschaft speist heute den neuen Geschlechterkampf (ebd. S. 247). Frauen werden in der Arbeitswelt, die heute an den Einzelnen eine hohe Flexibilität und Mobilität verlangt, immer noch als Risikofaktor, auf Grund ihrer potentiellen Mutterschaft und der daraus resultierenden familialen und somit örtlichen Bindung, betrachtet. Günter Holtappels konstatiert neben der fächerspezifischen Selektion von Jungen und Mädchen, dass die bildungsbenachteiligten Jungen, auch mit schlechteren Schulabschlüssen, wenn sie sich den Anforderungen des Arbeitsmarktes anpassen, profitieren.

der Einschulung: 60% der von der Schule zurückgestellten Kinder, sind Jungen. Auch am Beispiel der Schulabschlüsse werden geschlechtsspezifische Differenzen deutlich: An Gymnasien sind Jungen unter – an Hauptschulen hingegen überrepräsentiert. Im Bildungsbericht 2006 des Bundesbildungsministeriums wird deutlich, dass 32 % der Mädchen und nur 26 % der Jungen die Allgemeine Hochschulreife erlangt haben (vgl. ebd. S.73).

Daraus eine umfassende Bildungsbenachteiligung der Jungen im deutschen Bildungssystem abzuleiten, halte ich – auch wenn sich die hochaggregierten statistischen Daten medienwirksam präsentieren lassen – für sehr kurzschlüssig. Denn schulisches Versagen, bezogen auf Schulerfolg oder Misserfolg, lässt sich nicht nur auf Abschlussquoten reduzieren (vgl. auch Cornelißen 2004, Ditton 1995, 2004). Gerade meine Untersuchung macht deutlich, dass man nicht nur die Schulformen und den daraus resultierenden Abschlüssen, sondern auch die jeweiligen Schulkulturen und deren familialen Bezugsmilieus unterscheiden muss, um zu detaillierten Aussagen in der Benachteiligungsdebatte zu kommen.

Des Weiteren beeinflussen, neben dem schulischen Kompetenzerwerb, auch die biografischen und transformatorischen Prozesse des Individuums – d.h. auch die sozialisatorischen Bedingungen, wie etwa die Familie und die Peers – den Schulerfolg der Jugendlichen (vgl. auch Krüger/Köhler/Zschach/Pfaff 2008). Mit diesem Fokus muss man an dieser Stelle fragen, ob Individuationsgewinne oder Verluste – vor dem Hintergrund des sozialisatorischen Herkunftsmilieus – für die Jungen und die Mädchen in der jeweiligen Schulkultur zur geschlechtsspezifischen Benachteiligung führen.

Nimmt man diese Perspektive ein, dann verliert auch folgendes prominente Argument deutlich an Boden: Jungen finden durch die „Feminisierung des Schulalltags"[64] – insbesondere in den schlech-

---

64 Dieses Begründung baut auf ein Fundament auf, das bereits in den 70ger Jahren gegossen wurde: Da hieß es, insbesondere Grundschullehrerinnen tragen – durch ihre Interdependenz

ter bezahlten Schuldiensten, wie in den Grund-, Haupt- und Sekundarschulen – immer weniger Anschlussmöglichkeiten an ihre männliche und jugendliche Erfahrungswelt (vgl. Diefenbach/Klein 2001).

Die Zahlen, die man bei der Sichtung der Geschlechterverteilung im Schuldienst vorfindet, tragen auf den ersten Blick zur Untermauerung dieses Arguments bei. Dieses wird auf den zweiten Blick aber dahingehend brüchig, wenn man eine einzelfallspezifische Perspektive einnimmt und neben den Makroprozessen auch die schulischen Meso- und Mikroprozesse berücksichtigt. Denn "Jugendliche sind nicht nur Objekt der schulischen Reproduktionsprozesse, sondern sie treten handelnd in die Schule ein." (vgl. Helsper/Böhme/Kramer/Lingkost 2001a, S. 568).

Dieser Logik folgend, kann man die Figur der "Feminisierung des Schulalltages" nicht per se zur Begründung der Bildungsbenachteiligung von Jungen heranziehen, denn es sind nur ganz bestimmte jugendliche Ausdrucksgestalten und die jeweilig inhärenten Männlich- oder Weiblichkeitsbilder, wie sie zum Beispiel bereits in den siebziger Jahren in der Studie "Spaß am Widerstand" von Willis beschrieben werden, die nicht mit den Anforderungen der Schule zu vereinbaren sind (vgl. auch Budde 2003). Derartige, nicht schulkonforme Haltungen von Jugendlichen lassen sich darüber hinaus nicht linear an der sozialen Kategorie Geschlecht festmachen und sind bei Mädchen ebenso zu finden (vgl. auch Sandring 2010). Dass heißt, in Bezug auf das Argument der Feminisierung des Schulalltags, dass, auch wenn es durchaus sinnvoll ist, den Anteil der Lehrer im Grund- und Sekundarschulbereich zu erhöhen[65], dies jedoch nicht der Königsweg für die Lösung des Pro-

---

zwischen ihrem Beruf und ihrem Hausfrau- und Mutterdasein – zu einer Entprofessionalisierung des Lehrerberufes bei. Die darauf folgenden Untersuchungen, zum Beispiel von Faulstich-Wieland 1995, konnten dies empirisch widerlegen.

65   Vereinzelte Verweise auf die Rolle des Geschlechts von Lehrerinnen und Lehrern und deren Bezug auf Schülerinnen und Schüler lassen sich dafür bei der Studie von Ditton 2002 finden, der in seiner Befragung von Schülern im 9. Jahrgang zum Fach Mathematik herausgestellt hat: "Mädchen nehmen männliche Lehrkräfte signifikant weniger positiv wahr und Jungen weibliche

blems bildungsbenachteiligter Jungen ist. Vielmehr muss es darum gehen, schulisches Versagen vor dem Hintergrund ethnischer, milieuspezifischer und jugendkultureller Bedingungsfaktoren zu betrachten und die daraus resultierenden individuellen Weiblichkeits- und Männlichkeitsbilder, insofern sie Einfluss auf die Bildung haben, zu reflektieren.

Vor dem Hintergrund der Annahme der Benachteiligung der Jungen lässt sich nun fragen, welche Relevanz Geschlecht innerhalb der Untersuchung zu Bildungsorientierung in Benachteiligungsstrukturen einnimmt. Dazu sollen hier kurz die Ergebnisse meiner Studie in Bezug auf die Kategorie Geschlecht dargestellt werden:

Auf der Ebene der Schulkultur, der Schülerbiographie und auf der Ebene der Passungsverhältnisse der jeweiligen Familien zur Schule, wurde die Problematik, die durch das Ausfallen eines pädagogischen Sinnentwurfes und der Beschränkung der Schule auf das formal Organisatorische, für die schulischen Akteure bestehen, herausgearbeitet. Diese sind insofern prekär, weil diese Sekundarschule damit auf die Bearbeitung und Auseinandersetzung mit ihren Strukturproblemen verzichtet und mit ihrer bindenden Reproduktionsorientierung die Transformationsmöglichkeiten der Jugendlichen im Hinblick auf die Generierung eigener Welt-, Sach- und Selbstbezüge blockiert und verhindert. Für die Schülerinnen und Schüler ist das besonders folgenreich, denn die Schule mit ihrer heterogenen Schülerschaft stellt somit weder für die Kinder aus marginalisierten und eher bildungsfernen Milieus noch für leistungsambitionierte Schüler und aufstiegsorientierte Familien eine Unterstützung dar und hemmt damit für die Schule ausgewiesene Bildungsprozesse der Schülerinnen und Schüler.

Lehrkräfte" (vgl. Ditton 2002, S. 266). Eine empirische Prüfung in Form von Rekonstruktionen schulischer Interaktionsprozesse, in denen die Aussagen über die Bedeutung des Bezuges von Schülerinnen und Schüler auf Lehrerinnen und Lehrer validiert werden, fehlen und verbleiben bislang auf einem deskriptiven Niveau.

Betrachtet man dazu die von mir vorgestellten Fälle (vgl. Kapitel 4.3, Sören, 4.4, Marlon) von zwei leistungsschwachen Schülern, dann wird deutlich, dass es verschiedene Umgangsformen mit schulischer Unaufmerksamkeit, die sich in den Unterrichtsinteraktionen rekonstruieren ließen, von Seiten der Lehrerinnen gibt: Während im Fall Sören dieser von der Lehrerin als „kleiner dummer Junge"[66] stigmatisiert wird und sich somit seine Ressourcenarmut bezüglich seines Anregungsmilieus auch in der Schule reproduziert (vgl. Kapitel 4.3), gelingt es der Chemielehrerin, Marlon wieder in das Unterrichtsgeschehen zu integrieren, ihm schulische Erfolgserlebnisse zu verschaffen, ohne dabei die Klasse aus dem Blick zu verlieren. Der Fall Marlon macht in der Unterrichtsinteraktion jedoch noch etwas anderes deutlich: Das Verschaffen von Erfolgserlebnissen, die für Marlon einen positiven Schulbezug ermöglichen, gelingt Frau Matula nur, indem sie die Anforderungen an ihn so niedrigschwellig wie möglich hält. Diese durch geringen Anspruch gekennzeichnete explizite Zuwendung von Frau Matula, grenzt aber genau dadurch bildungsambitionierte, leistungsstarke Schülerinnen und Schüler, zu Gunsten der Gemeinschaft, aus. Damit steht der Fall nicht nur für die gelungene Integration eines leistungsschwachen und wenig am Unterrichtsgeschehen beteiligten Schülers, sondern auch für die Erzeugung neuer Benachteiligungsstrukturen in Bezug auf leistungsstarke Schüler.

Damit kann man an Hand dieser Fälle verdeutlichen, welchen Beitrag Schule und Familie für den Bildungserfolg bzw. Misserfolg leisten: Marlon und Sören wären genau Prototyp des benachteiligten Jungen im Sinne von Diefenbach/Klein (2001). Die These der Benachteiligungsstrukturen der Schule muss aber noch um die der regionalen und familialen Milieubezüge ergänzt werden. Auch in

---

66   Des Weiteren wird mit der entgrenzenden Haltung (vgl. Wernet 2003) der Lehrerin deutlich, dass zum einen mit dem Verschleifen der Generationsdifferenz der Unterricht zur Ausdrucksgestalt einer deprofessionellen Haltung wird und zum andern die Stigmatisierung des Schülers unter Zuhilfenahme der Kategorie Klasse bzw. Milieu erfolgt, die damit – stärker als die Kategorie Geschlecht – zur Reproduktion von Benachteiligung dieses bereits benachteiligen Schülers führt.

diesen individuellen Fallkonstellationen – wie etwa bei Sören – spielen geschlechtspezifische Aspekte eine Rolle, sie dürfen jedoch nicht verkürzt und isoliert betrachtet, sondern müssen in ihrer komplexen Verwobenheit gesehen werden[67]. Denn nur so werden neben den kategorialen Benachteiligungsstrukturen (als Junge aus bildungsdistanzierten Milieu weniger Aussicht auf Bildungserfolg zu haben), auch individuelle Chancen bei der Kompensation von familialen Anerkennungsdefiziten erkennbar. Das heißt, während im Fall Sören die Interdependenzen der Ungleichheitskategorien (ländliche Region, Milieu, geringes soziales und ökonomisches Kapital) in der Rekonstruktion bestätigt werden, präsentiert sich dies im Fall Marlon in Form von Kompensation. Die Schule kann hier die Ermöglichung von Integrationserfahrungen, die in der Familie nicht geleistet werden, übernehmen. Auch das ist eine Frage, die man sich stellen muss, wenn man über die Bildung nachdenkt: Was kann Schule über ihre Qualifikationsfunktion hinaus leisten, wenn Familie als Anregungs- und Ressourcenvermittler für die Jugendlichen ausfällt? Ob Geschlecht dabei eine Rolle spielt, muss der Einzelfall zeigen und nicht etwa stereotype Annahmen auf Grund von geschlechtsspezifischen Zuschreibungen. Denn die Analyse zu der Sekundarschule in meiner Studie zeigt, dass mit dem Ausfallen eines pädagogischen Konzeptes der Schule auch Mädchen in Bezug auf Bildung benachteiligt werden.

Die Fallstudien von Sören und Marlon verdeutlichen darüber hinaus, dass in der Betrachtung zur Benachteiligung der Jungen, die auf hochaggregierter Ebene belegten Daten, um eine qualitative Perspektive ergänzt werden müssen und die auf der Meso- und

---

67 Dies ist anschlussfähig an Bourdieus Aussagen zur Entstehung sozialer Ungleichheit: „Die soziale Klasse ist definiert weder durch *ein* Merkmal (nicht einmal das am stärksten determinierende wie der Umfang und die Struktur des Kapitals), noch durch die *Summe* von Merkmalen (Geschlecht, Alter, soziale und ethnische Herkunft [...]), noch auch durch eine *Kette* von Merkmalen, welche von einem Hauptmerkmal (der Stellung innerhalb der Produktionsverhältnisse) kausal abgeleitet sind. Eine soziale Klasse ist vielmehr definiert durch die *Struktur der Beziehungen zwischen allen relevanten Merkmalen*, die jeder derselben wie den Wirkungen, welche auf die Praxisform ausübt, ihren spezifischen Wert verleiht" (Bourdieu 1987, S. 182, Hervorhebungen im Orginal, S.B.).

Mikroebene der individuell wirksam werdenden Benachteiligungsmuster rekonstruiert werden können. Hier finden sich Hinweise auf das Zusammenspiel von Geschlecht und anderen Bedingungsfaktoren der individuellen Entwicklung. Jedoch zeigt sich auch, dass die Bedeutsamkeit, die Geschlecht tatsächlich im individuellen Fall hat, auch nur fallkonkret gefasst werden kann. So haben wir im Fall Sören Hinweise auf geschlechtstypische Zuweisungsmuster in der Schule, die im Zusammenspiel mit familialer Ressourcenarmut zur schulischen Benachteiligung führen. Im geringen Selbstwertgefühl des Schülers Sören wird die durch die Stigmatisierung deutlich werdende schulische Zurückweisung material.

Für Marlon lässt sich anhand der Rekonstruktion der schulischen Interaktion keine Benachteiligung aufgrund des Geschlechts durch Schule konstatieren. Doch mit der Rekonstruktion des Interviews mit Marlons Mutter werden hier die geschlechtsspezifischen Konstruktionen, die von Seiten der Familie an ihn herangetragen werden, deutlich: Er braucht eine Lehrstelle, um Geld zu verdienen, um eine eigene Familie ernähren zu können (vgl. Interview Frau Becker, S. 19). Mit diesem traditionellen Männlichkeitsbild: „der Mann als Ernährer der Familie" gerät Marlon zusätzlich unter Bewährungsdruck, sein schulisches Versagen abzuwenden. In der Familie von Sören spielen geschlechtsstereotype Erwartungen oder Verhaltensmuster, auf Grund der fehlenden Reflektionsfähigkeit und mangelnden Kompensation der familialen Ressourcenarmut in Bezug auf Bildung, weniger eine Rolle.

Wenn nun Diefenbach/Klein (2001) und die Autoren des Aktionsrats „Bildung" (2009) die Förderung von Jungen fordern, verkennen sie das individuelle Wirksamwerden von gesellschaftlichen Strukturkategorien und die subjektive Verarbeitung von Zuschreibungen. Die Frage um Benachteiligung darf nicht von vorneherein an Annahmen über die subjektive Bedeutsamkeit gesellschaftlicher Strukturkategorien – wie Geschlecht – festgemacht werden. Das heißt, vor dem Hintergrund der rekonstruierten Fälle in meiner Studie, wenn man die Anforderungen der Schule als ein Konglomerat von einzelfallspezifischen Auseinandersetzungen von Lehrerinnen und Lehrern mit dem dominanten schulkulturellen Entwurf betrachtet und diese auf die Ebene der konkreten Interaktion zwischen Schülerinnen/Schülern und Lehrerinnen/Lehrer bezieht, dann kann es durchaus vorkommen, dass Konstruktionen von Geschlecht, bestimmte Entwürfe von Weiblichkeits- und Männlichkeitsbildern, eine Rolle dabei spielen. Welche Dimension diese einnehmen, muss und kann nur der Einzelfall zeigen und sollte nicht den Blick auf Bildungserfolg bzw. -misserfolg durch die Geschlechterdifferenzen von Anfang an trüben.

Dass der Zusammenhang von Bildungserfolg bzw. -misserfolg und sozialer Herkunft immer in den komplexen Zusammenhängen von sozialer Lage, Milieu, Ethnizität und Geschlecht gesehen werden muss, zeigen nicht nur die Falldarstellungen von Sören und Marlon, sondern auch die von Anne und Nina in der Studie. Denn am Beispiel dieser Schülerinnen wird die Interdependenz der Bedingungsfaktoren für den schulischen Erfolg oder Misserfolg sichtbar. Dies verdeutlichen ebenso die Studien von Becker-Schmidt 1987, Lenz 1994, 1995, Becker-Schmidt/Knapp 1995, Hummrich 2002, Klinger 2003, Klinger/Knapp 2005, 2007), deren Ergebnisse anschlussfähig an diese Studie sind.

So steht der Fall Anne, der im Kapitel 4.5 ausführlich dargestellt wurde, für eine bildungsambitionierte Schülerin aus dem schulischen Mittelfeld, die weder in der Sekundarschule[68] noch in ihrer Familie die Unterstützung erfährt, die sie benötigt, um ihre Transformationswünsche, in Bezug auf ihre Zukunft, zu realisieren. In der Schule wird die zurückhaltende Schülerin in ihrer Unauffäl-

---

68   Vergleiche dazu die Rekonstruktion der schulischen Interaktion von Anne und Frau Barthel im Fach Mathematik, Kapitel 4.5.1.

ligkeit[69] belassen, kreative Lösungsvorschläge zurückgewiesen und
in der Familie kommt es zu Verwendungen der Tochter – in Form
von Stabilisierungs- und Unterstützungsanforderungen von Seiten
des Vaters –, so dass innerhalb des familialen Schonraums ihre
adoleszenten Individuations- und Bildungsprozesse deutlich begrenzt werden.

Auch im Fall Nina (vgl. Kap. 4.6) führen die homologen Reproduktionsansprüche und die auf ein Minimum reduzierten Bildungsorientierungen der Schule und der Familie zu einer Bildungsorientierung, die stark an Reproduktion, Konformität und Statussicherung ausgerichtet ist. Diese begrenzten Ressourcen der Familie
in Bezug auf Bildungskapital und Ninas milieuspezifische Bildungsorientierungen blockieren, gepaart mit dem Verzicht der
Schule auf eine pädagogische Spezifizierung, trotz ihrer sehr guten
Leistungen ihre Transformationspotentiale. Die, auf Grund der regionalen Gegebenheiten vorliegenden Blockierungen dieser Reproduktionsorientierung führen bei ihr zu einer strukturell erzwungen-
en Modifikation der individuellen Bildungsorientierung. Das Abitur als ‚Notlösung' und der damit verbundene Bildungsaufstieg ist
somit nicht Ergebnis besonderer Unterstützungsleistungen von Familie oder Schule, sondern die Ausdrucksgestalt des Transformationsdrucks, dem sie unterliegt.

Bezogen auf die Diskussion der Ungleichheit im Bildungssystem zeigt die Studie zu den individuellen Bildungsorientierungen
von Jugendlichen in Familie und Schule, dass die Benachteiligung
im Bildungssystem auf verschiedenen Ebenen sozialer Wirklichkeit
(Gesellschaft, Region, Institution, Familie, Milieu, Interaktion, Biografie) wirksam wird. Konkret in der untersuchten Sekundarschule heißt das, dass hier auf Grund der minimal auf Bildung ausgerichteten Schulkultur, der milieuspezifischen Passung der Fami-

---

69   Die Wortmeldung im Mathematikunterricht stellt bei Anne eher eine Ausnahme dar und
macht die Zurückweisung von der Lehrerin und die damit verbundene fehlende Anerkennung, der
kreativen Leistung von Anne, umso prekärer.

lien zur Schule ein Möglichkeitsraum für die Schülerinnen und Schüler vorliegt, der transformatorische Bildungsorientierungen abwehrt und somit die Bildungs- und Individuationsprozesse der Mädchen und der Jungen begrenzt und blockiert. Damit lassen sich die Ergebnisse – in Bezug auf die Chancengleichheit von Jugendlichen – nur schwer auf die Benachteiligung eines Geschlechtes, etwa auf das der Jungen, beziehen. Somit kann man festhalten, dass es für die Diskussion um die Geschlechtergerechtigkeit in der Schule hilfreich wäre, wenn die auf der Makroebene erhobenen statistischen Daten um eine qualitative Mikro- und Mesoebene ergänzt werden und die vorliegenden schulpädagogischen Studien zu Schulkultur (Helsper/Böhme/Kramer/Lingkost 2001, Altrichter/Salzgeber 1996, Budde/Scholand/ Faulstich-Wieland 2008[70]; Fritzsche/Krüger/Pfaff/Wiezorek 2006, Wiezorek 2005, Helsper/Kramer/Hummrich/Busse 2009), zu Milieu (vgl. Vester 1995, 2001, 2004, 2005, Schmeiser 2004) und zu Schülerbiografien (vgl. Kramer/Helsper 2000, auch Fend 2000, Kramer 2002, Wiezorek 2005) systematisch in die Auseinandersetzung mit einbezogen werden, um den komplexen Gegenstandbereich der Geschlechtergerechtigkeit in der Schule zu entsprechen.

Abschließend ist nun zu fragen, was mit der Diskussion um geschlechtsspezifische Benachteiligung für diese Studie gewonnen wurde. Dazu gehe ich kurz auf die Debatte um Intersektionalität ein, die darauf zielt, die unterschiedlichen Benachteiligungsdimensionen – Klasse, Ethnizität und Geschlecht – systematisch zu verknüpfen. Im Zuge des Wandels der Benachteiligungsstrukturen im Bildungssystem von der These der Benachteiligung der Mädchen

---

70 An dieser Stelle ist es wichtig, darauf zu verweisen, dass die Autoren Budde/Scholand/Faulstich-Wieland in ihrer Publikation zur Geschlechtergerechtigkeit in der Schule (2008) zwar auf die Notwendigkeit der Bezugnahme auf die schulkulturelle Ebene der Institution hinweisen, aber dies nicht systematisch in ihre Studie aufnehmen und die Erweiterung der Ebene des Realen vornehmen, die letztendlich in einer Verkürzung mündet, da sie weniger die sozialen Strukturen höhersymbolischer Ordnungen, z.B. die rechtliche und organisationsförmige Regeln, in den Blick nehmen, sondern die materiell-räumlichen Bedingungen der Schule unter der Ebene des Realen fassen.

hin zu ‚Jungen als Bildungsverlierer' werden oftmals einseitige Erklärungsmuster gesucht, in denen nur auf eine Kategorie sozialer Ungleichheit eingegangen oder von einer additiven Wirkung mehrerer Ungleichheitsdimensionen ausgegangen wird (kritisch dazu: Becker-Schmidt 1987, Lenz 1994, Becker-Schmidt/Knapp 1995). Die hieraus entwickelte Intersektionalitätsdebatte (auch: Klinger/Knapp 2007) setzt die Verbindung der drei Strukturkategorien Klasse, Ethnizität und Geschlecht zentral und zielt somit darauf, gesellschaftliche Ungleichheit gegenüber den subjektivierenden oder poststrukturalistischen Sozialstrukturanalysen wieder mehr ins Bewusstsein zu bringen (vgl. Hummrich 2009). Dabei werden die drei Strukturkategorien Klasse, Ethnizität und Geschlecht von der ‚großen Erzählung' des Emanzipationsdiskurses gelöst und als analytische Kategorien bestimmt, deren Zusammenwirken soziale Ungleichheit aufdecken kann. In allen drei Strukturkategorien geht es immer darum, durch dichotome Unterscheidungen Ungleichheit zu manifestieren. An dieser Stelle formuliere ich dies in Bezug auf die für meine Arbeit relevanten Kategorien Geschlecht und Klasse aus.

Der Ausschluss über das Geschlecht vollzieht sich dabei über als spezifisch weiblich oder spezifisch männlich wahrgenommene Haltungen und Orientierungen sowie Tätigkeiten und Begabungszuschreibungen. So gelten Jungen im Bildungssystem als naturwissenschaftlich begabt und dominant erscheinend (Budde 2008), während Mädchen komplementär als sprachbegabt und sozial integrativ gelten. Die soziale Klasse wird innerhalb dieses Diskurses entlang der Verfügungsmöglichkeiten über (kulturelles, soziales und ökonomisches) Kapital bestimmt. Zwar legt die Ideologie des Schulsystems nahe, dass Klasse mehr und mehr an Bedeutung verliert, weil sich meritokratische Prinzipien durchgesetzt haben, aber tatsächlich existieren klassenspezifische Benachteiligungsstrukturen, wie auch in der Arbeit mit Bezug auf das soziale Milieu gezeigt werden konnte, weiterhin Bestand haben (vgl. Busse 2008, auch Kapitel 6.2).

Die zentrale Annahme der Intersektionalitätsdebatte ist nun, dass zwischen den wirksam werdenden Ungleichheitskategorien ein komplexes Wechselverhältnis besteht, Ungleichheit sich also als Konfiguration und nicht additiv oder als Verkettung reproduziert[71] (McCall 2005, auch: Bourdieu 1985). Das würde für eine Studie zu Bildungsorientierungen unter Bedingungen sozialer Ungleichheit bedeuten, dass nicht nur eine Kategorie für sich als dominant angenommen werden muss, sondern immer auch die Gleichzeitigkeit des Wirksamwerdens weiterer Ungleichheitsdimensionen mitgedacht werden müssen.

Nun habe ich herausgearbeitet, dass an der Sekundarschule Gernau vor allem die milieuspezifische Benachteiligung, wie auch die starke Reproduktionsorientierung in Familie und Schule, soziale Ungleichheit befördert. Geschlecht spielt demgegenüber nur eine untergeordnete Rolle. In einzelnen Fällen wird jedoch, dies konnte am Fall Sören herausgearbeitet werden, auf benachteiligende Zuschreibungen auf der Grundlage des Geschlechts zurückgegriffen, die mit den anderen Kategorien zusammen zu einer Verstärkung der bereits vorhandenen Benachteiligung führen. Insofern ist an dieser Stelle zu folgern, dass die Benachteiligungsstrukturen nicht von vorne herein den Fällen ‚übergestülpt' werden und hochaggregierte Faktoren nicht ohne Weiteres an den Fall herangetragen werden dürfen. Vielmehr ist für eine „reflexive Intersektionalität" (Hummrich 2009, S. 25) zu plädieren, die – ähnlich der praxisbezogenen pädagogischen Ansätze reflexiver Koedukation (Faulstich-Wieland/Horstkemper 1995) und reflexiver Interkulturalität (Hamburger 2000) – offen für die Einbeziehung der Kategorien sozialer

---

71   McCall (2005) unterscheidet in diesem Zusammenhang noch unterschiedliche Ansätze: den antikategorialen Ansatz, der dekonstruktiv vorgeht, aber die Grenzziehung zwischen einzelnen Kategorien nicht hinterfragt, den interkategorialen Ansatz, der die Kategorien als provisorisch gesetzt ansieht (in Abhängigkeit vom empirisch vorfindbaren Gehalt) und intrakategoriale Ansätze, in denen zwar auch die Kategorien als dynamisch gelten, aber ihre Dauerhaftigkeit nicht bestritten wird (vgl. auch Hummrich 2009, S. 20).

Ungleichheit, aber vor allem darauf gerichtet ist, die fallkonkret wirksam werdenden Ungleichheitsstrukturen herauszuarbeiten.

6.2 Erklärungsentwurf der Blockierung von Bildungsprozessen und Transformationspotentialen bei den Jugendlichen durch dominante Reproduktionsorientierung in Familie und Schule

Im folgenden Kapitel geht es abschließend darum, vor dem Hintergrund der Studie die Reproduktionsstrukturen in Familie, Milieu und in der Schule aufzuzeigen, die zur Dauerhaftigkeit und Beständigkeit von Bildungsungleichheiten nach sozialer Herkunft beitragen und in den Bildungsorientierungen der Jugendlichen materiale Gestalt annehmen. Wie bereits in Kapitel 6.1 deutlich wurde, ist es dabei zentral, die unterschiedlichen Kategorien – wie es Region, Klasse, Geschlecht und Ethnizität darstellen – in ihrer Interdependenz und Gleichzeitigkeit des Wirksamwerdens zu betrachten.

Im Kapitel 2.1 wurde bereits herausgearbeitet, dass es unterschiedliche Forschungsperspektiven auf den Zusammenhang von Herkunftsmilieu und Bildungserfolg bzw. -misserfolg gibt. Während Konsens darüber besteht, dass bei gleichzeitiger Bildungsexpansion die soziale Ungleichheit[72] in Bezug auf Bildungschancen zwischen den sozialen Schichten bestehen (vgl. Ditton 2004, Becker 2000, 2004, Meulemann 1995, Baumert/Schümer 2002, Baumert/Stanat/Watermann 2006, Vester 2001, 2004, 2005, Grundmann/Bittlingmeyer/Dravenau/Groh-Samberg 2004, Solga 2005, Geißler 2005, Berger/Kahlert 2005) und man wenig über die Prozesse der Herstellung weiß (vgl. auch Müller 1998), ist der Erklä

---

72   „Als soziale Ungleichheiten bezeichnet man wertvolle, nicht absolut gleiche und systematisch aufgrund von Positionen in gesellschaftlichen Beziehungen verteilte, vorteilhafte bzw. nachteilige Lebensbedingungen" (Hradil 2002, S. 207).

rungsgegenstand der jeweiligen Forschungsperspektiven auf dieses soziale Phänomen höchst different.

Da wären zum einen die bildungssoziologischen Perspektiven, die nach den institutionellen Effekten der Bildungsbenachteiligung fragen und Schule mit ihren leistungsabhängigen Selektionsprozessen als Ursache für die soziale Benachteiligung innerhalb des Bildungssystems betrachten (vgl. Baumert, u.a. 2001, Dravenau/Groh-Groh-Samberg 2005, kritisch dazu Solga 2005). Ausgehend von der Schule werden hierbei der Institution eine eigene und aktive Rolle bei der (Re)Produktion sozialer Ungleichheiten zugesprochen, die sich besonders in institutionellen kulturellen Diskriminierungseffekten gegenüber unteren Statusgruppen zeigt (vgl. in Bezug auf Migration, Gomolla/Radke 2002). Dabei werden das Zusammenspiel von primären (nach sozio-ökonomischem Status selektierte Leistungen) und sekundären Effekten (unterschiedliche Bildungsabschlüsse bei gleichen Leistungen als Ausdruck der institutionellen Diskriminierungseffekte) betrachtet, aber die Konsequenzen hinsichtlich des daraus entstehenden Möglichkeitsraums für die Bildungsprozesse der Schülerinnen und Schüler und die interaktive Auseinandersetzung der schulischen Akteure mit diesen institutionellen Barrieren bleiben damit unbeleuchtet. Diesen Anspruch lösen auch Dravenau/Groh-Samberg (2005) nicht ein, die sich zwar gegen eine vereinfachte Verwendung der Rational-Choice-Theorie, die die Milieuspezifik elterlicher Bildungsentscheidungen vernachlässigt, und für eine Überwindung des engen Fokus auf institutionelle Bildungsprozesse zugunsten einer Verschränkung mit lebensweltlichen Bildungsprozessen aussprechen, aber mit dem ‚Festhalten' am Begriff der rationalen Bildungsentscheidung auf die Ebene der milieuspezifischen habituellen Haltungen der schulischen Akteure (zu der auch die Schülerinnen und Schüler gehören) nicht vordringen.

Auch Becker (2000, 2004, Maaz/Watermann/Baumert 2007) fokussiert vor dem Hintergrund der Rational-Choice-Theorie – in

Anlehnung an das Schichtmodell von Boudon (1974) – auf die zwischen den Sozialschichten variierenden Bildungsentscheidungen der Eltern, die auf einer „Kosten-Nutzen-Abwägung von Bildungsinvestitionen basieren, als Ursache der Genese und der Dauerhaftigkeit von Bildungsungleichheiten (vgl. Becker 2004, S. 11). An diese Perspektiven der Bedeutung der elterlichen Entscheidungen in Abhängigkeit von sozio-ökonomischen Variablen, schließen sich Studien an, die neben der rationalen Entscheidungen den Eltern, die Laufbahnempfehlungen der Grundschullehrerinnen und - lehrer untersuchen (vgl. Ditton 2004, Bos u.a. 2004, dazu Kap. 2.1 dieser Arbeit). Auch innerhalb dieser Studien wird auf den hohen Stellenwert der sozialen Herkunft für die Schulformempfehlung der Lehrerinnen und Lehrer und für die Bildungsentscheidungen der Eltern für ihre Kinder, sich für oder gegen eine bestimmte Schullaufbahn zu entscheiden, herausgearbeitet. Diese Bedeutsamkeit der elterlichen Bildungsentscheidungen, die in Abhängigkeit zum sozio-ökonomischen Status der Familie stehen, werden durch die früh greifenden Selektionsmechanismen des deutschen Schulsystems[73] noch einmal gesteigert, da diese Weichenstellung im Bildungssystem nachhaltig auf die Struktur und Chancen der Kinder und Jugendlichen im Bildungs-, Berufs-, und Lebensverlauf wirkt (vgl. Becker 2004, Grundmann 2004, Brademann/Helsper 2009).

In den aufgezeigten Studien werden entweder dominierend aus der Sicht der Institution Schule oder der Familie die milieuspezifisch variierenden Relevanzen für die elterlichen Bildungsentscheidungen und Aspirationen aufgezeigt, jedoch vermögen sie nicht herauszuarbeiten, wie Ungleichheit im Wechselspiel von Institution, Milieu und Interaktion reproduziert wird. Die Annahme, Bildungsentscheidungen seien bewusste, rationale Entscheidungen

---

73 Damit wird auch in diesen Studien deutlich, dass das bildungspolitische eingeführte „Meritokratieprinzip", dass zur Herstellung von Chancengleichheit in Deutschland eingeführt wurde, mit der frühen Selektion der Schülerinnen und Schüler nach Leistung die sozialen Benachteiligung innerhalb des Bildungssystems zusätzlich schärft und somit bestehende Ungleichheiten reproduziert werden (vgl. dazu Solga 2005).

und insofern auch als ‚Bildungsstrategien' (Becker 2004) zu bezeichnen, setzt gerade voraus, dass Eltern sich bewusst mit ihrem
Kind bezüglich der Wahl der Bildungsoption auseinandersetzen.
Dass hier aber schon in Bezug auf die Interaktion der Wahlmög-
lichkeiten milieubedingte Ungleichheiten bestehen, wird nicht berücksichtigt[74]. Die interaktive Verarbeitung schulischer Selektion
und die hieraus entwickelten Bearbeitungsmöglichkeiten, wie sie in
familialen Interaktionen angelegt sind, nehmen hingegen qualitative Studien in den Blick (Büchner/Brake 2006) und umgekehrt
werden in qualitativen Studien auch schulische Akteure vor dem
Hintergrund der Familie fokussiert (vgl. Helsper/Kramer 2006,
Krüger, H.-H./Köhler, S./Tschach, M./Pfaff 2008).

Erst hier wird der bourdieusche Ansatz in seiner Breite ausgeschöpft, der nämlich nicht nur die Wirkmechanismen sozialer Ungleichheit analytisch zugänglich macht, sondern auch die Inkorpo-
riertheit von Herrschaftsstrukturen, die den Interaktionen zugrunde
liegen und in einem vorbewussten Stadium liegen. Herrschaftsstrukturen, so muss mit Bourdieu (2006a) geschlossen werden,
scheinen „in der Natur der Dinge" zu liegen (ebd., S. 19). Damit
wird auch deutlich, dass es sich bei dem Meritokratieversprechen
um eine Ideologie handelt (Bourdieu 2006b), die von allen Klassen
gleichermaßen befolgt wird. Wie soziale Platzanweisung erfolgt,
aber auch akzeptiert wird, etwa indem reproduktive Bildungsorientierungen entwickelt werden, konnte mit der vorliegenden Arbeit
verdeutlicht werden.

Hier liegt zum Beispiel auch eine Begrenzung der Studie
Büchner/Brake (2006). Diese leisten einen zentralen Beitrag in Bezug auf die Untersuchung zu generationsübergreifenden Bildungs-
leistungen und -strategien in der Familie und die Zusammenhänge
familialer Vermittlungsprozesse (Transmissionen). Insofern schlie-

---

74   Darauf verweisen jedoch unter anderem Studien, die sich mit dem Auseinanderklaffen
von Bildungsaspirationen und erreichten Abschlüssen im Fall von Migration befassen (z.B. Gogolin
2005, Auernheimer 2003).

ßen sie an das bourdieusche Konzept des kulturellen Kapitals und damit an einem Bildungsbegriff, der Bildungsforschung als Habitusforschung versteht an. Die untersuchten Mehrgenerationen stellen somit den Möglichkeitsraum dar, in dem die familialen Habitusentwürfe in Bezug auf Bildung vermittelt werden. Mit der Fokussierung auf kulturelle Entwürfe und Praktiken konnten die komplexen Prozesse der Habitusreproduktion und -transformation sichtbar gemacht werden, denn mit Bourdieu (1998) kann man „die Praktiken, deren ‚Subjekt' die Familie ist, (…) nur erklären, wenn man die Struktur der Kräfteverhältnisse zwischen den Mitgliedern der als Feld funktionierenden Familiengruppe berücksichtigt (also die Geschichte, die zu diesem Stand geführt hat), eine Struktur, die in den Kämpfen des familialen Feldes ständig auf dem Spiel steht" (ebd. S. 1998, S. 133).

Jedoch beachtet diese Studie nicht, welche Rolle die Schule bei der Generierung individueller Bildungsorientierungen spielt und blendet damit einen für die Jugendlichen zentralen Bereich, der für die Ausgestaltung individueller Bildungsorientierungen hohe Relevanz hat, aus. Mit der Fokussierung auf Familie konnte in der Studie von Büchner/Brake ein breites Spektrum an sozialstrukturell variierenden Bildungsstrategien rekonstruiert werden, doch die fehlende Vermittlung zur Schule, bleibt eine Leerstelle in Bezug auf die Komplexität der Bildungsprozesse und der Generierung von jugendlichen Bildungsstrategien- oder orientierungen.

Darauf verweisen auch insbesondere die Studien zur Schülerbiografie (vgl. Helsper/Müller/Nölke/Combe 1991, Combe/Helsper 1994, Kramer/Busse 1999, Hummrich 2002, Kramer 2002, Böhme 2002. Wiezorek 2005), die die hohe Bedeutsamkeit der Familie für die Schülerbiografien herausarbeiten. Denn in der Schule kann es auf Grund der Anerkennungs- und Passungsprobleme zwischen dem primären familialen und schulisch geforderten sekundären Habitus zu Spannungen und Stigmatisierungen der Jugendlichen kommen (vgl. Bourdieu/Passeron 1972, Busse 1999, Kramer 2002, Böhme 2002, Helsper/Kramer/Hummrich/Busse 2009).

Bezieht man die hier exemplarisch zur Verdeutlichung des Forschungsdesiderates herangezogenen Studien auf den zu Beginn des Kapitels dargestellten Konsens der unterschiedlichen Forschungsperspektiven auf den Zusammenhang von Herkunftsmilieu und Bildungserfolg, dass die interaktiven Entstehungs- und Reproduktionsprozesse von sozialer Benachteiligung im Bildungssystem bisher relativ unbeleuchtet sind, dann kann man diese Studie als einen Beitrag verstehen, der das komplexe Zusammenspiel von Familie, Milieu und Schule für die Generierung von jugendlichen Bildungsorientierungen erhellt.

Denn in dieser findet eine systematische Bezugnahme und Verschränkung der verschiedenen Ebenen (Schule, Familie und Jugendliche) statt, die für die jugendlichen Bildungsorientierungen zentral sind. Die Jugendlichen stehen dabei im Mittelpunkt der Betrachtung, da sie in der Auseinandersetzung mit den schulkulturell dominanten und der familialen Bildungsorientierung ihre individuellen Bildungsorientierungen generieren. Die Schule mit ihrer symbolischen Generationsordnung und darin eingelagerten schulkulturell dominanten Bildungsorientierungen und die Familie, in der über die Ausgestaltung der pädagogischen Generationsbeziehungen die familienspezifischen habituellen Bildungsorientierungen zum Ausdruck kommen, stellen somit ein Möglichkeitsraum für die Jugendlichen dar, der sich entweder in antagonistischer oder harmonischer Passung ausformt (vgl. Kramer/Helsper/Busse 2001, Kramer 2002) und zu dem sich die adoleszenten Jugendlichen positionieren müssen.

In Bezug auf diese Studie konnte für die Ebene der Schule herausgearbeitet werden, dass die Generationsordnung der Sekundarschule als eine „defensiv entmodernisierte" zu bestimmen ist, die mit ihrer bindenden reproduktiven Bildungsorientierung, um die Erhaltung der Gemeinde durch statische Lokalisierung ihres Nachwuchses zentriert ist. Indem die reproduktive Gemeindeorientierung die Jugendlichen an einen Ort bindet, der durch grundlegende Strukturkrisen gekennzeichnet ist, bieten sich ihnen nicht nur sehr begrenzte Anschlussstellen in Bezug auf zukünftige Ausbildungs- und Arbeitsstellen, sondern jegliche Bildungsorientierung in Richtung Transformation und Aufstieg – und somit ein Verlassen der Gemeinde beinhalten würde – wird begrenzt oder blockiert und „der globale Horizont schrumpft zum lokalen und die individuelle Transformation zur reproduktiv-bewahrenden Bindung" (vgl. Helsper/Kramer/Hummrich/Busse 2009, S. 417).

Damit ist die Sekundarschule mehr „Verhinderer denn Ermöglicher" (Vester 2004) für transformatorische Bildungsorientierungen der Jugendlichen. Denn mit der bindenden-reproduktiven Generationsordnung der Schule mit ihren an Statuserhalt und Konformität orientierten Bildungsorientierungen, in denen Bildungsinhalte und individuelle Leistungen in den Hintergrund rücken, wird den Schülern wenig Entwicklung ermöglicht und kaum Anregungspotentiale für ihre Individuations- und Bildungsprozesse geboten. Vielmehr begrenzt Schule die Transformationspotentiale der Schülerinnen und Schüler und verkennt dabei die Möglichkeit, als Schule zum individuellen Wandel beizutragen (vgl. auch Helsper/Kramer/Hummrich/Busse 2009, S. 390, und Kap. 4.1, 4.1.1, in dieser Arbeit).

Dies wird auch in dem rekonstruierten primären familialen Bezugsmilieu der Schule (vgl. Kap. 5.1) deutlich. Der hier ausgearbeitete „wenig konturierte, um Unauffälligkeit, Konformität, Unterordnung, die Annerkennung von Hierarchie, um Fleiß und die Bereitschaft, sich Mühe zu geben, orientierte sekundäre Habitus der Sekundarschule Gernau, korrespondiert am ehesten mit dem primären Habitus des „kleinbürgerlichen Milieus" mit Bezügen zum „traditionalistischen" Arbeitermilieu" (vgl. ebd. S. 283). In diesem um Pflichterfüllung und Anerkennung von Hierarchien zentrierte Milieu werden traditionelle Werte, wie Disziplin, Pflichterfüllung und Verlässlichkeit, mit einem >Blick nach oben< hochgehalten (Vester, u.a. 2001, S. 518) und kreative und alternative Lebensformen oder –führung abgelehnt. Es geht zuförderst darum nicht aufzufallen und nicht aus den Grenzen der Respektabilität heraus zu fallen (vgl. ebd.). Dieses Streben nach Sicherheit und Statussicherung führt zu deutlichen Begrenzungen bis Abstoßungen von Milieus, die eine andere, an Aufstieg und Transformation orientierte Bildungsorientierung aufweisen. Damit kann nicht nur gezeigt werden, dass Jugendliche, die prekarisierte Schulen besuchen, zu Verlierern des meritokratischen Wettbewerbs werden (vgl. Solga 2005, Becker 2004), sondern wie ihre Bildungschancen systematisch begrenzt werden, so dass sich „die soziale Ordnung wie von Natur gegeben" (Bourdieu 2006a) in ihre Bildungsorientierungen einschreibt.

Damit sind Mikrodimensionen spezifischer Milieus rekonstruiert worden, die Vester (2001) aufgrund seines Untersuchungsfokus und der damit ausgewählten Datengrundlage nicht aufzeigen kann. Denn er fokussiert weniger die individuellen und interaktiv hervorgebrachten Ermöglichungsstrukturen von Bildungsorientierungen als die daraus resultierenden sozialen Lagerungen. Auch hier wird somit deutlich, dass sich die Strukturierung des Feldes sozialer Lagerungen über Bildungsentscheidungen und den damit verbundenen Umgang mit den Kapitalsorten sowohl horizontal als auch vertikal vollzieht (Vester 2005, S. 50). Erst die Rekonstruktion der interaktiv hervorgebrachten individuellen Bildungsorientierungen macht jedoch deutlich, wie begrenzt vertikale Transformationsmöglichkeiten in prekarisierten Zusammenhängen sind und wie sich horizontale Transformationen ausgestalten können – sofern sie die soziale Ordnung nicht stören. So zeigt sich etwa bei Annes Bildungsorientierung die Ausschlussbedrohung bei vertikalen Transformationshoffnungen. Im Fall Nina offenbart das Festhalten an der Reproduktionsorientierung im Rahmen der sozialen Ordnung eine

Offenheit gegenüber horizontalen Transformationen, aber eine Begrenztheit gegenüber vertikalen Transformationen.
Systematisierend kann damit für die vorliegende Studie gefolgert werden:

1. Der Institution geht es darum, durch die schulisch präferierten familialen Bezugsmilieus, ihre schulkulturellen Entwürfe zu reproduzieren und sich durch die institutionelle Fortschreibung als erfolgreich zu entwerfen. In diesem Sinne bildet die Schule eine Reproduktionskultur ihre institutionellen Entwürfe, „indem sie durch die Milieubindung ihre eigenen Voraussetzungen für die Realisierung idealer sekundärer Schülerhabitusfigurationen sicherstellen" (vgl. Helsper/Kramer/ Hummrich/Busse 2009). In den schulischen Interaktionen konnte aufgezeigt werden, dass die meisten Lehrerinnen und Lehrer die dominante reproduktiv-bindende Bildungsorientierung der Schule verbürgen und somit ebenfalls für die Reproduktion der Gemeinde und der Schule stehen. Damit stellt die Schulkultur der Schule den Begrenzungs- und Ermöglichungsraum, vor dessen Hintergrund sich die pädagogischen Arbeitsbündnisse zwischen den Lehrerinnen und Lehrern und Schülerinnen und Schülern ausgestalten und in diesem die Bildungsorientierungen sichtbar werden. In der Sekundarschule Gernau konnte kein Arbeitsbündnis rekonstruiert werden, in dem der Lehrer oder die Lehrerin zum signifikant Anderen oder zum Bildungsanwalt der Jugendlichen wurde. Das ideale Arbeitsbündnis dieser Schule ist deutlich von der Zurücknahme der Sach- und Vermittlungsbezüge gekennzeichnet und die starke Orts- und Gemeindeorientierung führt dazu, dass die Bildungsprozesse der Jugendlichen dabei in den Hintergrund treten.

2. Zugleich zeigt sich, dass wenn auf der Ebene der Familienstruktur sich Familiendynamiken entwickeln, die ebenfalls eine bindende delegierende Bedeutung haben, wie es in den Fall Yvonne Anne aufgezeigt werden konnte, dann verfestigt sich innerhalb des Lebenszusammenhanges der Jugendlichen die Reproduktionsorientierung, die zur weiteren zur Transformationsblockierung beiträgt. Ähnliche Fälle versammeln auch Büchner und Brake (2006) in ihrer Studie zum „Bildungsort Familie". Jedoch konnte hier gezeigt werden, wie sich

gerade im Zusammenspiel der bindenden und reproduktionsorientierten familialen Generationsbeziehungen mit der institutionell repräsentierten Gemeindeverankerung Transformationsblockierungen für die Jugendlichen steigern. Familie fällt damit als Transformationskatalysator, wie wir ihn in aufstiegsorientierten Familien finden (Brendel 1998, Hummrich 2002) aus. Dies wird dadurch verstärkt, dass selbst vorsichtige Transformationshoffnungen (vgl. Fälle Nina und Anne) in der Schule nicht aufgegriffen und im Sinne einer Bildungsanwaltschaft durch signifikante Andere verstärkt werden. Zugleich liegt in den familialen Orientierungen ein Verkennen der begrenzten Ermöglichungsstruktur der schulischen Abschlüsse der untersuchten Schule, weil die Eltern bereits in dem Milieu der Unterprivilegierten (Vester 2004) verankert sind und die milieuspezifische Ausformung der Bildungsbedeutsamkeit reproduktionsorientiert im Sinne eines Mithaltens mit den „respektablen Milieus" der übrigen Gesellschaft ist (vgl. ebd. S.39).

3. Transformatorische jugendliche Bildungsorientierungen bedürften somit – dies ist ein weiteres Ergebnis der Studie – einer produktiven Rahmung durch Familie und Schule, um sich entfalten zu können. Die vorliegende Studie hingegen verweist auf das Wirksamwerden des Gegenteils: Gerade unter Bedingungen der doppelten Einbindung durch Familie und Schule kann es nicht zu Anregungen und zur Entfaltungen von Bildungsorientierungen kommen, die individuelle Transformationen ermöglichen. Dabei bedeutet der Ausfall der Bildung verbürgender signifikanter Anderer, dass Jugendliche in ihrer Bildungsorientierung auf sich selbst gestellt sind, sofern sie nicht dem reproduktiv orientierten Entwurf von Institution und Milieu folgen. Bezieht man hier Ergebnisse ein, die darauf aufmerksam machen, dass Bildungserfolg auch gegen die Schule erbracht werden kann (Brendel 1998), so wird hier deutlich, dass im Fall des homologen Zusammenwirkens von Familie und Schule die Chancen auf Entfaltung transformatorischer Bildungsorientierungen maximal minimiert sind (vgl. Fall Anne, die sich letztlich in utopische Aufstiegshoffnungen flüchtet, die material nicht gesättigt sind).

6.3 Ausblick

Ein im Auftakt dieses Kapitels angelegtes Ziel war es, eine Anschlussfähigkeit an das oben skizzierte Erklärungsmodell der
Transformationsblockierung jugendlicher Bildungsorientierungen
herauszuarbeiten. Diese Anschlussfähigkeit soll nun knapp umris-
sen werden, indem zentrale Forschungsrichtungen benannt werden,
vor deren Hintergrund Anschlussfragen an diese Studie formuliert
werden können.

- Eine Begrenzung der vorliegenden Studie war, dass die Peer-Bezie-
  hungen nicht in die Erhebungen und Analysen der Bildungsorientierungen einbezogen werden konnten. Dies ist durch die Rahmung des
  Projektes begründet, das auf pädagogische Generationsbeziehungen
  fokussierte und damit Familie und Schule in den Vordergrund stellte.
  Doch lassen Studien zu peerkulturellen Orientierungen (Breidenstein
  2006, Krüger/Köhler/Tzschach/Pfaff 2008, auch Krüger/Deppe
  2008) darauf schließen, dass hier eine bestätigende Einbindung der
  ausgeformten Bildungsorientierungen erfolgt. Gerade vor dem Hintergrund, dass etwa im Fall Yvonne die peerkulturellen Einbindung-
  en einen wichtigen kompensatorischen Stellenwert haben, wenn Familie und Schule Anerkennungsdefizite aufweisen, wäre eine Auseinandersetzung mit den Gleichaltrigen als informeller Bildungsort
  zentral. Eine Fragestellung, die neben der diachronen Achse der Generationsbeziehungen auch die synchrone Achse einbezieht, würde
  eine weitere Ausdifferenzierungsmöglichkeit der Generierung jugendlicher Bildungsorientierungen bedeuten.
- Die Analyse der Bildungsorientierungen konnte für diese Studie nur
  in Bezug auf eine Schule ausformuliert werden. Zwar handelt es sich
  um eine Sekundarschule, für die das Wirksamwerden sozialer Ungleichheit in den Bildungsorientierungen besonders deutlich nachge-
  zeichnet werden konnte, weil es sich um eine prekarisierte Schule
  handelt (hohe Arbeitslosigkeit, strukturschwache Region, Abwanderung), jedoch wäre an dieser Stelle ein Vergleich mit anderen Schulen geboten, der folgende Kontrastierungslinien einbeziehen könnte:
  (a) eine größere Heterogenität der Schülerschaft (z.B. in Bezug auf:

- Migration, sozialen Abstieg, Problembelastetheit der Familien); (b) die pädagogische Profilierung der Schule, die z.b. fördernd und stützend auf Problembelastung oder Stagnation eingeht, indem sie etwa ein reformpädagogisches Profil entfaltet (vgl. dazu die von Wiezorek (2006) beschriebene Hauptschule); (c) die Öffnung der Schule in Bezug auf Übergänge zu weiterführenden Schulformen.
- In der vorliegenden Studie zeigte sich der Gemeindebezug als zentral. Jedoch darf nicht vernachlässigt werden, dass man sich mit der Analyse der Schule und der hierin vertretenen Elternschaft in einer Art Binnenperspektive befindet, die den tatsächlichen Gemeindebezug noch nicht abbildet. Hier wäre eine Erweiterung des Zugangs um die Einbeziehung zentraler Akteure der Gemeinde interessant, die sich auf Jugendliche beziehen (Freizeiteinrichtungen, Kirche etc.). Am Vorbild einer Marienthal-Studie (Jahoda/Lazarsfeld/Zeisel 1975) könnte somit umfassend herausgearbeitet werden welche Milieus in der Gemeinde vertreten sind, die über die Schule hinausgehen und die damit ‚das Andere' der Bildungsmöglichkeiten repräsentieren – im Sinne eines Gegenhorizontes zur schulkulturell dominanten Reproduktionsorientierung.
- Schließlich wäre es in Bezug auf die jugendlichen Bildungsorientierungen aufschlussreich, wenn die Transformations- und Reproduktionsverläufe in einem Längsschnitt abgebildet werden könnten. Hier würden nicht nur die im Sekundarschulbereich verbleibenden Schulkarrieren einbezogen, sondern auch diejenigen, die im Sinne einer Transformation nach unten an Sonderschulformen wechseln oder im Sinn einer Transformation nach oben zum Gymnasium übergehen.

Eine solche Ausweitung des Forschungsgegenstandes würde einen wichtigen Beitrag zur Schärfung und Etablierung des Begriffs der individuellen Bildungsorientierung leisten und könnte somit den Zugang zu detaillierten Aussagen – über den Zusammenhang von Herkunftsmilieu, Familiendynamik und Bildungserfolg und deren Entstehungsprozess – eröffnen.

Literatur

Altrichter, H./Salzgeber, S. (1996): Zur Mikropolitik schulischer Innovation. In Altrichter, H./Posch, P. (Hrsg.): Mikropolitik der Schulentwicklung. Innsbruck

Auernheimer, G. (2003): Schieflagen im Bildungssystem. Die Benachteiligung von Migrantenkindern. Frankfurt a.M.

Baumert, J./Stanat, P./Watermann, R. (Hrsg.) (2006): Herkunftsbedingte Disparitäten im Bildungswesen. Differentielle Bildungsprozesse und Probleme der Verteilungsgerechtigkeit. Vertiefende Analysen der PISA-2000-Daten zum Kontext von Schülerleistungen. Wiesbaden

Baumert, J./Lehmann, R./Lehrke, M./Schmitz, B./Clausen, M./Hosenfeld, I./Köller, O./Neubrand, J. (1997): TIMSS – Mathematisch-naturwissenschaftlicher Unterricht im internationalen Vergleich – Deskriptive Befunde, Opladen

Baumert, J./Schümer, G. (2001): Familiäre Lebensverhältnisse, Bildungsbeteiligung und Kompetenzerwerb. In: PISA 2000. Basiskompetenzen von Schülerinnen und Schülern im internationalen Vergleich. Opladen, S. 323-411

Baumert, J./Schümer, G. (2002): Familiäre Lebensverhältnisse, Bildungsbeteiligung und Kompetenzerwerb im nationalen Vergleich. In: PISA 2000 – Die Länder der Bundesrepublik Deutschland im Vergleich. Opladen, S. 159-203

Becker, R. (2000): Klassenlage und Bildungsentscheidungen: Eine empirische Anwendung der Wert-Erwartungstheorie. In: Kölner Zeitschrift für Soziologie und Sozialpsychologie 52. Jg., H. 4, S. 450-474

Becker, R. (2004): Soziale Ungleichheiten von Bildungschancen und Chancengleichheit. In: Becker, R. /Lauterbach, W.: Bildung als Privileg? Erklärungen und Befunde zu den Ursachen der Bildungsungleichheit. S. 161-193

Becker-Schmidt, R. (1987): Die doppelte Vergesellschaftung – die doppelte Unterdrückung: Besonderheiten der Frauenforschung in den Sozialwissenschaften. In: Unterkircher, L./Wagner, I. (Hrsg.): a.a.O., S. 10-25

Becker-Schmidt, R./Knapp, G.-A. (1995): Das Geschlechterverhältnis als Gegenstand der Sozialwissenschaften. In: Unterkicher, L./Wagner, I. (Hrsg.): a.a.O. S. 10-15

Bellenberg, G. (1999): Individuelle Schullaufbahnen. Weinheim

Berger, P.A./Kahlert, H. (2005): Bildung als Institution: (Re-) Produktionsmechanismen sozialer Ungleichheit. In: Berger, P.A./Kahlert, H. (Hrsg.): Institutionalisierte Ungleichheiten. Wie das Bildungswesen Chancen blockiert. Weinheim und München, S. 7-18

Blankertz, H., (1982): Die Geschichte der Pädagogik. Von der Aufklärung bis zur Gegenwart. Wetzlar, S. 13-29

Blossfeld, H.-P./Bos, W./Lenzen, D./Hannover, B./Müller-Böhling, D./Prenzel, M./Wößmann, L. (2009): Aktionsrat Bildung. Geschlechterdifferenzen im Bildungssystem – die Bundesländer im Vergleich. Fakten und Daten zum Jahresgutachten 2009, München

Böhme, J. (2000): Schulmythen und ihre imaginäre Verbürgung durch oppositionelle Schüler. Ein Beitrag zur Etablierung erziehungswissenschaftlicher Mythosforschung. Bad Heilbrunn/OBB

Böhnisch, L. (2004): Männliche Sozialisation. Eine Einführung. Weinheim und München, S. 177-260

Bohnsack, R./Loos, P./Schäffer, B./Städtler, K./Wild, B. (1995): Die Suche nach Gemeinsamkeit und die Gewalt der Gruppe – Hooligans, Musikgruppen und andere Jugendcliquen. Opladen

Bohrhardt, R. (2000): Familienstruktur und Bildungserfolg. Stimmen die alten Bilder? In: Zeitschrift für Erziehungswissenschaft, 3. Jg., H. 1, S. 189-208

Bos, W./Lankes, E.-M./Prenzel, M/Schwippert, K./Valtin, R./Walther, G. (Hrsg.) (2004):IGLU. Einige Länder der Bundesrepublik Deutschland im nationalen und internationalen Vergleich. Münster

Bourdie, P. (1985): Sozialer Raum und ‚Klassen'. Zwei Vorlesungen. Frankfurt a.M.

Bourdieu, P. (1982): Die feinen Unterschiede. Kritik der gesellschaftlichen Urteilskraft. Frankfurt a. M.

Bourdieu, P. (1987): Die feinen Unterschiede. Frankfurt a.M.

Bourdieu, P. (1993): Ökonomisches Kapital, kulturelles Kapital, soziales Kapital. In: Kreckel, R. (Hrsg.): Soziale Ungleichheiten. [Soziale Welt: Sonderband 2]. Göttingen, S. 183-199

Bourdieu, P. (1998): Praktische Vernunft. Zur Theorie des Handelns. Frankfurt a.M.

Bourdieu, P. (2006a): Die männliche Herrschaft. Frankfurt a.M., 4. Auflg.

Bourdieu, P. (2006b): Wie die Kultur zum Bauern kommt. Über Bildung, Schule und Politik. Schriften zu Politik & Kultur 4, Hamburg, 1. Auflg. 2001

Bourdieu, P./Passeron, J.-C. (1973): Grundlagen einer Theorie symbolischer Gewalt. Frankfurt a. M.

Brademann, S./Helsper, W. (2009): Schulische Übergänge und Peerbeziehungen. Die Bedeutung von Gleichaltrigen für den Übergang in die Sekundarstufe 1. In: Brake, A./Brehmer, H. (Hrsg.): Schule als Alltagswelt. (im Erscheinen)

Brake, A./Büchner, P. (2006): Bildungsort Familie. Transmission von Bildung und Kultur im Alltag von Mehrgenerationenfamilien. Opladen

Brecht, B. (1933): Die Mutter. Berlin

Breidenstein, G. (2006): Teilnahme am Unterricht: Ethnografische Studien zum Schülerjob. Wiesbaden

Bremer/Lange-Vester, H. (2006): Soziale Milieus und Wandel der Sozialstruktur: Die gesellschaftlichen Herausforderungen und die Strategien der sozialen Gruppen. Wiesbaden

Brendel, S. (1998): Arbeitertöchter beißen sich durch. Bildungsbiographien und Sozialisationsbedingungen junger Frauen aus der Arbeiterschicht. Weinheim und München

Büchner, P. (2003): Stichwort: Bildung und soziale Ungleichheit. In: Zeitschrift für Erziehungswissenschaft, 6. Jg., H. 1, S. 5-25

Büchner, P., 2003: Stichwort: Bildung und soziale Ungleichheit. In: Zeitschrift für Erziehungswissenschaft, 6. Jg., H. 1, S. 5-25

Büchner, P./Brake, A. (Hrsg.) (2006): Bildungsort Familie. Transmission von Bildung und Kultur im Alltag von Mehrgenerationenfamilien. Wiesbaden

Budde, H. (2007): Die regionalen Schulstrukturen in peripheren ländlichen Räumen unter dem Paradigma demografischer Schrumpfung. In: Zeitschrift für Pädagogik 53, S. 314-325

Budde, J. (2003): Männlichkeitskonstruktionen in der Institution Schule. In: Zeitschrift für Frauenforschung und Geschlechterstudien, 21. Jahrgang, S. 91-101

Budde, J. (2008): Bildungs(miss)erfolge von Jungen und Berufswahlverhalten bei Jungen/männlichen Jugendlichen. In: Bundesministerium für Bildung und Forschung. Bonn, Berlin

Budde, J./Scholand, B./Faulstich-Wieland, H. (2008): Geschlechtergerechtigkeit in der Schule. Eine Studie zu Chancen, Blockaden und Perspektiven einer gendersensiblen Schulkultur. Weinheim und München

Bundesministerium für Bildung und Forschung (2006): Konsortium Bildungsberichterstattung. Bildung in Deutschland. Ein indikatorengestützter Bericht mit einer Analyse zu Bildung und Migration. S. 1-77

Busse, S. (1999): Empirischer Beitrag zur Bedeutung von Schule bei der Bewältigung familialer Krisen – Eine exemplarische Fallrekonstruktion eines Schülerinterviews. Unveröffentlichte Diplomarbeit, Halle

Busse, S. (2009): Männlichkeit – ein Risikofaktor in der Schule? Die Rolle der Familie bei der Bearbeitung schulischer Benachteiligungsstrukturen. In: Hummrich, M.: Benachteiligung im Bildungssystem. Beiträge zum 6. Tag der Frauen- und Geschlechterforschung an der Martin-Luther-Universität Halle-Wittenberg. Frankfurt, a.M., Berlin, Bern, Bruxells, New York, Oxford, Wien, S.77-92

Busse, S./Helsper, W. (2004): Familie und Schule. In: Helsper, W./Böhme, J. (Hrsg.): Handbuch der Schulforschung. Opladen, S. 439-464

Busse, S./Helsper, W. (2007): Familie und Schule. In: Ecarius, J. (Hrsg.): Handbuch Familie, Wiesbaden, S. 321-341

Combe, A./Helsper, W. (1994): Was geschieht im Klassenzimmer? Perspektiven einer hermeneutischen Schul- und Unterrichtsforschung. Weinheim

Cornelißen, W. (2004): Einige Anmerkungen zur Debatte um die Benachteiligung von Jungen in der Schule. In: Zeitschrift für Frauenforschung und Geschlechterstudien, 22, S. 128-136

Diefenbach, H./Klein, M. (2001): "Bringing Boys Back" Soziale Ungleichheit zwischen den Geschlechtern im Bildungssystem zuungunsten von Jungen am Beispiel der Sekundarabschlüsse. In Zeitschrift für Pädagogik, S. 938-958

Ditton, H. (1992): Ungleichheit und Mobilität durch Bildung. Theorie und empirische Untersuchung über sozialräumliche Aspekte von Bildungsentscheidungen. Weinheim/München

Ditton, H. (1995): Ungleichheitsforschung. In: Rolff, H.G. (Hrsg.): Zukunftsfelder von Schulforschung. Weinheim, S. 89-125

Ditton, H. (2002): Lehrkräfte und Unterricht aus Schülersicht. In: Zeitschrift für Pädagogik 48, 2002, S. 262-286

Ditton, H. (2004): Der Beitrag von Schule und Lehrern zur Reproduktion von Bildungsungleichheit. In: Becker, R. /Lauterbach, W.: Bildung als Privileg? Erklärungen und Befunde zu den Ursachen der Bildungsungleichheit. S. 251-180

Ditton, H. (2007a) (Hrsg.): Kompetenzaufbau und Laufbahnen im Schulsystem. Münster/New York, München/Berlin

Ditton, H. (2007b): Schulübertritte, Geschlecht und soziale Herkunft. In: Ditton, H. (Hrsg.): Kompetenzaufbau und Laufbahnen im Schulsystem. Münster/New York, München/Berlin, S. 63-88

Ditton, H. (2007c): Sozialer Kontext und Region. In: Ditton, H. (Hrsg.): Kompetenzaufbau und Laufbahnen im Schulsystem. Münster/New York, München/Berlin, S. 199-224

Ditton, H./Krüsken,J. (2006): Der Übergang von der Grundschule in die Sekundarstufe 1. In: Zeitschrift für Erziehungswissenschaft. 9.Jahrg., Heft 3, S. 348-372

Dravenau, D./Groh-Samberg, O. (2005): Bildungsbenachteiligung als Institutionseffekt. In: Berger, P.A./Kahlert, H. (Hrsg.): Institutionalisierte Ungleichheiten. Wie das Bildungswesen Chancen blockiert. Weinheim, München, S. 103-129

Emke, T./Baumert, J. (2007): Soziale Herkunft und Kompetenzerwerb: Vergleiche zwischen PISA 2000, 2003 und 2006. In PISA-Konsortium Deutschland (Hrsg.): PISA 2006 in Deutschland. Die Kompetenzen der Jugendlichen im dritten Ländervergleich. Münster, S. 309-337

Emke, T./Hohensee, F./Heidemeier, H./Prenzel, M. (2004): Familiäre Lebensverhältnisse, Bildungsbeteiligung und Kompetenzerwerb. In: PISA 2003. Der Bildungsstandart der Jugendlichen in Deutschland – Ergebnisse des zweiten internationalen Vergleichs. Münster/New York, München/Berlin, S. 225-282

Emke, T/Baumert, J. (2008): Soziale Disparitäten des Kompetenzerwerbs und der Bildungsbeteiligung in den Ländern: Vergleiche zwischen PISA 2000 und 2006. In: Prenzel. M./Artelt, C./Baumert, J./Blum, W./Hammann, M./Klieme, E./Pekrun, R.: PiSa `06. PISA 2006 in Deutschland. Die Kompetenzen der Jugendlichen im dritten Ländervergleich. Münster

Engler, S./Krais, B. (Hrsg.) (2004): Das kulturelle Kapital und die Macht der Klassenstrukturen. Sozialstrukturelle Verschiebungen und Wandlungsprozesse des Habitus. Weinheim/München.

Enwisle, D.R./Alexander/Olsen (1997): Chidren, school, inequality. Boulder

Fan, X. (2001): Parental involvement and students' acadamic achievement: A growth modeling analysis. In: Journal of Experimental Education, 70. Jg., H. 1, S. 27-61

Faulstich-Wieland, H./Horstkemper, M. (1995): Trennt uns bitte, bitte, nicht! Koedukation aus Mädchen und Jungensicht. Opladen

Faulstich-Wieland, H./Weber, M./Willems, K.: Doing Gender im heutigen Schulalltag. Empirische Studien zur sozialen Konstruktion von Geschlecht in schulischen Interaktionen. Weinheim und München 2004

Fend, H. (2000): Entwicklungspsychologie des Jugendalters. Opladen

Fend, H./Berger, F. (2001): Einführung: Längsschnittuntersuchungen zum Übergang vom Jugendalter ins Erwachsenenalter. In: Zeitschrift für Soziologie der Erziehung und Sozialisation, Jg. 21, H. 1, S. 3-23

Filler, A./Pollard, A. (2000): The Social World of Pupil Assessment. London/New York 2000

Fuchs-Heinritz, W. (1984/2000): Biografische Forschung. Eine Einführung in Praxis und Methoden. 2. Auflage, Wiesbaden, S. 329ff

Fucke, B. (2008): Zuzüge nach Sachsen-Anhalt im Jahr 2007. Statistisches Monatsheft 7/2008, Statistisches Landesamt Sachsen-Anhalt.

Geißler, R. (2005): Die Metamorphose der Arbeitertochter zum Migrantensohn. Zum Wandel der Chancenstruktur im Bildungssystem nach Schicht, Geschlecht, Ethnie und deren Verknüpfungen. In: Berger, P.A./Kahlert, H. (Hrsg.): Institutionalisierte Ungleichheiten. Wie das Bildungswesen Chancen blockiert. Weinheim, München, S. 71-102

Giddens, A. (1992): Die Konstitution der Gesellschaft. Frankfurt a.m., New York

Ginsburg, G.S./Bronstein, P. (1993): Family factors related to childrens' intrinsic/extrinsic motivational orientation and academic performance. In: Child Development, 64. Jg., H.8, S. 1461-1474

Glaser, B/Strauss, A.: Time for Dying. Chicago 1968, deutsch 1974

Goffman, E. (1994): Das Arrangement der Geschlechter. In: Interaktion und Geschlecht. Frankfurt

Goffman, E. (1996): Wir alle spielen Theater. Die Selbstdarstellung im Alltag. München, S. 31 ff

Gogolin, I. (2005): Kinder und Jugendliche mit Migrationshintergrund: Herausforderungen für Schule und außerschulische Bildungsinstanzen. In: Grunert, C./Helsper, W./Hummrich, M./Theunert, H./Gogolin, I.: Sachverständigenkommission Zwölfter Kinder- und Jugendbericht. Kompetenzerwerb von Kindern und Jugendlichen im Schulalter. München, S. 301-388

Gomolla, M./Radke, F.-O. (2002): Institutionelle Diskriminierung. Die Herstellung ethnischer Differenz in der Schule. Opladen

Gray, M.R./Steinberg, L. (1999): Unpacking azthoritative parenting: Reassessing a multidimensional construct. In: Journal of Marriage an the Familiy, 61. Jg., H. 5, S. 574-587

Grundmann, M./Bittlingmeyer, U./Dravenau, D./Groh-Samberg, O. (2004): Die Umwandlung von Differenz in Hierarchie? Schule zwischen einfacher Reproduktion und eigenständiger Produktion sozialer Bildungsungleichheit. In: Zeitschrift für Soziologie der Erziehung und Sozialisation, 24, H. 2, S. 124-146

Haller, A.O (1968): On the concept of aspiration. Rural Sociology 33, 4, S. 484-487

Hamburger, F. (2000): Reflexive Interkulturalität. In: Hamburger, F./Kolbe, F.-U./Tippelt, R. (Hrsg.): Theorie zwischen Lokalität und Globalität. Frankfurt a.m., S. 192-200

Helmke, A./Schrader, F.W./Lehneis-Klepper, G. (1991): Zur Rolle des Elternverhaltens für die Schulleistungsentwicklung ihrer Kinder. In: Zeitschrift für Entwicklungspsychologie und Pädagogische Psychologie, 23. Jg., H. 1, S. 1.22

Helsper, W. (1995a): Antrag an die Deutsche Forschungsgemeinschaft auf Bewilligung einer Sachbeihilfe. Institutionelle Transformationsprozesse der Schulkultur in ostdeutschen Gymnasien". Halle

Helsper, W. (1995b): Die verordnete Autonomie – Zum Verhältnis von Schulmythos und Schülerbiografie im institutionellen Individualisierungsparadoxon der modernisierten Schulkultur. In: Krüger, H.-H./Marotzki, W. (Hrsg.): Erziehungswissenschaftliche Biografieforschung. Opladen, S. 175-200

Helsper, W. (2000): Antrag an die Deutsche Forschungsgemeinschaft auf Bewilligung einer Sachbeihilfe. Pädagogische Generationsbeziehungen in Familie und Schule. Rekonstruktionen zum Verhältnis von Familie, Schule und Schülerbiografie. Halle

Helsper, W. (2001b): Antrag an die Deutsche Forschungsgemeinschaft. „Pädagogischen Generationsbeziehungen in Familie und Schule. Rekonstruktionen zum Verhältnis von Familie, Schule und Schülerbiographie. Halle

Helsper, W. (2004): Antinomien, Widersprüche, Paradoxien: Lehrerarbeit – ein unmögliches Geschäft? Eine strukturtheoretisch-rekonstruktive Perspektive auf das Lehrerhandeln. In: Koch-Priewe, B./Kolbe, F.-U./Wildt, J. (Hrsg.): Grundlagenforschung und mikrodidaktische Reformansätze in der Lehrerbildung. Bad Heilbrunn, S. 49-99

Helsper, W./Böhme, J. (2004): Jugend und Schule. In: Krüger, H-H./Grunert, C.(Hrsg.): Handbuch Kindheits- und Jugendforschung. Opladen 2004, S. 567-596

Helsper, W./Böhme, J./Kramer, R.-T./Lingkost, A. (1998): Entwürfe zu einer Theorie der Schulkultur und des Schulmythos – strukturtheoretische, mikropolitische und rekonstruktive Perspektiven. In: Keuffer, J./Krüger, H.-H./Reinhardt, S./Weise, E./Wenzel, H. (Hrsg.): Schulkultur als Gestaltungsaufgabe. Partizipation – Management – Lebensweltgestaltung. Weinheim, S. 29-76

Helsper, W./Böhme, J./Kramer, R.-T./Lingkost, A. (2001a): Schulkultur und Schulmythos. Rekonstruktionen zur Schulkultur I. Opladen

Helsper, W./Busse, S./Hummrich, M./Kramer, R.-T. (2008): Jugend und Schule. In: Bingel, Gabriele/Nordmann, Anja/Münchmeier, Richard (Hrsg.) Die Gesellschaft und ihre Jugend. Opladen; Farmington Hills, S. 189-210

Helsper, W./Hummrich, M/Kramer, R.-T. (2009): Qualitative Mehrebenenanalyse. In: Friebertshäuser, B./Langer, A./Prengel, A. (Hrsg.): Handbuch Qualitativer Forschungsmethoden in der Erziehungswissenschaft. Weinheim, (im Erscheinen)

Helsper, W./Kramer, R.-T. (2006): Antrag an die Deutsche Forschungsgemeinschaft: Erfolg und Versagen in der Schulkarriere – Ein qualitativer Längsschnitt zur biografischen Verarbeitung schulischer Selektionsereignisse. Halle

Helsper, W./Kramer, R.-T./Hummrich, M./Busse, S. (2009): Jugend zwischen Familie und Schule. Eine Studie zu pädagogischen Generationsbeziehungen. Wiesbaden

Helsper, W./Müller, H.J./Nölke, E./Combe, A. (1991): Jugendliche Außenseiter. Zur Rekonstruktion scheiternder Bildungs- und Ausbildungsverläufe. Opladen

Henz, U./Maas, I. (1995): Chancengleichheit durch Bildungsexpansion? Kölner Zeitschrift für Soziologie und Sozialpsychologie 47, 605-634

Hofer, M./Klein-Allermann, E./Noack, P. (1992): Familienbeziehungen. Eltern und Kinder in der Entwicklung. Göttingen

Hofer, M. (2002): Familienbeziehungen in der Entwicklung. In: Hofer, M./Wild, E./Noack, P.: Lehrbuch Familienbeziehungen. Eltern und Kinder in der Entwicklung. Göttingen, Bern, Toronto, Seattle 2002, 2. Auflage, S. 4-26

Hofer, M. (2006): Wie Jugendliche und Eltern ihre Beziehung verändern. In: Ittel, A./Merkens, H. (Hrsg.): Interdisziplinäre Jugendforschung. Jugendliche zwischen Familie, Freunden und Feinden. Wiesbaden, S. 9-27

Honig, M.-S. (1996): Wem gehört das Kind? Kindheit als generationale Ordnung. In: Liebau, E./Wulf, C. (Hrsg.): Generation. Versuche über eine pädagogisch-anthropologische Grundbedingung. Weinheim, S. 201-221

Honig, M.-S. (1999): Entwurf einer Theorie der Kindheit. Frankfurt a.m.

Hradil, S. (2002): Soziale Ungleichheit, soziale Schichtung und Mobilität. In: Korte, H./Schäfers, B. (Hrsg.): Einführung in die Hauptbegriffe der Soziologie. Opladen, S. 205-227

Hradil, S. (2006): Soziale Milieus – eine praxisorientierte Forschungsperspektive. In: Aus Politik und Zeitgeschichte, Beilage zur Wochenzeitung „Das Parlament", 44-45, S. 3-10

Hummrich, M. (2002): Bildungserfolg und Migration. Biografien junger Frauen in der Einwanderungsgesellschaft. Opladen

Hummrich, M. (2009): Bildung im Benachteiligungssystem. Eine einleitende Feldbeschreibung zum Kampf um Bildung und Erfolg. In: Hummrich, M.: Benachteiligung im Bildungssystem. Beiträge zum 6. Tag der Frauen- und Geschlechterforschung an der Martin-Luther-Universität-Halle-Wittenberg. Frankfurt, a.m., Berlin, Bern, Bruxells, New York, Oxford, Wien, S. 13-38

Idel, S. (2008): Waldorfschule und Schülerbiographie. Fallrekonstruktionen zur lebensgeschichtlichen Relevanz anthroposophischer Schulkulturen. Wiesbaden

Jahoda, M./Lazarsfeld, P.F./Zeisel, H. (1975): Die Arbeitslosen von Marienthal. Ein soziographischer Versuch über die Wirkung langandauernder Arbeitslosigkeit. Mit einem Anhang: Zur Geschichte der Sozigraphie. Frankfurt

Jencks, C. (1973): Chancengleichheit. Reinbek

Kalthoff, H., (2004): Schule als Performanz. Anmerkungen zum Verhältnis von neuer Bildungsforschung und der Soziologie Pierre Bourdieus. In. Engler, S./Krais, B. (Hrsg.): Das kulturelle Kapital und die Macht der Klassenstrukturen. Weinheim/München, S. 115-141

Kampshoff, M. (2001): Leistung und Geschlecht. Die englische Debatte um das Schulversagen von Jungen. In: Die Deutsche Schule 93, H. 4, S. 498-512

King, V. (2002): Die Entstehung des Neuen in der Adoleszenz. Individuation, Generativität und Geschlecht in modernisierten Gesellschaften. Wiesbaden

King, V./Koller, H.-C. (2006): Adoleszenz als Möglichkeitsraum für Bildung und Adoleszenzbedingungen. Eine Einführung. In: dies. (Hrsg.) Adoleszenz – Migration – Bildung. Bildungsprozesse Jugendlicher und junger Erwachsener mit Migrationshintergrund. Wiesbaden, S. 9-25

Klein, O./Biedinger, N. (2009):Determinanten elterlicher Aktivitäten mit Vorschulkindern. Der Einfluss von Bildungsaspirationen und kulturellen Kapital. In: Klein, O.: Arbeitspapiere. Mannheimer Zentrum für Europäische Sozialforschung. Nr. 121, Mannheim

Klinger, C. (2003): Ungleichheiten in den Verhältnissen von Klasse, Rasse und Geschlecht. In: Knapp, G.-A./Wetterer, A. (Hrsg.): Achsen der Differenz. Gesellschaftstheorie und feministische Kritik. Bd. 2, Münster

Klinger, C./Knapp, G.-A. (2007): Achsen der Ungleichheit – Achsen der Differenz: Verhältnisbestimmungen von Klasse, Geschlecht „Rasse/Ethnizität. In: Klinger, C./Knapp, G.-A./Sauer, B. (Hrsg.): a.a.O., Frankfurt a.M., S. 19-40

Kramer, R.-T. (2002): Schülerbiographie und Schulkultur. Rekonstruktionen zur Schulkultur II. Opladen

Kramer, R.T./Busse, S. (1999): „das ist mir eigentlich egal ... ich geh trotzdem jeden tag wieder in diese schule hier" – Eine exemplarische Rekonstruktion zum Verhältnis von Schulkultur und Schülerbiographie. In: Combe, A./Helsper, W./Stelmaszyk, B. (Hrsg.): Forum Qualitative Schulforschung 1. Weinheim, S. 363-396

Kramer, R.-T./Helsper, W. (2000): SchülerInnen zwischen Familie und Schule – strukturtheoretische Reflexionen und biografische Rekonstruktionen. In: Krüger, H.-H./Wenzel, H.: Schule zwischen Effektivität und sozialer Verantwortung. Opladen, S. 201-235

Kramer, R.-T./Helsper, W./Busse, S. (2001): Pädagogische Generationsbeziehungen. Jugendliche im Spannungsfeld von Familie und Schule. Opladen, S. 129-155

Kreppner, K./Ullrich, M. (1999): Ablöseprozesse in Trennungs- und Nicht- Trennungsfamilien. Eine Betrachtung von Kommunikationsverhalten in Familien mit Kindern im frühen bis mittleren Jugendalter. In: Walper, S./Schwarz, B. (Hrsg.): Was wird aus den Kindern? Chancen und Risiken für die Entwicklung von Kindern aus Trennungs- und Stieffamilien. Weinheim, München, S. 91-120

Krohne, J.A./Meier, U./Tillmann, K.-J. (2004): Sitzenbleiben, Geschlecht und Migration – Klassenwiederholungen im Spiegel der PISA-Daten. In: Zeitschrift für Pädagogik. Heft 3, S. 373-391

Krüger, H.-H. (1995): Bilanz und Zukunft der erziehungswissenschaftlichen Biographieforschung. In: Krüger, H.-H./Marotzki, W.: Erziehungswissenschaftliche Biographieforschung. Opladen, S. 32-54

Krüger, H.-H. (2000): Stichwort: qualitative Forschung in der Erziehungswissenschaft. In: ZfE, 3.Jg., Heft 3, S. 323-342

Krüger, H.-H./Deppe, U.: (2008): Zwischen Distinktion und Risiko – Der Stellenwert von Peers für die Bildungsbiographien von Kindern. In: Diskurs Kindheits- und Jugendforschung. Heft 2, S. 181- 196

Krüger, H.-H./Köhler, S./Zschach, M./Pfaff, N. (Hrsg.) (2008): Kinder und ihre Peers. Freundschaftsbeziehungen und schulische Bildungsbiographien Opladen

Krumm, V. (1988): Wie offen ist die öffentliche Schule? Über die Zusammenarbeit der Lehrer mit den Eltern. In: Zeitschrift für Pädagogik, 34. Jg., S. 601-621

Krumm, V. (1991): Wem gehört die Schule? Anmerkungen zu einem Missstand, mit dem fast alle zufrieden sind. In: Ganthaler, H./Zecha, G. (Hrsg.) Wissenschaft und Werte im Wandel. Wien, S. 22-44

Lenz, I. (1994): Wir wollen sein ein einig Volk von Brüdern – Zur sozialen Konstruktion von Geschlecht und Ethnizität. In: Tillner, C. (Hrsg.) a.a.O., S. 49-64

Lenz, I. (1995): Geschlecht, Herrschaft und internationale Ungleichheit. In: Becker-Schmidt, D./Knapp, G.-A. (Hrsg.) a.a.O, S. 19-46

Maaz, K./Watermann,R./Baumert, J. (2007): Familiärer Hintergrund, Kompetenzentwicklung und Selektionsentscheidungen in gegliederten Schulsystemen im internationalen Vergleich. Eine vertiefende Analyse von PISA Daten. In: Zeitschrift für Pädagogik, 53. Jg., H. 4, S. 444-461

McCall, L. (2005): The Complexity of Intersectionality. In: Signs: Journal of women in Culture and Society, vol. 30, no 3, S. 1771-1800

Mehan, H. (1996): Constucting School Success. The Constribution of Untracking Low-Archivieng Students. Cambridge

Meister, G. (2009): Auswirkungen aktueller demografischer Entwicklungen auf die Ganztagsschulentwicklung von Sekundarschulen im Land Sachsen-Anhalt. (Arbeitstitel) In: Zeitschrift für Pädagogik (im Erscheinen)

Merkens, H./Wessels, A. (2002): Zur Genese von Bildungsentscheidungen. Eine empirische Studie in Berlin und Brandenburg. Hohengehren

Meulemann, H. (1985): Bildung und Lebensplanung. Die Sozialbeziehung zwischen Elternhaus und Schule. Frankfurt am Main

Meulemann, H. (1995): Gleichheit und Leistung nach der Bildungsexpansion. In: Reuband, K.-H./Urban Pappi, F./Best, H. (Hrsg.): Die deutsche Gesellschaft in vergleichender Perspektive. Festschrift für Erwin Scheuch. Opladen, S. 207-221

Müller, W. (1998): Erwartete und unerwartete Folgen der Bildungsexpansion. In: Friedrichs, J./Lepsius, R.M./Mayer, K.U. (Hrsg.): Die Diagnosefähigkeit der Soziologie. Kölner Zeitschrift für Soziologie und Sozialpsychologie, Sonderheft 38, Opladen, S. 81-112

Nittel, D. (1992): Gymnasiale Schullaufbahn und Identitätsentwicklung. Eine biographieanalytische Studie. Weinheim

Oevermann, U. (1976): Programmatische Überlegungen zu einer Theorie der Bildungsprozesse und zur Strategie der Sozialisationsforschung. In: Hurrelmann, K. (Hrsg.): Sozialität und Lebenslauf. Empirie und Methodik sozialwissenschaftlicher Persönlichkeitsforschung. Reinbek b.H., S 34-52

Oevermann, U. (1983): Zur Sache. Die Bedeutung von Adornos methodologischem Selbstverständnis für die Begründung einer materialen soziologischen Strukturanalyse. In: Friedeburg, L. v./Habermas, J. (Hrsg.): Adorno-Konferenz. Frankfurt a.M., S. 234-289

Oevermann, U. (1991): Genetischer Strukturalismus und das sozialwissenschaftliche Problem der Erklärung der Entstehung des Neuen. In: Müller-Doohm, S. (Hrsg.): Jenseits der Utopie. Frankfurt, a.M., S. 267-336

Oevermann, U. (1995): Die objektive Hermeneutik als unverzichtbare methodologische Grundlage für die Analyse von Subjektivität. Zugleich eine Kritik der Tiefenhermeneutik. In: Jung, T./Müller-Doohm, S. (Hrsg.): „Wirklichkeit" im Deutungsprozess. Verstehen und Methoden in den Kultur- und Sozialwissenschaften. 2. Auflg., S. 106-189

Oevermann, U. (1996a): Theoretische Skizze einer revidierten Theorie professionalisierten Handelns. In: Combe, A./Helsper, W.: Pädagogische Professionalität. Untersuchungen zum Typus pädagogischen Handelns. Frankfurt a. M., S. 70-182

Oevermann, U. (1996b): Konzeptualisierung von Anwendungsmöglichkeiten und praktischen Arbeitsfeldern der objektiven Hermeneutik. (Manifest der objektiven hermeneutischen Sozialforschung) Manuskript, Frankfurt a.M., D. 1-37

Oevermann, U. (2000): Die Methode der Fallrekonstruktion in der Grundlagenforschung sowie in der klinischen und pädagogischen Praxis. In: Kraimer, K. (Hrsg.): Die Fallrekonstruktion. Frankfurt a.M., S. 58-156

Oevermann, U. (2001): Die Soziologie der Generationsbeziehungen und der historischen Generationen aus strukturalistischer Sicht und ihre Bedeutung für die Schulpädagogik. In: Kramer, R.-T./Helsper, W./Busse, S. (Hrsg.): Pädagogische Generationsbeziehungen. Jugendliche im Spannungsfeld von Schule und Familie. Opladen, S. 78-128

Oevermann, U. (2008): Profession contra Organisation? Strukturtheoretische Perspektiven zum Verhältnis von Organisation und Profession in der Schule. In: Helsper, W./Busse, S./Hummrich, M./Kramer, R.-T. (Hrsg.): Pädagogische Professionalität in Organisationen. Neue Verhältnisbestimmungen am Beispiel der Schule. Wiesbaden, S. 55-77

Parsons, T. (1971): Sozialstruktur und Persönlichkeit. Frankfurt a. M.

Papastefanou, C. (1997): Auszug aus dem Elternhaus. Aufbruch und Ablösung im Erleben von Eltern und Kindern. Weinheim, München

Peisert, H. (1967): Soziale Lage und Bildungschancen in Deutschland. München

Pekrun, R. (1997): Kooperation zwischen Elternhaus und Schule. In: Vaskovics, L.A./Lipinski, H.: Familiale Lebenswelten und Bildungsarbeit (2). Opladen, S. 51-79

Pollard, A./Filler, A. (1999): The Social World of Pupil Carreer. London/New York

Prenzel, N./Baumert, J./Blum, W./Lehmann, R./Leuthner, D./Neubrand, M./Pekrun, R./Rost, J./Schiefele, U. (Hrsg.) (2005): PISA 2003. Der zweite Vergleich der Länder in Deutschland – Was wissen und können Jugendliche? Münster

Rademacker, H. (2007): Jugendliche am Rande und ihre Bildungschancen. In: Fischer, D./Elsenbast, V. (Hrsg.): Zur Gerechtigkeit im Bildungssystem. Münster, S. 151-160

Reichertz, J. (1991): Objektive Hermeneutik. In: Flick, U./von Kardorff, E./Keupp, H./von Rosenstiel, L./Wolff, S. (Hrsg.): Handbuch qualitative Sozialforschung. Grundlagen, Konzepte, Methoden und Anwendungen. München, S. 223-228

Reichertz, J. (1995): Die objektive Hermeneutik – Darstellung und Kritik. In. König, E./Zedler, P. (Hrsg.): Bilanz qualitativer Forschung. Bd. 2 Methoden. Weinheim, S. 379-423

Rolff, H.G. (1997): Sozialisation und Auslese durch die Schule. Weinheim/München

Sandring, S. (2010): Zum Verhältnis von Schülerbiografien, Anerkennung und schulischen Interaktionen. Unveröffentlichte Dissertation, Halle

Schauenberg, M. (2007): Familienstruktur, Armut und Erziehung. In: Ditton, H. (Hrsg.): Kompetenzaufbau und Laufbahnen im Schulsystem. Münster/New York, München/Berlin, S. 145-166

Schlemmer, E. (2004): Familienbiografien und Schulkarrieren von Kindern. Theorie und Empirie. Wiesbaden

Schmeiser, M. (2003): „Missratene" Söhne und Töchter. Verlaufsformen des sozialen Abstieges in Akademikerfamilien. Konstanz

Schmeiser, M. (2004): Sozialer Abstieg in akademischen Familien. Lebensverlaufsformen, Geschwisterpositionen und familiäre Generationsbeziehungen. In: Szydlik, M. (Hrsg.): Generation und Ungleichheit. Wiesbaden, S. 214-242

Schnabel, K./Schwippert, K. (2000): Einflüsse sozialer und ethnischer Herkunft beim Übergang in die Sekundarstufe und den Beruf. In: Baumert, J./Bos, W./Lehmann, R.: TIMSS/III. Dritte Internationale Mathematik- und Naturwissenschaftsstudie – Mathematische und naturwissenschaftliche Bildung am Ende der Schullaufbahn. Band 1. Opladen, S. 261-300

Schnack, D./Neutzling, R. (2006): Kleine Helden in Not – Jungen auf der Suche nach Männlichkeit. Reinbek 1990, 8. Aufl.

Schümer, G. (2004): Zur doppelten Benachteiligung von Schülern aus unterprivilegierten Gesellschaftsschichten im deutschen Schulwesen. In: Schümer, G./Tillmann. K.-J./Weiß, M. (Hrsg.): Die Institution Schule und die Lebenswelt der Schüler. Vertiefende Analysen der PISA-2000-Daten zum Kontext von Schülerleistungen. Wiesbaden, S. 73-114

Sewell, W.H./Haller, A.O./Portes, A. (1969): The educational and early occupational attainment process. American Sociological Review 34, 1, S. 82-92

Solga, H. (2005): Meritokratie – die moderne Legitimation ungleicher Bildungschancen. In: Berger, P.A./Kahlert, H. (2005): Institutionalisierte Ungleichheiten. Wie das Bildungswesen Chancen blockiert. Weinheim und München, S. 19-38

Solga, H./Wagner, S. (2004): Die Bildungsexpansion und ihre Konsequenzen für das soziale Kapital der Hauptschule. In Engler, S./Krais, B. (Hrsg.): Das kulturelle Kapital und die Macht der Klassenstrukturen. Weinheim, S. 97-114

Spiegel (2004): Die Jungenkatastrophe. Schlaue Mädchen – Dumme Jungen. Sieger und Verlierer in der Schule, Hamburg, S.21

Stanat, P./Kunter, M. (2001): Geschlechtsunterschiede in Basiskompetenzen. In: Deutsches PISA-Konsortium (Hrsg.): PISA 2000, Opladen, S. 251-266

Statistisches Landesamt Sachsen-Anhalt (2008): Statistik der allgemein bildenden Schulen. Halle

Stecher, L. (2000): Entwicklung der Lern- und Schulfreude im Übergang von der Kindheit zur Jugend. In: Zeitschrift für Erziehungssoziologie und Sozialisationsforschung, 20. Jg., S. 70-88

Stierlin, H. (1989): Delegation und Familie. Frankfurt a.M.

Stierlin, H. (1989): Individuation und Familie. Frankfurt a. M., 1. Auflage, S. 40-78

Storch, M. (1994): Das Eltern-Kind-Verhältnis im Jugendalter. Eine empirische Längsschnittstudie. Weinheim, München

Stöber, J. (2003): Persönliche Ziele von SchülerInnen: Ihre Bedeutung für schulisches Engagement und subjektives Wohlbefinden im Kontext von Schule und Familie. Halle/S. [Habilitationsschrift]

Strauss, A. (1994): Grundlagen qualitativer Sozialforschung. Datenanalyse und Theoriebildung in der empirischen und soziologischen Forschung. München

Stürzer, M. (2003): Geschlechtsspezifische Schulleistungen. In: Stürzer, M./Roisch, H./Hunze, A./Cornelißen, W.: Geschlechterverhältnisse in der Schule. Opladen, S. 83-121

Tillmann, K.-J./Meier, U. (2001): Schule, Familie und Freunde- Erfahrungen von Schülerinnen in Deutschland. In Deutsches PISA-Konsortium (Hrsg.): PISA 2000. Basiskompetenzen von Schülerinnen und Schülern im internationalen Vergleich. Opladen, S. 468-511

Trusty, J. (2000): High educational expectations and low achievement: Stability of educational goals across adolescence. In: Journal of Educational Research, 93. Jg., H. 3, S. 224-233

Vester, M. (1995): Milieuwandel und regionaler Strukturwandel in Ostdeutschland. S. 7-50, In: Vester, M. /Hofmann, M./Zierke, I. (Hrsg.), (2001): Soziale Milieus in Ostdeutschland. Köln

Vester, M. (2004): Die Illusion der Bildungsexpansion. Bildungseröffnungen und soziale Segregation in der Bundesrepublik Deutschland. In: Engler, S./Krais, B. (Hrsg.) Das kulturelle Kapital und die Macht der Klassenstrukturen. Soziostrukturelle Verschiebungen und Wandlungsprozesse des Habitus. Weinheim und München, S. 13-54.

Vester, M. (2005): Die selektive Bildungsexpansion. Die ständische Regulierung der Bildungschancen in Deutschland. In: Berger, P.A./Kahlert, H. (Hrsg.): Institutionalisierte Ungleichheiten. Wie das Bildungswesen Chancen blockiert. Weinheim, München, S. 39-71

Vester, M./von Oertzen, P./Geiling, H./Hermann, T./Müller, D. (2001): Soziale Milieus im gesellschaftlichen Strukturwandel. Zwischen Integration und Ausgrenzung. Frankfurt a. M.

Vögele, W./Brehmer, H./Vester, M: (2002): Soziale Milieus und Kirche. Würzburg, S. 267-409

Walper, S. (1998): Die Individuation in Beziehungen zu beiden Eltern bei Kindern und Jugendlichen aus konfliktbelasteten Kernfamilien und Trennungsfamilien. In: Zeitschrift für Soziologie der Erziehung und Sozialisation. 18, H. 2, S. 134-152

Weißhaupt, H. (2002): Demografie und Schulentwicklung in den neuen Ländern. In: Döbert, H./Fuchs, H.-W./Weißhaupt, H. (Hrsg.): Transformation in der ostdeutschen Bildungslandschaft. Eine Forschungsbilanz. Opladen, S. 51-62

Wernet, A. (2000): Einführung in die Interpretationstechnik der Objektiven Hermeneutik. Opladen

Wernet, A. (2003): Pädagogische Permissivität. Schulische Sozialisation und pädagogisches Handeln jenseits der Professionalisierungsfrage. Opladen

Wiezorek, C. (2005): Schule, Biografie und Anerkennung. Eine fallbezogene Diskussion der Schule als Sozialisationsinstanz. Wiesbaden

Wiezorek, C. (2006): Die Schulklasse als heimlicher Raum und als Ort der Einübung demokratischer Haltungen. In: Helsper, W./Krüger, H.-H./Fritzsche, S./Sandring, S./Wiezorek, C./Böhm-Kasper, O./Pfaff, N.: Unpolitische Jugend? Eine Studie zum Verhältnis von Schule, Anerkennung und Politik. Wiesbaden, S. 259-292

Wild, E. (2001): Familiale und schulische Bedingungen der Lernmotivation von Schülern. In: Zeitschrift für Pädagogik, 47. Jg., H. 4, S. 481-497

Wild, E./Hofer, M. (2002): Familien mit Schulkindern. In: Hofer, M./Wild, E./Noack, P. (Hrsg.): Lehrbuch Familienbeziehungen. Eltern und Kinder in der Entwicklung. Göttingen u.a., S. 216-241

Wild, E./Wild, K.P. (1997): Familiale Sozialisation und Lernmotivation. In: Zeitschrift für Pädagogik, 43. Jg., H. 1, S. 55-79

Wilhelm, T. (1969): Theorie der Schule. Hauptschule und Gymnasium im Zeitalter der Wissenschaften. Stuttgart, S. 66-79

Willi, J. (1999): Familientherapie. In: Asanger, R./Wenninger, G.: Handwörterbuch Psychologie. Weinheim, S. 174-178

Willis, P. (1979): Spaß am Widerstand. Gegenkultur in der Arbeiterschule. Frankfurt a. M.

Zimmermann, P./Spangler, G. (2001): Jenseits des Klassenzimmers. Der Einfluss der Familie auf Intelligenz, Motivation, Emotion und Leistung im Kontext der Schule. In: Zeitschrift für Pädagogik, 47. Jg., H. 4, S. 461-481

Zirfaß, J./Wulf, C. (2001): Integration im Ritual. Performative Prozesse und kulturelle Differenzen. In: Zeitschrift für Erziehungswissenschaft 4, Heft 3, S. 191-208

Zymek, B. (2007): Die Aktualität der regionalen Schulentwicklung als Gegenstand der Bildungsforschung. Einführung in den Thementeil. In: Zeitschrift für Pädagogik 53, S. 279-283

Grundlagen Erziehungswissenschaft